D1753179

Botswana

Botswana

Fotos von Daryl & Sharna Balfour
Text von Peter Joyce

TIME
LIFE

TIME-LIFE BÜCHER

FASZINATION FERNE LÄNDER

Redaktionsstab für *BOTSWANA*:
Copy Editor: Sue Ryan
Editorial Assistant: Christine Didcott
Text Consultant: Alec Campell, Botswana National Museum and Art Gallery

Deutsche Ausgabe:
Leitung: Marianne Tölle
Redaktion: AMS Autoren- und MedienService, Reute
Fachberatung: AMS/Dr.Odwin Hoffrichter
DTP: AMS/Joachim Scharnagl
Einbandgestaltung: Horst Bätz, München

Aus dem Englischen übertragen von Dr. Thomas Lautwein

Titel der Originalausgabe: *This is Botswana*
Copyright: © 1994 New Holland (Publishers) Ltd.
Copyright 1997 der deutschsprachigen Ausgabe by Time-Life Books B.V., Amsterdam

All rights reserved. No part of this publication may be reproduced, stored in a retrieval system or transmitted in any form or by any means, electronic, mechanical, photocopying, recording or otherwise, without prior written permission of the copyright owners and publishers.

ISBN 90-5390-659-2

Farbreproduktionen: Unifoto (Pty) Ltd.
Druck und Einband: Tien Wah Press (Pte.) Ltd., Singapur

Widmung der Fotografen
Für David, Cathy, Martin und Tiffany – unsere Maun-Familie

Quellennachweis der Abbildungen:
Wir danken folgenden Personen und Institutionen für ihre freundliche Unterstützung auf unseren Reisen. Wir bedanken uns insbesondere bei: Der Regierung von Botswana – einschließlich des Präsidialamts und des Ministeriums für das Tierleben und die Nationalparks, die die Erkundung des Landes und seiner wundervollen Reservate ermöglichte.
David und Cathy Kays von Riley's Garage in Maun für ihre Gastfreundschaft und all die vielen anderen Gefälligkeiten, darunter ihre Unterstützung für dieses Projekt.
Alan Walkden-Davis von Shell Oil Botswana (Pty) Ltd. für das Wichtigste beim Reisen – Benzin und Öl. Botswana ist ein weites Land, in drei Monaten haben wir in unserem Isuzu 4x4 über 15 000 km zurückgelegt!
Den Besitzern und Geschäftsführern der verschiedenen Camps, Lodges und Hotels für ihre Gastfreundschaft. Im einzelnen: Okavango Wilderness Safaris (Mombo und Jedibe); Gametrackers (Xaxaba, Khwai River Lodge und Santawani); Ker & Downey (Pom Pom, Shindi Island und Abu's Camp); Lloyd & June Wilmot von Lloyd's Camp, Savute; Randall J. Moore und Mike Lorentz für die Elefantensafari; Mashatu Game Lodge; Tuli Game Lodge; Chobe Chilwero; Photo Africa (Linyanti und Selinda); Chobe Game Lodge; Cresta-Hotels und -Lodges (Mowana Safari Lodge, Chobe und Thapama Lodge, Francistown sowie The President Hotel, Gaborone); Jannie und Eileen Drotsky von Drotsky's Cabins.
Evelyn und Bing Weskob von Wildlife Helicopter Services, Maun, und dem Piloten Ray Sharples für seine hervorragenden Flugkünste und seine wertvolle Hilfe beim Zustandekommen der Luftaufnahmen.
Tim Liversedge, dem Spezialisten für die Bindenfischeule (Okawango), für seine Mitwirkung beim Fotografieren dieser scheuen Tiere.
Brian Schwartz und Trevor Pole von der Nikon-Vertretung Frank & Hirsch (Pty) Ltd. in Johannesburg; Ezio Beretta und Fazel vom Fotolabor Citylab, Sandton, Johannesburg; Delta Motor Corporation Ltd.; Canvas & Tent (Pty) Ltd.; Sean und Nina Beneke von SD General Spares, Mhlume, Swaziland; Bronwyn Myburgh in Maun für die Nachrichtenübermittlung; Mich und Billy Cochrane, die in Johannesburg immer ein Bett hatten und klaglos die Botengänge erledigten, während wir durch unseren Auftrag isoliert waren.
Zu guter Letzt danken wir Mom und Philip, die uns während unseres Aufenthalts in Botswana immer eine Bleibe boten.
Daryl und Sharna Balfour

Inhalt

Botswana im Überblick

Das Land 8

Die Bevölkerung 10

Brennpunkte 15

Spuren der Vergangenheit 21

Botswana heute 28

Die Wirtschaft in Stichworten 30

Königreich der Wildnis 34

Die Wildnis bewahren 50

Botswana in Bildern

Okawango-Delta 53

Moremi-Wildreservat 85

Chobe 95

Makarikari und Nxai 127

Kalahari 141

Ostbotswana 159

Register 175

Frontispiz: *Der fleckige Schilffrosch ist im Okawango-Delta weit verbreitet.*

Titelseite: *Eine Büffelherde auf der saftigen Schwemmlandebene des Okawango.*

Links: *Zwei Geparde im Sumpfland des Mombo-Gebiets.*

Botswana im Überblick

BOTSWANA IM ÜBERBLICK

Das wichtigste Wort in Botswana, das praktisch für jeden seiner Bewohner eine tiefe Bedeutung hat, ist wahrscheinlich *pula*. Es bedeutet „Regen". Es dient auch als eine Art der Begrüßung, als guter Wunsch für die Zukunft und als Bezeichnung der einheimischen Währung, aber das sind Nebenbedeutungen, die nur zusätzlich hervorheben, welche lebenswichtige Rolle der Regen in diesem weiten und überwiegend trockenen Teil des Kontinents im Innern des südlichen Afrika spielt.

In Botswana ist Wasser das kostbarste aller Güter. Von ihm hängt das Wohlergehen der Bevölkerung ab, in vielen Fällen auch das nackte Überleben. Das Land ist in seiner trockenen Rauheit unerbittlich. Regen fällt sporadisch und unzuverlässig, Trockenheit ist eher die Regel als die Ausnahme; weite Landstriche haben keine Oberflächenfeuchtigkeit. Die einzigen ständigen Quellen sind der Okawango, der Linyanti-Chobe und die Nebenflüsse des Shashe und des Limpopo, die einzelne Abschnitte des entlegenen Nordens am Leben erhalten, aber den größeren Teil des Landes unberührt lassen.

Diese Wasserläufe, insbesondere die beiden erstgenannten, machen Botswana zugleich jedoch zu einem der reizvollsten Touristenziele Afrikas. Der nordwestlich im Hochland von Angola entspringende Okawango zerfließt in der Sandfläche der Kalahari-Wüste zu einem riesigen Binnenlanddelta mit Lagunen und labyrinthischen Kanälen, von Palmen gesäumten Inseln und fruchtbaren Schwemmlandebenen. In und um diese Wasserwildnis ist eine Reihe von Safarihütten und -camps entstanden. Weiter oben im Norden, in den wildreichen Moremi- und Chobe-Reservaten, bieten sie dem Besucher das Beste aus unterschiedlichen Welten, wobei Wild- wie Vogelbeobachter, Jäger und Sportfischer auf ihre Kosten kommen wie auch die Erforscher verborgener Stätten und die Liebhaber des ursprünglichen, unberührten Afrika.

Das in der Kolonialzeit Betschuanaland genannte Botswana ist ein großes, dünn besiedeltes Binnenland. Seinen heutigen Namen erhielt es, als es 1966 unabhängig wurde. Er ist aus der Setswana-Sprache abgeleitet, die von der größten der Bevölkerungsgruppen gesprochen wird, die verstreut und ungleich verteilt eine Region bewohnen, die größer als Frankreich ist. Am größten ist die Bevölkerungsdichte im vergleichsweise wasserreichen Südosten an der Grenze zu Südafrikas Provinz Transvaal. Botswana grenzt im Süden an die Kapprovinz, im Osten und Nordosten an Simbabwe und im Westen an die menschenleere Wüste Namibias.

Der Caprivi-Zipfel im Nordwesten von Namibia – ein langgestreckter, enger, von Flüssen und Sumpfgebieten durchzogener Landstreifen mit üppiger Vegetation – bildet einen auffälligen geographischen Kontrast. Ein schmaler Streifen dieser Region, der nur gerade einmal 700 m lang ist, trennt Botswana von der Republik Sambia – die kürzeste Staatsgrenze der Welt.

BOTSWANA IM ÜBERBLICK

DAS LAND

Botswana bedeckt 581 730 km² der gigantischen afrikanischen Hochebene, die etwa 5000 km nördlich in der Sahara beginnt und sich fast über den gesamten Kontinent erstreckt. In Botswana erhebt sie sich nahezu konstant 1000 m über den Meeresspiegel. Der Großteil des Geländes ist ungewöhnlich einförmig, kein Hügel, Gebirgskamm oder Tal lockert die von der Sonne versengte Monotonie der Landschaft auf – ein weites, leeres Land der glühenden Hitze, des Sands und der unendlichen Stille, der fernen Horizonte und manchmal einer eigenwilligen, überwältigenden Schönheit. Die Hauptverkehrsstraßen sind neu und in ausgezeichnetem Zustand, aber für den unabhängigen Reisenden, der die Weite des Landes erkunden will, kann die Fortbewegung im Land schwierig werden, in den abgelegenen Gegenden im Innern und im Süden sogar gefährlich: Die Entfernungen sind gewaltig, die Straßen uneben und kaum befahren, und wenn der Wagen versagt, läßt Hilfe oft lange auf sich warten.

Ein breiter Streifen höhergelegenen Geländes teilt Botswana in eine West- und eine Osthälfte. Obwohl er mit bloßem Auge kaum wahrnehmbar ist, bildet er dennoch eine Wasserscheide. Nach Osten fließen die jahreszeitlich erscheinenden Flüsse ab, die, während sie Wasser führen, die karge Erde nähren, bevor sie sich mit den breiten Läufen der Flüsse Marico, Shashe und Limpopo vereinigen. Vor langer Zeit flossen beträchtliche Wassermengen aus diesem bescheidenen Tafelland nach Westen ab, wo sie die großen Salzpfannen des Innern auffüllen halfen. Die Sowa Pan erhält noch immer etwas saisonale Auffüllung von Nata, Tutume, Mosetse und anderen solcher Wasserläufe. Die im Norden und Nordwesten sind praktisch ausgetrocknet, und die großen, flachen Senken bleiben die meiste Zeit über trocken rings um die Einöde des Kalahari-Sandveld.

Wegen ihrer sandigen Böden und des fast völligen Fehlens von Oberflächenwasser wird die Kalahari, die über zwei Drittel des Landes bedeckt, gemeinhin als Wüste bezeichnet. Tatsächlich ist die Gegend aber überwiegend bewachsen, wenn auch spärlich, und läßt sich treffender als Wildnis oder „Dürre" einstufen. Die weiten Ebenen überzieht eine dünne Schicht von Gräsern und Savannen-Dornbüschen. Dort, wo das

Das Zentral-Kalahari-Wildreservat liegt im Herzen der sogenannten Kalahari-„Wüste", die in Wirklichkeit eine Region wogenden Graslands und vereinzelter Dornbüsche mit gelegentlich dichten Beständen dürreresistenter Bäume ist.

Grundwasser dicht unter der Oberfläche liegt, ähnelt die Landschaft einem Park. Botswanas einzige wirkliche Wüste befindet sich im äußersten Süden, in einer Region mit hohen, roten Dünen und ausgetrockneten Flußbetten, die bis in Südafrikas Kapprovinz hinüberreicht.

Ganz anders in Natur und Erscheinung ist der Nordwestteil des Landes. Er gehört zwar noch zum Kalahari-System, wird aber vom Okawango verändert, dem drittgrößten Fluß Südafrikas, und vom Kwando, der ebenfalls von Angola herabfließt, wobei er zweimal seinen Namen ändert – erst in Linyanti, dann in Chobe –, bevor er 70 km oberhalb der Victoria-Wasserfälle in den mächtigen Sambesi mündet.

Den Linyanti-Chobe begleitet eine fruchtbare Schwemmlandebene, und das Sumpfland im äußersten Norden bezaubert mit seinem üppigen Grün. Aber das Okawango-System ist viel größer und hat wesentlich dramatischere Auswirkungen auf die Landschaft der Kalahari. Der an seinem (angolanischen) Oberlauf Kubango genannte Fluß nimmt seinen Lauf durch den Caprivi-Zipfel und fließt durch ein enges, 100 km langes Tal, bevor er sich in ein großartiges Sumpflanddelta auffächert, das sich bei Hochwasser über fast 15 000 km² erstreckt. Das Wasser des Okawango-Deltas fließt gelegentlich nach Süden in den historischen Ngami-See und nach Norden in die wildreiche Mababe-Senke ab, aber sein wichtigster (wenn auch spärlicher und sehr sporadischer) Abfluß verläuft nach Osten zu den Ebenen, Salzpfannen und „Vegetationsinseln" des Makarikari-Beckens in der nördlichen Kalahari.

Gesteine und Mineralien

Unter der großen Schutzdecke des windigen Kalahari-Sandveld liegen einige der ältesten Gesteine der Welt: Einige Granit-Gneise im Osten von Botswana entstanden vor über 3,5 Milliarden Jahren, nicht lange nachdem die Abkühlung der Erde begonnen hatte. Weniger ungewöhnlich sind die viel jüngeren (300 Millionen Jahre alten) Karru-Ablagerungen – Basaltlava, Sandstein, Schiefer (Ton), dünne Kohlenflöze –, die unter der Hälfte der Oberfläche des Landes liegen.

Noch jüngeren Datums sind die Kimberliten, dünne „Röhren" aus Vulkangestein, die vor 80 Millionen Jahren aus dem Erdinnern geschleudert wurden. In wenigen Augenblicken verwandelten die von diesen gewaltigen Kräften geschaffenen hohen Temperaturen und der Druck den in der Lava enthaltenen Kohlenstoff in Diamanten, die nach ihrer Entdeckung vor etwas über zwei Jahrzehnten den Ausgangspunkt für ein Wirtschaftswunder bildeten. Zu den anderen Rohstoffen, die in geologischen Formationen eingeschlossen sind, gehören

Kupfer und Nickel (Abbau in Selebi-Phikwe), die Gold- und Silberablagerungen bei Francistown und Matsitama, Mangan und Eisenerz und reiche Kohlevorkommen in der Nähe von Morapule und Serowe im Osten. Die Salzpfannen in der nördlichen Mitte der Kalahari liefern Salz, Pottasche und Sodaasche.

Das Klima

Botswanas Klima wird als „kontinental-tropisch" eingestuft, obwohl dieses Land, abgesehen von den Gebieten hoch oben im Norden, nur wenig von der dampfenden Üppigkeit hat, die man üblicherweise damit verbindet. Die nasse Jahreszeit fällt in die Sommerperiode, wobei der erste Regen in guten Jahren gegen Ende Oktober und der letzte im März fällt. Gelegentlich dauert diese Jahreszeit auch bis in den April und sogar den Mai hinein. Im Dezember und Januar, den niederschlagsreichsten Monaten, bauen sich gegen Mittag Regenstürme auf, die in kurzen Nachmittagsschauern abregnen und die oft Donner und Blitz von gewaltigen Ausmaßen begleiten.

Das ist das typische Muster, das aber keineswegs unveränderlich ist. Der Regen ist unzuverlässig; oft kommt er spät, und an manchen Tagen, sogar endlose Wochen lang, bleibt der Sommerhimmel wolkenlos; allzuoft leiden das Land, die Farmer und ihr Vieh unter Trockenzeiten, die periodisch für nationale Krisen sorgen – in den drei Trockenjahren Mitte der achtziger Jahre gingen zum Beispiel über eine Million Rinder durch Wassermangel zugrunde.

Die meiste Zeit im Jahr ist das Land praktisch windstill, aber Anfang August kommt ein heißer Wind auf, der den Kalaharisand über das ganze Land fegt. Zwei Monate später folgt dann der Regen. Die durchschnittliche Niederschlagsmenge beträgt gute 475 mm, aber diese Zahl täuscht. Viel von der Feuchtigkeit geht durch Verdunstung verloren. Der Nordosten bekommt etwas mehr Niederschlag ab (etwa 650 mm im Jahr) als der trockene Süden und Südwesten, wo teilweise nur 250 mm und noch weniger Regen fällt.

Die Sommertage sind heiß, in den Wochen vor dem kühlenden Regen regelrecht erdrückend, wenn die Temperaturen im Schatten bis auf 38 °C steigen und mitunter sogar 44 °C erreichen. Die Winter sind wolkenlos und knochentrocken. Während des Tages ist die Luft verführerisch warm, kühlt aber wegen der fehlenden Wolkendecke nachts und in den frühen Morgenstunden manchmal empfindlich ab. Frost ist keine Seltenheit; kleinere Wasserlachen können gefrieren, und in der Kalahari fiel auch schon Schnee.

Die beste Reisezeit für Touristen sind die Monate von April bis Oktober – sowohl vom Wetter wie von der Tierbeobachtung her. In dieser Periode versammeln sich die Wildtiere der weiten Flächen um die Wasserstellen – natürliche Wasserlöcher und künstlich angelegte Stauseen – und sind am leichtesten zu sehen. Die Wildtiere der Ebenen – Säbelantilope und Elenantilope, Springbock und Kuhantilope – haben sich in bemerkenswerter Weise an die Trockenheit angepaßt und brauchen so zum Überleben kein stehendes Wasser.

Pflanzen und Tiere

Auf der Fahrt durch das riesige Landesinnere von Botswana ergreift einen die trostlose Gleichförmigkeit der Landschaft – Kilometer für Kilometer unverändert versengtes, eintöniges Land, spärlich bedeckt von Gras, Sträuchern und vereinzelt wachsenden Bäumen, die sich ganz zäh im Sandboden festhalten.

Die Vegetation wird weitgehend vom Niederschlag bestimmt: Je weiter nördlich man gelangt, desto dichter wird die Pflanzendecke. Rund 90 Prozent des Landes gelten als Savanne – Buschsavanne im Südwesten, überwiegend spärlich bewaldete Baumsavanne im übrigen Gebiet. Selbst im feuchteren Osten haben die Flußabschnitte vor allem des Shashe, Motloutse und des Mhalatswe durch Überweidung und die Unersättlichkeit der sich verlagernden Landwirtschaft ihre einst reiche Vegetation verloren. Richtige Wälder findet man nur oben im Norden an den Ufern des Chobe-Flusses, und auch sie bilden kein geschlossenes Blätterdach.

Die dominierende Baumart im Süden und im Zentrum ist die Akazie in ihren verschiedenen Formen – Kameldorn, Schwarzdorn und andere –, obwohl das unwirtliche Kalahari-Sandveld im Zentrum auch den *morukuru* oder *tamboti* (Spirostachys africanus) hervorbringt, einen widerstandsfähigen Laubbaum, der in der Umgangssprache Springbohnenbaum heißt (seine Frucht wird nämlich oft von einem Insekt befallen, dessen Larve sich in der Samenhülse entwickelt und die Hülse durch ihre Bewegungen einige Zentimeter hochhüpfen läßt). Im freundlicheren Norden weicht die Akazie jedoch dem ansehnlichen Eisenbaum (*mopane*), dem Silberblatt (*mogonono*), dem Simbabwe-Teakbaum (*mokusi*), dem wilden Mandelbaum (*mongongo*), dem *marula* und, besonders am Nordrand der Makarikari-Salzpfannen, dem bizarren Affenbrotbaum oder Baobab. Einige dieser Bäume sind ebenso interessant wie nützlich. Bei den Einheimischen gilt der Mopane-Wurm als geschätzte Delikatesse. Raupen werden sackweise gesammelt, in der Sonne gedörrt und dann geröstet, gebacken und roh verzehrt oder nach Südafrika exportiert. Die saftigen Kerne der Mongongonuß versorgen die Buschmänner im Nordwesten die meiste Zeit des Jahres über mit ihrem Hauptnahrungsmittel. Mokusi und in geringerem Umfang auch Mopane werden kommerziell genutzt; aus dem weichen Holz des Marula schnitzen die Dörfler Schüsseln, Platten und Trommeln. Die gelbe, eßbare Marulafrucht, die zwischen April und Juni reift, ist bei den bäuerlichen Tswana sehr gesucht: Die eiweißreichen Nüsse werden gewöhnlich mit Haferbrei gekocht. Die Rinde ist als Malariamittel bekannt. Affen und angeblich sogar Elefanten lieben die Marula ebenfalls: Nach dem Verzehr der am Boden liegenden, überreifen, gärenden Frucht sind sie fröhlich beschwipst – so lautet die Mär.

Ein ersehnter Anblick nach den langen trockenen Wintermonaten – Regenwolken zu Beginn des Sommers über den Savute Flats im Chobe-Nationalpark, ein gutes Vorzeichen für die kommenden Monate.

Botswana im Überblick

Obwohl auf allen Seiten von Halbwüste umgeben, gehört das Okawango-Delta doch zu einer völlig anderen botanischen Kategorie. Dichte Schilfgürtel rahmen seine Kanäle, Seerosen zieren die anmutigen Lagunen und große Palmen seine Inseln. Seltsamerweise wachsen auch einige der dürreresistenten Trockenlandpflanzen – unter anderem hohe Akazien, Wurst- und Bleiholzbäume – in diesem großartigsten aller Sumpfgebiete.

Die großen Sandflächen im mittleren und südlichen Landesinnern haben trotz der Rauheit der Landschaft gelegentlich einen bescheidenen Blütenschmuck. Im Frühling, kurz vor dem Einsetzen der Regenzeit, leuchten die Akazienbäume mit gelben und weißen Blüten. Wenn der seltene Regen fällt, bringen Karmesinlilien, wilder Hibiskus, Akanthus, Amocharis und viele andere Pflanzen ein wenig Farbe in das trostlose Land. Die Blüten sind kurzlebig, manche erscheinen selten: Die Lilien blühen weniger als vier Tage, die Vellozia nur einmal alle drei oder vier Jahre.

Die widerstandsfähigen Wüstensukkulenten haben sich in einzigartiger Weise an ihre rauhe Umgebung angepaßt – einige davon liefern die Lebensgrundlage für Mensch und Tier. Über 200 Trockenlandarten werden als eßbar eingestuft, darunter die eiweißreichen und wohlschmeckenden Wüstentrüffeln oder *legopo*. Die Buschmänner sammeln sie in Mengen und verkaufen sie zu horrenden Preisen an die Dorfbewohner von Ghanzi und anderen kleinen, abgelegenen Zentren. Am bekanntesten und wertvollsten unter den Pflanzen sind jedoch die Tsamma-Melone (*Citrullus lanatus*) und die Wildgurke (Familie *Cucurbitaceae*), die wegen ihres Wassergehalts und ihres Nährwerts geerntet wird. Die Tsamma war in einigen der rauheren Sandveld-Gegenden in der Tat wesentlich für das Überleben der Buschmänner; die Früchte halten sich monatelang, nachdem die Mutterpflanze verdorrt ist, und während der langen Trockenmonate waren sie der wichtigste Wasserspender dieses Wüstenvolks. Auch die Samen sind gut zu gebrauchen: Sie werden geröstet und dann zu einer Art Mahlzeit zerstampft.

Diese Wildpflanzen erhalten auch die erstaunlich reiche und vielgestaltige Tierwelt, zu der Springbock, Kuhantilope, Säbel- (Oryx) und Elenantilope und noch eine Unzahl anderer, kleinerer Tiere gehören, zusammen mit den Fleischfressern Löwe, Wüstenluchs, Serval und Schakal. Viele von diesen reichlich vertretenen Arten sind wie die Pflanzen, von denen sie leben, ebenso hervorragend an ihren nahezu wasserlosen Lebensraum angepaßt.

Die Wildtierbestände sind im Norden größer und vielfältiger – und für den gewöhnlichen Reisenden leichter zugänglich – inbesondere im Moremi-Wildreservat und im wundervollen Chobe-Nationalpark. Hier sind die meisten der bekannteren größeren Säugetiere vertreten, und die Vogelwelt ist vor allem im Sumpfland und seiner Umgebung wegen ihrer Vielfalt und Schönheit bemerkenswert. Die Tierwelt Botswanas behandeln ausführlicher die Seiten 34 bis 39.

Die Bevölkerung

Botswanas Gesamtbevölkerung liegt knapp unter 1,4 Millionen (Schätzung von 1993), von denen sich über 80 Prozent im wasserreicheren, fruchtbareren Osten an der Grenze zu Südafrika und Simbabwe konzentrieren. Die jährliche Rate des Bevölkerungswachstums von rund 3,4 Prozent gehört zu den höchsten der Welt; über die Hälfte der Bevölkerung des Landes ist jünger als 16 Jahre.

Die meisten Batswana (so heißen die Bewohner des Landes) sind zum Überleben in der einen oder anderen Weise vom Land abhängig, aber wie in fast jedem anderen Entwicklungsland läßt die Landflucht – die Abwanderung von Familien aus den ländlichen Gebieten – die Städte anwachsen und vergrößert die Zahl der Arbeitslosen. Zu Beginn der neunziger Jahre lebte bereits über ein Viertel der Landbevölkerung in städtischer Umgebung.

Ein für Botswana eigentümliches (wenn auch nicht ausschließliches) Phänomen sind die traditionellen Riesen„dörfer", deren Einwohnerzahl bis zu 40 000 betragen kann und die als Hauptwohnzentren, tatsächlich als Hauptstadt der Stammesgruppe fungieren. Die meisten Bewohner sind mit der Viehzucht beschäftigt oder hängen in anderer Weise von ihr ab, obwohl die „Dörfer" fernab der gemeinschaftlichen Weidegründe liegen können: Entlegene Viehposten bieten den Hirten Obdach und Wasserstellen für das Vieh. Der durchschnittliche Farmer oder Viehhalter verbringt gewöhnlich einen Teil der Woche in diesen abgelegenen und kümmerlichen kleinen Flecken und kehrt dann zu häufigen, aber kurzen „Wochenenden" zu seiner Familie im Hauptdorf zurück. Die reicheren Viehzüchter besitzen eine große Anzahl dieser Posten, die weithin über die riesige Ebene des Graslands verstreut sind und von bis zu 100 km konturlosem Terrain getrennt sind. Viele Dörfler haben überdies aus praktischen Gründen Zweitunterkünfte im nahe gelegenen Kulturland.

So sieht kurzgefaßt die Grundstruktur der traditionellen Gesellschaft im größten Teil Botswanas aus, obwohl das Muster keineswegs starr ist und das System teilweise ausgehöhlt wird, da die Jugend zunehmend in die Städte abwandert und die Älteren das Hauptdorf verlassen, um auf ihrem Land und bei den Viehposten Häuser zu errichten.

Über die Hälfte der Bevölkerung von Botswana sind Tswana, und die übrigen sind von der Tswana-Kultur stark beeinflußt, wenn nicht integriert. Das Wort Tswana ist jedoch eine ziemlich weitgefaßte Bezeichnung, die innerhalb der Landesgrenzen zehn oder zwölf Hauptgruppen umfaßt. Zu ihr gehören auch die fast zwei Millionen Einwohner der Region Bophuthatswana in Südafrika und viele andere, die in Südafrikas nördlichen Industriezentren leben. Die Tswana sind historisch mit den Sotho in Transvaal und dem Königreich

Selbst im rauhen Dürreland der Zentral-Kalahari bringt der Frühling neues Leben: hier die hellgelben Blüten und wachsartigen grünen Samenhülsen einer Akazie.

Lesotho verbunden und werden auch mitunter als westliche Sotho bezeichnet.

Die größte der Tswana-Gruppen bilden die Bangwato, die über ein Viertel der Gesamtbevölkerung stellen und die traditionellen Oberherren eines Fünftels des Landes sind (Stammeshauptstadt ist Serowe im Osten), gefolgt von den Bakwena und den Bangwaketse, die im Gaborone-Gebiet leben. Zu den kleineren Gruppen gehören die Bakgatla, die Bamalete und zudem die Batlokwa, die allesamt den Südosten bewohnen; die Rolong (Barolong) entlang der Grenze zu Südafrika und die Batawana der nördlichen Mitte (Ngami) und der Grenzregion im äußersten Westen.

Obwohl eng miteinander verbunden, hat jede Gruppe ihre eigenen traditionellen Häuptlinge und besitzt Eigentumsrechte auf ihr eigenes Land. Das soll jedoch nicht heißen, daß die Gruppen in sich selbst homogen wären: Im Gegenteil, jede hat im Lauf der Zeit und aus komplexen historischen Gründen andere Völker mit Tswana- und Nicht-Tswana-Abstammung assimiliert.

Zu den Nicht-Tswana-Minderheiten gehören die Bakalanga, die Bakgalagadi, die Bayei, Hambukushu und Basubiya und die über 25 000 Kopf starke Ovaherero-Gemeinschaft, die erst in jüngster Zeit zu dem bunten Bevölkerungsgemisch hinzukam. Es gibt auch 40 000 San (Buschmänner), örtlich als Barsawa bekannt, die fast alle als Halbnomaden in den Halbwüstenregionen des Südens, der südlichen Mitte und des Westens leben. Die weiße Bevölkerung zählt 15 000 Menschen, von denen zwei Drittel nicht Staatsbürger von Botswana sind.

Die Statistik weist eine durchschnittliche Bevölkerungsdichte von 2,7 Einwohnern pro Quadratkilometer aus, mit beträchtlichen regionalen Abweichungen: 15 Einwohner pro Quadratkilometer im Südosten und gerade einmal 0,2 in den Trockendistrikten Ghanzi und Kgalagadi im Westen. Die Lebenserwartung beträgt 53 Jahre für Männer und 59 Jahre für Frauen, Tendenz steigend, die Geburtenrate liegt bei 44 Geburten pro 1000 Einwohner; die Kindersterblichkeit liegt bei über 90 Promille, sinkt aber allmählich.

Botswanas Hauptsprache ist Setswana mit seinen verschiedenen Dialekten; Setswana und Englisch sind die offiziellen Verkehrssprachen; fast alle Städter sprechen Englisch, einige sogar ausgezeichnet.

Die traditionellen Tswana

Die mündliche Überlieferung, von Legenden und vielleicht auch von Mythen ausgeschmückt, berichtet uns, daß die Abstammung der Tswana auf Malope aus der Kwena-Dynastie zurückgeht, einen Nachfahren von Mogale, der Mitte des 14. Jahrhunderts das Gebiet westlich des heutigen Pretoria beherrschte (die anmutige Magaliesbergkette leitet ihren Namen von „Mogales Berge" her). Ein Sohn Malopes soll ein Gefolge um sich geschart haben und in das Zeerust-Gebiet im westlichen Transvaal ausgewandert sein, wo seine Schar schließlich auseinanderfiel. Die Nachkömmlinge wanderten ab, wobei einige mit anderen sothosprechenden Völkern verschmolzen, andere unabhängig blieben, wieder andere schließlich wieder zu ihrer ursprünglichen Gruppe zurückkehrten.

Spaltung, Wanderung und Verschmelzung sind ein (für den mitteleuropäischen Beobachter höchst verwirrender) konstanter Faktor in der Tswana-Gesellschaft. Die Nachkommen von Häuptlingen kämpften gewöhnlich nicht um die Erbfolge und die Herrschaft, sondern neigten dazu, aus dem Hauptstamm auszuscheren und neue Stämme zu gründen. Zugleich gab es aber auch mächtige Gegenkräfte, die die Integration förderten: Reichtum und Status basierten auf dem Besitz von Vieh. Die über wenig Viehbestand verfügenden Gruppen tendierten dazu, sich an die reicheren Gemeinschaften anzuschließen und in manchen Fällen vollständig darin aufzugehen. Daher der endlose Prozeß von Teilung und Verschmelzung, der die Geschichte der Tswana kennzeichnet.

Dennoch sind fast alle grundlegenden Tswana-Strukturen in den ländlichen Gebieten bemerkenswert intakt geblieben; die meisten Familien auf dem Land arbeiten, leben und verhalten sich untereinander noch genauso wie ihre Vorfahren.

Das traditionelle politische System der Tswana läßt sich als Dorfdemokratie beschreiben. Jede einzelne Gemeinschaft ist in *dikgotla* genannte Bezirke unterteilt, jeder mit einem offenen Platz oder *kgotla*, auf dem Versammlungen stattfinden, die Angelegenheiten des Dorfs erörtern und sämtliche Streitigkeiten beilegen. Der lokale Häuptling (oder richtiger, Unterhäuptling) hat ebenfalls seinen *kgotla*, einen größeren Platz, der immer in der Mitte des Dorfes angesiedelt ist. Zu den gemeinsam genutzten Einrichtungen gehören Schule,

Serowe, die Hauptstadt des Bangwato-Stamms, ist auch die Heimatstadt des verstorbenen Sir Seretse Khama, des Gründers des modernen Botswana.

Botswana im Überblick

Laden, Krankenhaus oder Ambulanz und Wasserlöcher, obwohl in den größeren Dörfern jeder Bezirk oft seine eigenen Wasserlöcher besitzt. In den Bezirken haben auch die Kernfamilien (Einzelhaushalte) ihre eigenen Höfe, die Wohnviertel und meist auch einen Kornspeicher einschließen.

Kleinere, abgelegene Dörfer unterhalten enge Beziehungen zur Stammeshauptstadt, Sitz des königlichen *kgotla* und historischer Sitz der Stammesregierung. Vor der Unabhängigkeit wurde diese von der Person des obersten Häuptlings verkörpert, einem Mann, den der verstorbene Autor und Gelehrte Isaac Schapera als „das Symbol der Stammeseinheit" beschreibt, „die zentrale Figur, um die sich das Stammesleben dreht. Er ist zugleich Herrscher, Richter, Gesetzgeber und -hüter, Bewahrer des Wohlstands, Verteiler von Gaben, Anführer im Krieg, Priester und Zauberer des Volkes."

Der Häuptling war jedoch kein unumschränkter Herrscher: Er hatte strenge Verpflichtungen. Er verwaltete die Ländereien und andere Güter des Stammes treuhänderisch und verwendete sie im Auftrag und zum Wohl seines Volkes. Entscheidungen traf er mit Hilfe seiner älteren Verwandten, Vorsteher und Beamten. Angelegenheiten von allgemeinem öffentlichen Interesse wurden gewöhnlich auf einer Vollversammlung entschieden, die allen erwachsenen männlichen Stammesmitgliedern offenstand. Die Tswana schätzen Aufrichtigkeit und Freimut hoch ein, und es war nicht unüblich und für den Häuptling durchaus akzeptabel, daß ihm auf diesen Versammlungen gelegentlich widersprochen, ja, daß er sogar kritisiert wurde.

Die Gesellschaftsordnung in den traditionellen Gemeinschaften war (und ist zu einem Großteil immer noch) kompliziert. Die Rangfolge war klar definiert. Die Hierarchie reichte vom Häuptling über die Aristokratie seiner Verwandten zum gemeinen Volk und schließlich denen, die man als „Einwanderer" oder „Klienten" beschreiben könnte, Menschen, die assimiliert waren, aber nicht eigentlich zum Stamm gehörten. Die Tswana-Gesellschaft ist patrilineal: Der älteste Sohn der ältesten (obwohl nicht unbedingt ersten) Frau erbt. Die Frage der Zugehörigkeit ist jedoch komplex. Eine Person wird sich natürlich eng mit dem Familien-*kgotla* identifizieren, es gibt jedoch auch Altersgruppen oder „Regimenter", die die Loyalität zu Bezirk und Verwandtschaft durchkreuzen. Dies ist ein Überbleibsel aus alter Zeit, als die Verteidigung nach außen oft von ausschlaggebender Bedeutung für die Stämme war und die jungen Männer periodisch zum Kriegsdienst eingezogen wurden. Aufrufe erfolgten etwa alle vier Jahre; die Einführung in die nach Alter gestaffelte Gesellschaft umfaßte einige komplizierte und manchmal schmerzhafte Zeremonien. Für Jungen war die wichtigste davon die Beschneidung und eine Zeit der Zurückgezogenheit draußen im Grasland abseits des Dorfes, während der sie eine Reihe von Mutproben ablegen mußten und die Stammesgesetze erlernten. Auch die Mädchen kamen in Gemeinschaften zusammen, um die Geheimnisse der Weiblichkeit und Häuslichkeit kennenzulernen.

Noch immer gibt es in der traditionellen Gesellschaft eine komplizierte Hierarchie, die jedoch nicht annähernd so klar definiert ist wie in den früheren, kriegerischeren Tagen, als die Stämme untereinander um die besten Weideplätze kämpften. Landbesitz und Viehbesitz bestimmten den sozialen Rang; die Unterlegenen ließen ihr Vieh zurück und zogen entweder ab oder, wie erwähnt, blieben und wurden als „Klienten" vereinnahmt. Auch hier haben die Zeit und die politischen Umstände die sozialen Unterschiede aufgelöst.

Die Mehrheit der Tswana sind nominell, über ein Drittel auch praktizierende Christen. Die traditionelle Religion, die unter anderem den Glauben an ein höchstes Wesen *modimo* und den Einfluß von Ahnengeistern (*badimo*) umfaßte, geriet dann im 19. Jahrhundert vor dem Ansturm des europäischen Missionseifers in Vergessenheit. Viel von dem, was einst heilig war – sicher vieles, was zu dem komplizierten Ritual gehörte –, wurde aufgegeben. So durchlaufen Jungen und Mädchen zum Beispiel nicht länger das komplexe Ritual der Initiation, und selten wird man die alten Riten des Regenmachens oder die geheimnisvolle Zeremonie beobachten, durch die die Stammesgrenzen unverletzlich gemacht werden sollen.

Die kleineren Volkstämme

Unter den Minderheiten sind die Kalanga wahrscheinlich die größte. Sie bewohnen einen Großteil des Gebiets um Francistown, den Nata River im Nordosten und, in weit größerer Anzahl, die südwestlichen Teile in der Nachbarschaft von Simbabwe. Kleine Gemeinschaften – die Kalanga wurden während der Stammeskämpfe im frühen 19. Jahrhundert über das ganze Land verstreut – finden sich in verschiedenen anderen Teilen Botswanas.

Über die Ursprünge der Kalanga gibt es keine gesicherten Erkenntnisse, aber Ähnlichkeiten in Sprache und Religion deuten darauf hin, daß sie mit den alten Karanga-

*Der Dorf-*kgotla *ist Mittelpunkt des traditionellen politischen Systems von Botswana, das sich am besten als Dorfdemokratie beschreiben läßt. Hier erörtern die Stammesältesten auf dem* kgotla *von Serowe Beschwerden, Streitfälle und Dorfangelegenheiten.*

Rozwi in Verbindung stehen, den Erbauern der Zitadelle von Groß-Simbabwe und Herren eines Reichs, das sich in seiner Blütezeit im 15. Jahrhundert vom heutigen Osten von Botswana bis zum Indischen Ozean erstreckte. Genauer, die Kalanga waren fast sicher Bürger von Butua, dem Staat, dessen Zentrum Khame in der Nähe des heutigen Bulawayo war. In den folgenden drei Jahrhunderten wurde das Reich von Rivalitäten um die Herrschaft zerrissen und zerfiel mehr oder weniger, obwohl der mächtige Rozwi-Stamm eine Art nomineller Oberhoheit über den Großteil des heutigen Simbabwe und Nordbotswana aufrechterhalten konnte. Angesichts der aufeinanderfolgenden Einfälle der „plündernden Nguni-Königreiche" brach diese Herrschaft jedoch kurz nach 1800 von Süden her zusammen.

Der südwestliche Abschnitt des Rozwi-Gebiets umfaßte das Nyai-Volk, in denen man die Ahnen der heutigen Kalanga vermutet. Die „echten" Kalanga sind gemeint, denn während der turbulenten und oft von Trockenheit betroffenen Jahrzehnte siedelten sich auch andere Stämme dort an – einige kamen von weit her, z. B. aus Westsambia im Norden oder von den Drakensbergen weiter östlich – und verschmolzen allmählich mit dem Kern des Stammes.

Als sie in den 1840er Jahren von Überfällen der Ndebele bedroht wurden, stellten sich einige Kalanga selbst unter den Schutz des Ngwato-Stammes der Tswana, ein Schritt, der ihre Häuptlinge degradierte und ihre Stammesidentität untergrub. Dennoch blieb vieles vom Erbe der Ahnen erhalten, darunter auch Überbleibsel ihrer Religion, die sich um das große Mwari-Orakel drehte (unter den Kalanga als Ngwale bekannt).

Bedeutsamer und in deutlichem Kontrast zur Mehrheit der Tswana ist das Wertesystem der Kalanga, das auf Landrechten beruht. Sie sind Ackerbauern, die in kleinen Gemeinschaften leben. Obwohl sie Vieh und Ziegen halten, wird Viehbesitz mehr wegen seiner sozialen Funktion und religiösen Bedeutung geschätzt denn als Symbol für Reichtum und Prestige: Das Vieh dient dazu, die Geister der Ahnen versöhnlich zu stimmen, den Brautpreis zu bezahlen und als Belohnung des Häuptlings für besonders verdiente Personen.

Ein zusätzlicher Farbtupfer auf der Palette von Botswanas Bevölkerung sind die rund 25 000 Mbanderu – Vettern der stolzen Herero –, die in der Gegend des Ngami-Sees südlich der Okawango-Sümpfe leben. Die meisten Angehörigen dieses stolzen und unabhängigen Volkes stammen von Gruppen ab, die während der brutalen Nama-Kriege am Ende des 19. Jahrhunderts und vor allem nach der kolonialen Eroberung durch die Deutschen aus Namibia flohen. Die Herero des damaligen Deutsch-Südwestafrika reagierten besonders empfindlich auf das Eindringen der Weißen und alles, was es mit sich brachte – fremde Gesetze und Steuern, Verlust von Land und uralten Rechten auf Gemeinschaftsweiden und Wasserstellen. Sie erhoben sich 1904 in einem Aufstand. Damit lösten sie das vielleicht blutigste Kapitel in der afrikanischen Kolonialgeschichte aus. Der Aufstand dauerte fast vier Jahre und führte schließlich, nach 88 grausamen Militäraktionen, zur Auslöschung von drei Vierteln des Herero-Volkes. Etwa 65 000 starben während der Unruhen, die meisten verhungerten und verdursteten in der unfruchtbaren Wüste von Namibias Osten. Einige wenige entkamen durch die Wüste in das heutige Botswana, wo sie Verwandte suchten und mit Glück auch fanden, die vor früheren Unruhen geflohen waren.

Anfangs lebten die Neuankömmlinge als Diener der ansässigen Tswana, von denen sie lernten, wie man den kargen Boden bestellt. Aber bald schon kehrten sie zu ihrer traditionellen Lebensweise als Viehhirten zurück und begannen, ihre Herden zu vermehren. Mitte der dreißiger Jahre waren sie insgesamt reich genug, um sich freizukaufen, und zählen nun zu den wohlhabendsten Viehzüchtern des Landes. Das

Ein Ziegenhirt treibt seine Herde über einen Pfad bei Rakops in der Zentral-Kalahari. Die meisten Botswaner besitzen eigene Rinder und Ziegen, die mehr wegen ihres Sozialprestiges, weniger als Nahrungs- oder Einkommensquelle gehalten werden.

Botswana im Überblick

auffälligste sichtbare Kennzeichen dieser Herero ist die „traditionelle" Tracht der Frauen: ein langes Kleid im Stil der Gründerzeit, das sich an die bevorzugte Mode der Frauen der frühen europäischen Missionare in Namibia anlehnt.

Kulturell verschieden sind auch drei kleine Stämme, die in den Schwemmlandebenen des Okawango und Chobe leben – die Basubiya, Bayei und Hambukushu. Sie waren seit jeher geschickte Fischer und Jäger, und viele sind immer noch Flußanrainer. Sie sind aber auch Landwirte, und in begrenztem Umfang halten sie Vieh, das sie hauptsächlich als Lasttiere verwenden.

Teile der Halbwüstenregion und ihrer Randbezirke sind die Heimat der als Kgalagadi bekannten kleinen Gemeinschaften (von diesem Wort ist Kalahari abgeleitet), in der Vergangenheit ein zerstreutes, im allgemeinen armes Volk, das von der Jagd, vom Sammeln von Wildpflanzen, von einer bescheidenen Sorghum- und Bohnenernte und einigen wenigen Ziegen lebte. Einige Kgalagadi jedoch – hauptsächlich diejenigen, die sich auf die Viehzucht verlegt haben – gehören nun zu Botswanas reicheren Familien, die meisten anderen leben in bescheidenem Wohlstand.

Enger mit der Wüste verbunden sind die San oder Buschmänner, die Ureinwohner des südlichen Afrika: Lange vor der Ankunft der bantusprechenden Einwanderer aus dem Norden und auch der weißen Siedler von jenseits der Meere durchstreiften kleine Verbände dieser nomadisierenden Jäger und Sammler auf der Suche nach

Herero-Frauen in Maun bieten in ihrer „traditionellen" Tracht ein farbenprächtiges Bild – in Kleidern im viktorianischen Stil, wie sie die Frauen der europäischen Missionare trugen.

Dieses stilisierte Zebra, eine von mehreren tausend Felszeichnungen in den Tsodilo Hills im nordwestlichen Botswana, ist das Symbol des Nationalmuseums. Auch die Farben der Zeichnung sind eindrucksvoll.

dem Lebensunterhalt und nach Einsamkeit die großen, sonnenbeschienenen Flächen. Ihre einzigartige Kultur beherrschte einst das riesige Gebiet vom Atlantik bis zum Indischen Ozean und von Ostafrika bis hinab zur Südküste.

Allerdings paßt das Wort „beherrschen" in seiner eigentlichen Bedeutung nicht recht zur San-Kultur. Ohne jede Böswilligkeit oder Feindseligkeit war (und ist) dieses freundliche, bemerkenswerte Volk tief verbunden mit dem Gedanken des Teilens: Das betrifft die Zusammenarbeit innerhalb der Familie, zwischen den Stämmen, zwischen Mensch und Umwelt. Sitte und Überzeugung schlossen persönliche Feindschaft aus; die belebte wie die unbelebte Natur war geheiligt, wurde in den mystischen Ritualen der Jagd und des Trance-Tanzes und in den lebendigen Felsmalereien und Ritzzeichnungen geweiht, die Tausende von Stätten auf dem ganzen Subkontinent schmücken.

Beispiele dieser Kunst sind unter anderem in den zerklüfteten Tsodilo Hills zu sehen, die sich über den Sanddünen der einsamen Nordwestregion von Botswana erheben. Ihre Schöpfer, die größten aller prähistorischen Künstler, verwendeten erstaunlich fortgeschrittene perspektivische Verkürzungen, eine dreidimensionale Darstellungsweise, die den Jagdszenen Lebendigkeit verleiht; Bewegung, Fluß, Kraft des Sprungs der Antilope, das Vorwärtsstürmen des Büffels sind getroffen. Auch die Farben waren eindrucksvoll (viele Objekte sind mittlerweile jedoch verblichen; Zeit, Witterung und in jüngster Zeit auch Vandalismus haben ihren Preis gefordert), im wesentlichen bestanden sie aus den Mineraloxiden der Erde – Mangan für Schwarz, Lehm für Weiß, Hämatit für Dunkelbraun, Rot- und Gelbtöne.

Die San konnten mit den seßhafteren, kriegerischen, bantusprechenden Hirtenvölkern nicht konkurrieren, die etwa ab der Mitte des ersten Jahrtausends in ihre alten Jagdgründe einzudringen begannen. Einige Stämme wurden von den Neuankömmlingen assimiliert (die neun der San-Schnalzlaute in ihre eigenen Nguni-Sprachen übernahmen), andere blieben in den unwirtlichsten Regionen zurück – der abgelegenen Wildnis des nordwestlichen Kaps, Namibia und dem Kalaharisand von Botswana.

Bis vor kurzem lebten die echten Wüsten-San, und einige tun dies noch heute, weitgehend wie ihre Ahnen und zogen in kleinen Gruppen durch ihr jeweiliges festgelegtes Territorium. Die Frauen sammelten Wurzeln, eßbare Beeren und Wildmelonen als Wasser- und Nahrungsquelle; die Männer jagten mit sehnenbespannten Holzbögen und Pfeilen, die sie in einem Fell- oder Rindenköcher trugen (obwohl sie auch Speere und Keulen verwendeten, wenn die Situation dies erforderte). Die Pfeilspitzen waren mit Gift von Insektenlarven oder von bestimmten Pflanzen versehen – Giftstoffe, die nur allmählich auf das Nervensystem der Beute wirkten, so daß die Jäger einem Tier unweigerlich über eine beträchtliche Strecke folgen mußten, bevor es schwach wurde.

Wenn das Wild erlegt war, traf sich der ganze Klan beim Fest, sang und tanzte nach einem uralten Stammesritual um das nächtliche Feuer.

Fleisch war jedoch eher ein gelegentliches Festessen als ein Grundnahrungsmittel. Wenn das Wild rar war, wie meistens, teilte sich der Stamm in kleinere Gruppen auf, die weithin durch das Grasland streiften und die Pflanzen der Wüste, ihre Insekten, Schlangen und Eidechsen sammelten. In besonders trockenen Gebieten, sonst auch in Trockenzeiten, lagerten die San Wasser in Straußeneiern, die sie an abgelegenen und scheinbar unauffälligen Plätzen tief unter der sandigen Oberfläche vergruben. Sie fanden sie mit unfehlbarer Sicherheit wieder, selbst wenn kein Anzeichen des Verstecks sichtbar war. Straußeneierschalen wurden auch als persönlicher Schmuck verwendet; die traditionelle Kleidung umfaßte Mäntel aus Tierfellen, Lendenschurze und Umhänge.

Der Besitz war bescheiden und einfach. Sie besaßen nichts, was man nicht tragen konnte. In ähnlicher Weise waren auch die Behausungen nur provisorisch gebaut, Stangenkonstruktionen, die zurückgelassen wurden, wenn der Stamm weiterzog.

Heute sind Botswanas San gezwungen, ihre nomadische Lebensweise zugunsten eines seßhafteren Lebens aufzugeben.

Zur Bevölkerung des Landes gehören auch einige wenige Nama (die ursprünglich aus Namibia kamen), afro-europäische Mischlinge und 15 000 Weiße, von denen viele für Regierungsstellen oder heimische Unternehmen arbeiten und eine ganze Reihe im aufstrebenden Tourismussektor.

BRENNPUNKTE

Abgesehen von seiner Hauptstadt hat Botswana keine Städte im allgemeinen Wortsinn; seine anderen entlang der Ostgrenze konzentrierten Zentren sind selbst nach afrikanischen Maßstäben bescheiden, wobei die größten vielleicht mit einer mittleren deutschen Kleinstadt vergleichbar sind. Einige der größeren Orte sind trotz ihrer beträchtlichen Bevölkerungszahl im wesentlichen Dörfer nach traditionellem Muster ohne die Raffinesse, den Luxus und die Annehmlichkeiten des modernen Lebens. Dennoch hat jeder Ort seine eigene Geschichte, seine Eigenart, seine einzigartige Stellung in der Entwicklung und in der Kultur der Region.

Gaborone

Der Regierungssitz des Landes, der bis vor kurzem noch als Gaberones bekannt war und nach einem lange lebenden Tlokwa-Häuptling benannt ist, entstand in den 1890er Jahren, zuerst als Verwaltungszentrum, dann als Bahnstation an der langen, einsamen Bahnlinie, die Südafrikas Kapprovinz mit der rhodesischen (jetzt simbabwischen) Stadt Bulawayo verband. Tatsächlich reicht die Siedlungsgeschichte noch zehn Jahre weiter zurück: Das ursprüngliche Stammeshauptquartier Tlokweng wurde 1881 etwa 4 km entfernt an den Ufern des Ngotwane River erbaut. Das Verwaltungszentrum ist heute ein Vorort, der nostalgisch „das Dorf" genannt wird.

Gaborone spielte die Rolle der Hauptstadt der Südprovinz des Landes (während der Kolonialzeit gab es nur zwei Provinzen) bis zu den Vorbereitungen der Unabhängigkeit 1966, als es Mafikeng als Hauptstadt ablöste, das frühere, durch den Burenkrieg berühmt gewordene Mafeking, das heute außerhalb der Landesgrenzen liegt. Diese Veränderung war der Vorbote eines dramatischen Wandels: In den nächsten 25 Jahren wuchs der Ort von einer unbedeutenden Siedlung mit rund 6000 Einwohnern zu einer ansehnlichen kleinen Metropole mit einer Bevölkerung von rund 145 000. Die Stadtplaner entwarfen Gaborone praktisch am Reißbrett und legten die weiträumige Stadt ebenerdig an, umsäumt mit schönen Bäumen. Zu den Kennzeichen des Stadtzentrums gehören The Mall, eine Hauptverkehrsstraße für Fußgänger, und der anliegende, von Geschäften, dem renommierten President Hotel, Banken, Bürohäusern und Botschaften flankierte Platz. Im Osten der Stadt liegen die Gebäude der Stadtverwaltung, die öffentliche Bücherei und das prächtige National-

Ein kleiner Zhu-Junge späht durch die Kamera des Fotografen. Er und seine Großmutter leben in einer kleinen Siedlung des San-Volkes, das noch immer in den Tsodilo Hills wohnt.

museum mit Kunstgalerie (zu den Ausstellungsstücken gehören eindrucksvolle gemalte Dioramen und ausgestopfte Tiere). Im Westteil befinden sich die Nationalversammlung und hübsche öffentliche Parks. Weitere Wahrzeichen sind die Universität von Botswana, das nationale Sportstadion und der internationale Flughafen Seretse Kama im Norden der Stadt.

Gaborone wurde von einer renommierten englischen Wirtschaftszeitschrift als eine der „Städte der Zukunft" beurteilt. 1993 stufte das Magazin Johannesburg an vierter Stelle der Städte mit Wachstumspotential ein und verband die südafrikanische Metropole mit Gaborone als aufstrebendem Zentrum und Windhoek in Namibia zu einem „Wachstums-Dreieck", das mit Hilfe der neuen Autobahn, die die drei Städte bald verbinden wird, den Charakter des südlichen Afrika verändern wird. Im Jahr 1994 wählten amerikanische Diplomaten Gaborone sogar zu einem der angenehmsten Auslandsposten.

Die Stadt ist gut ausgestattet mit Hotels, darunter das luxuriöse Gaborone Sun, zu dem ein gutbesuchtes Casino, zwei Restaurants (Giovannis' mit Tanzkapelle und nächtlichem Kabarett) und etwa 40 exklusive Suiten mit über 200 Zimmern gehören; das Sheraton (200 Zimmer, einschließlich der Towers-Luxusappartements und eines gut eingerichteten Geschäftszentrums); das imposante Cresta President und seine beiden Schwestern, die preiswerteren Cresta Gaborone und Cresta Lodge. Etwa 4 km außerhalb der Stadt liegt das Oasis Motel, ein angenehm ruhiger Treffpunkt mit abgeschlossenen Chalets und einem Restaurant, das für sein ausgezeichnetes Botswana-Rindfleisch und überraschenderweise auch seinen Fisch bekannt ist.

Für den Besucher sind in und um die Stadt von Interesse:
• Die Ruinen der früheren Missionsstation Kolobeng, der ersten christlichen Kirche des Landes, eine halbe Autostunde außerhalb an der Thamega Road.
• Kunsthandwerk im Pelegano Centre (Töpferei, verzierte Kürbisse); die Dörfer Mokolodi (15 km von Gaborone; Keramik und geschnitzter Knochenschmuck, bedruckter Stoff) und Odi (18 km von Gaborone, Teppichweberei, Matten, Wolldecken und vor allem Wollpullover).
• Gaborone-Stausee (zum Segeln, Windsurfen und Fischen).
• Wildreservat Gaborone, der St.-Clair-Löwenpark und das herausragende Mokolodi-Naturschutzgebiet.

Francistown

Strategisch günstig, an den wichtigsten Straßen und Bahnlinien nach Simbabwe und Sambia gelegen, ist Francistown das zweitgrößte und am stärksten industrialisierte urbane Zentrum des Landes. Die Stadt – ein eher nüchterner Ort, der äußerlich wenig Einladendes hat – verdankt ihren Ursprung dem Goldfieber, das die frühen europäischen Großwildjäger und die südafrikanischen und australischen Schürfer, die ihnen folgten, ergriff.

Das Gelände um den Dati River war von den alten Karangan-Gemeinschaften erkundet und anscheinend mit hohem Profit ausgebeutet worden. Die seit langem verlassenen Schächte und Stollen machten die Neuankömmlinge begierig, wiesen hin auf König Salomons Minen und das legendäre Goldland Ophir.

Später entstand eine richtige Mine (The Monarch) mit dazugehöriger Stadt, die beide in den 1890er Jahren eine Zeitlang ungestüm wuchsen, aber die Dati-Felder wurden den Träumen der Goldgräber nie gerecht (an einen von ihnen, Daniel Francis, erinnert der Name der Siedlung). Den Großteil des leicht zugänglichen Goldes hatten schon die Ahnen abgebaut, und was übrig war, lag tief unter der Oberfläche, weit außerhalb der Möglichkeiten der Bergbautechnik am Ende des 19. Jahrhunderts.

Die trotz dieser anfänglichen Enttäuschung entstandene Stadt zog bescheidenen Wohlstand aus der einzigen Goldmine und ihrer Lage an der wichtigsten Nord-Süd-Überlandstraße sowie ihrem Status als Verwaltungszentrum für die Nordprovinz des Gebiets. Die Monarch-Mine kümmerte bis zu ihrer Schließung 1964 dahin, aber in der Gegend wurden inzwischen andere Rohstoffe entdeckt, insbesondere Kupfer und Nickel. Francistown besteht jetzt immerhin aus rund 70 000 Einwohnern, seine Industrie stützt sich im wesentlichen auf Textilien, Strickwaren, Kunststoffe, Schuhe und verwandtes Zubehör.

Die Stadt dient auch als Zwischenstopp für Besucher auf dem Weg zu den tierreichen Chobe- und Moremi-Reservaten sowie zum Okawango-Delta; unter den Hotels sind das komfortabel ausgestattete Cresta Thapama (ausgezeichnete Gesundheits- und Fitnesseinrichtungen; Pool) und das Marang zu nennen, das neben Familienbungalows auch Standardzimmer anbietet.

Maun

Das Verwaltungszentrum von Ngamiland, Maun (ausgesprochen Ma-ung, was „Schilfort" bedeutet), ist der heitere, lebhafte Mittelpunkt von Botswanas Tourismusindustrie, das Sprungbrett für Reisen zu den Okawango-Sümpfen und dem Moremi-

Francistown ist zweitgrößte Stadt Botswanas und das Industriezentrum des Landes.

BOTSWANA IM ÜBERBLICK

Reservat im Norden und zu der großen Graslandwildnis im Süden.

Die Stadt, die bis vor kurzem noch ein verschlafenes, staubiges, von der Sonne versengtes Nest war, dessen Bild von Ziegen und Eseln bestimmt wurde, hat sich in den letzten paar Jahren in eindrucksvoller Weise entwickelt: Noch immer spenden hübsche Bäume am Flußufer Schatten, die Ziegen und Esel laufen auch heute noch frei herum, aber die Straßen im Stadtinnern sind nun asphaltiert und werden von Mercedesmodellen, brandneuen Geländewagen und geschäftig wirkenden Besuchern belebt (nahezu jeder scheint irgendwohin unterwegs zu sein), und Baufirmen verändern stetig die Silhouette der Stadt. Der Flughafen von Maun hat einen eindrucksvollen neuen Terminalkomplex, seine Startbahn wurde für große Düsenjets ausgebaut. Die asphaltierte Autostraße von Francistown nach Nata ist mittlerweile fertiggestellt und die in nordwestlicher Richtung durch Shakawe in Namibias Caprivi-Zipfel führende Straße ist praktisch auch soweit.

Mauns Gesellschaftsleben ist lebhaft und ungezwungen, seine beiden Brennpunkte sind wie seit jeher Riley's Hotel und The Duck Inn. Das erste wurde erst kürzlich von der angesehen Cresta-Hotelkette übernommen und renoviert, aber die Atmosphäre der alten, geruhsamen Kolonialzeit spürt man noch auf seiner breiten Veranda am Fluß. Im Duck Inn trifft man auf Gestalten, die geradewegs von den Dreharbeiten des Films *African Queen* kommen könnten.

Zahlreiche Safariveranstalter sind in Maun ansässig oder dort vertreten, dazu eine stattliche Reihe von Hilfsdiensten: Hier kann man Ferien in einer Okawango-Lodge oder die Teilnahme an einer mobilen Safari, einer Wildtiersafari, einer Vogel-, Fisch- oder Jagdexpedition buchen; einen Landrover oder ein Schnellboot mieten bzw. ein Flugzeug chartern. In der Stadt gibt es Banken, Tankstellen, Geschäfte, die Raritäten, Stoffe, Alkohol, Frischprodukte und nahezu alles verkaufen, was man möglicherweise für die Buschferien braucht, von der Buschjacke bis zum aufblasbaren Kanu.

Maun liegt an den Ufern des Thamalakane River, dessen klares, oft von Seerosen bedecktes Wasser sehr fischreich ist und außerdem Flußpferden, Krokodilen und einer schillernden Parade von Vögeln Lebensraum bietet. Der Fluß ist auch Tummelplatz für Angler, Kanufahrer und Touristen, die seinen sehenswerten Lauf lieber mit dem *mokoro* erkunden möchten, dem traditionellen afrikanischen Einbaum. Nördlich der Stadt, ebenfalls am Thamalakane, liegt das alteingesessene und sehr reizvolle Crocodile Camp.

Die Stadt Maun, das Tor zum Okawango-Delta, ist in den vergangenen Jahren sehr schnell gewachsen. Heute gibt es hier asphaltierte Straßen und Straßenbeleuchtung, wo einst staubige Trampelpfade vorherrschten.

Ngami-See

Über 70 km südwestlich von Maun liegt eines der geheimnisvollsten afrikanischen Naturphänomene. Der Ngami war einst, vor nicht allzulanger Zeit, eine weite, stetige, eisblaue Wasserfläche mit einer Ausdehnung von 16 mal 45 km, die irgendwie unerwartet südlich des Okawango-Deltas im spärlich bewachsenen sandigen Grasland lag und auf die frühen europäischen Forscher wie Andersson, Galton und den bewundernswerten David Livingstone wie ein Magnet wirkte.

Die Sage von einem großen Binnensee – den die San (Buschmänner) „Giraffenplatz" und die Yei-Völker „Schilfplatz" nannten – hatte sich bei den weißen Forschungsreisenden schon vor 1850 verbreitet. Livingstone, begleitet von William Oswell und Mungo Murray, gelangte 1849 auf der üblichen Nordroute an seine Ufer, aber die Expedition von Charles Andersson wird in den Geschichtsbüchern am meisten gefeiert. Entschlossen, „die weißen Flecken auf der Landkarte zwischen dem nördlichen Kap und der portugiesischen Niederlassung (Angola) im Westen" auszufüllen, bewältigte Charles Andersson 1853 die wilde, versengte Weite der namibischen Wüste und erreichte den See von Westen her – in der Tat eine abenteuerliche Reise.

Der Ngami-See, der heute auf das sporadische Hochwasser aus dem Delta und somit auf die Niederschläge im angolanischen Hochland fern im Nordwesten angewiesen ist, bleibt für lange Zeiträume trocken – eine flache, konturlose, staubige Ebene, die keine Lebensgrundlage bietet. Wenn er jedoch gefüllt ist, ist er 2 m tief und Heimat von Myriaden von Wasservögeln – Störchen, Flamingos, Möwen, Reihern und Kolonien von brütenden Pelikanen – und eines reichen Fischbestands. In dieser Zeit bringen die Tswana und die farbenfroh gewandeten Herero-Hirten aus der Region ihre Herden an seine Ufer, und die Bayei-Fischer haben ihr Auskommen.

Botswana im Überblick

Tsodilo Hills

Über 400 m hoch über dem leeren Kalahari-Sandveld des Nordwestens und 400 km von Maun entfernt erhebt sich ein langer, ockerfarbener Quarzit-Höhenzug (mit vier Hauptabschnitten), den der renommierte Autor Laurens van der Post die „Berge der Götter" nannte. Das sind die Tsodilo Hills, die schon vor 80 000 Jahren Heimat von Menschen waren, obwohl es die Hinterlassenschaften späterer Völker sind, die das Auge fesseln und die Phantasie des Betrachters anregen.

Für Generationen von San (Buschmännern) waren sie heiliges Gebiet, und sie benutzten die Felsen und Überhänge als Leinwand für ihre wundervolle Kunst. Über 3500 Felsmalereien sind noch erhalten, viele von herausragender Qualität, die Mehrzahl auf dem sogenannten Female Hill (es gibt auch einen sogenannten Male und Child Hill; der vierte hat keinen Namen). Die ältesten Malereien werden auf etwa 4000 Jahre geschätzt und sind formal wie inhaltlich einfach; spätere Zeichnungen bilden dagegen komplexere Motive – Ansammlungen von Tieren usw. – ab.

Die Gegend ist noch immer von San-Gemeinschaften besiedelt. Einige von ihnen bieten sich als Fremdenführer an, aber sie scheinen den Bezug zur fernen Vergangenheit verloren zu haben und können einem nur wenig oder nichts über ihre künstlerisch begabten Vorfahren und deren Lebensweise erzählen.

Drotsky's Caves

Ungefähr 150 km westlich des Okawango-Deltas im einsamen Dünenland nahe der namibischen Grenze liegt eine Reihe von großartigen, teilweise schönen Dolomitenkammern und Durchgängen, die vor Ort als Gcwahaba-Höhlen (der Name der Kung-Buschmänner für „Hyänenlager"), sonst aber als Drotsky's Caves bekannt sind (die Buschmänner erzählten einem Farmer namens Drotsky in den dreißiger Jahren von diesen Höhlen). Sie sind bemerkenswert wegen ihrer Weite und der Größe und Anzahl ihrer Stalaktiten – herabhängender Kalksteinformationen, von denen einige über 6 m lang sind. Auch die Stalagmiten sind außergewöhnlich. Der Komplex an den staubtrockenen Ufern des Gcwahaba-Tals ist für Geologen und Klimatologen eine unendliche Quelle der Faszination, da die Windungen der erodierten Felsen einen Einblick in die feuchten und trockenen Perioden der Vergangenheit der Region gewähren (so soll die letzte Feuchtzeit 2000 bis 1500 Jahre zurückliegen).

Die Höhlen sind der Allgemeinheit zugänglich (es gibt zwei Eingänge), aber Möchtegernforschern wird äußerste Vorsicht empfohlen: Es gibt keine Besuchereinrichtungen, weder unterwegs entlang der unebenen Zugangsspur noch in der Höhle selbst, und in den labyrinthischen Gängen ist es stockdunkel. Wer daher nicht wohlvorbereitet kommt – mit Vorräten und Wasser für mindestens zwei Tage, mit jeder Menge Reservebenzin und, am wichtigsten, Beleuchtung (Taschenlampe oder Gaslampe), um sich zurechtzufinden –, der begibt sich selbst in Gefahr.

Lobatse

Dieses kleine Zentrum liegt 70 km südlich von Gaborone, unweit der Region Bophuthatswana in Südafrika, eine strategisch günstige Lage, die einst das Wachstum begünstigte, aber Wasserknappheit hat die wirtschaftliche Entwicklung verzögert. Die Lage – in einem von felsigen Hügeln flankierten Tal – ist attraktiv. Lobatse selbst dagegen weniger, der Reiseschriftsteller T.V. Bulpin verglich es mit einem „schlampigen, aber belebten Kuhdorf im Wilden Westen". In der Tat ist der Viehbestand nicht zu übersehen. Der Ort hat einen florierenden Schlachthof und eine der größten Fleischfabriken Afrikas. Das Vieh des umliegenden Weidelands und aus dem Ghanzi-Distrikt wird zu Tausenden durch die weiten Ebenen des Innern hierher zum Schlachten getrieben.

Lobatse ist Hauptort von Botswanas Gerichtsbarkeit, Sitz des höchsten Gerichts und Sitz des Ministeriums für Bodenschätze und Wasserangelegenheiten. Das Gerichtsgebäude diente früher – bevor Gaborone Hauptstadt wurde – als Verfassungsgericht des Landes. Die Stadt hat einen Flughafen, verschiedene Autoreparaturwerkstätten und das Cresta Cumberland Hotel, eine der attraktivsten Herbergen Botswanas mit Swimmingpool, Grünanlagen und einem exzellenten Restaurant.

Jwaneng

120 km westlich der Achse Gaborone–Lobatse in der Halbwüste liegt das Städtchen Jwaneng, früher ein armseliger kleiner Viehposten, heute ein florierendes Zentrum der Diamantenindustrie.

In den späten siebziger Jahren wurde in der Gegend ein neues Diamantlager entdeckt. Die Jwaneng-Mine nahm im Juni 1982 den vollen Betrieb auf und gab der Außenhandelsbilanz des Landes einen mächtigen Auftrieb. Anfangs wurde die jährliche Ausbeute auf über 4,4 Millionen Karat geschätzt, aber die Fundstätte hat

Die Tsodilo Hills, Glimmer-Quarzit-Schiefer-Inselberge, ragen unvermittelt aus dem konturlosen umliegenden Kalahari-Sandveld in Nordwest-Botswana. In den Hügeln hat man über 3500 Beispiele von Felsmalerei gefunden.

alle Erwartungen übertroffen und brachte Ende der achtziger Jahre 9 Millionen Karat hervor. Rund ein Drittel der Diamanten von Jwaneng haben Edelstein-Qualität – das ist in jeder Hinsicht ein zufriedenstellendes Ergebnis für diesen Ort.

Die Stadt hat einen Flugplatz, moderne Geschäfte und demnächst auch ausgezeichnete Sportanlagen.

Serowe

Die Hauptstadt des Bangwato-Stamms und der Geburtsort von Sir Seretse Khama, dem ersten Präsidenten des Landes, ist das größte der Tswana-Stammesdörfer und womöglich das reizvollste. Seine Bevölkerung wird auf rund 50 000 Einwohner geschätzt. Das „Dorf" umfaßt Ansammlungen von runden, strohgedeckten traditionellen Tswana-Häusern, die jeweils von einem geräumigen Hof und Garten eingefaßt sind, meist auf einem baumbestandenen Hügel liegend, der von Ackerland und darum herum von weit ausgedehntem Grasland umgeben ist.

Die Bezeichnung „Dorf" ist jedoch irreführend: Serowe ist gut entwickelt und verfügt über moderne Verwaltungsgebäude, Geschäfte, zwei kleine Hotels, das prächtige Sekgoma-Memorial-Krankenhaus und eine asphaltierte Straße, die zur Hauptlandstraße führt. Am Fuß des Berges liegt das im „Roten Haus" untergebrachte Khama III. Memorial Museum, das Erinnerungsstücke an die Königsfamilie beherbergt, daneben Ausstellungsstücke der Ngwato- und San-Kultur. Bronzene Duckerantilopen schmücken das Grab Khamas III., ein Werk des berühmten südafrikanischen Bildhauers Anton van Wouw. Es lohnt sich, den Thathaganyane genannten Hügel zu besteigen wegen der Aussicht von dort und der Ruinen einer Siedlung aus dem 11. Jahrhundert auf dem Gipfel.

Selebi-Phikwe

Mit einer Bevölkerung von fast 60 000 Einwohnern ist dies die drittgrößte Stadt in Botswana und eine der jüngsten – sie wurde 1967 gegründet und nach zwei örtlichen Viehposten benannt, als eindrucksvolle Vorräte von Kupfer und Nickel in den beiden Gebieten entdeckt wurden. Mine und Stadt litten anfangs unter den schwankenden und oft niedrigen Weltmarktpreisen, aber das führende Unternehmen (Roan Selection Trust) überstand den Sturm – und investierte zu Beginn der neunziger Jahre erheblich in die Entwicklung des hochwertigen Selebi-Nord-Lagers.

Selebi-Phikwe ist ein modernes, ansehnliches kleines Zentrum mit geschmackvollen Häusern, Geschäften, Banken, einem Golfplatz und einem sich bemerkenswert rasch entwickelnden Industriegebiet.

Kanye

Zwischen Lobatse und Jwaneng liegt ein anderes großes, malerisches „Dorf", das Serowe ähnelt, aber nicht so großzügig mit modernen Annehmlichkeiten ausgestattet ist. Kanye ist das wichtigste Zentrum des Bangwaketsi-Stammes der Tswana und ursprünglich eine auf der Spitze eines Hügels angelegte Siedlung. Kanyes Name leitet sich von *gakanya* her, was „niederschlagen" oder „zerstören" bedeutet und seine frühere Aufgabe beschreibt: Die Zitadelle mußte sich seit ihrer Gründung durch Makaba im späten 18. Jahrhundert immer wieder gegen Angriffe verteidigen, am heftigsten von Mzilikazi und seinen Ndebele-Stoßtrupps, später von dem deutschen Abenteurer Jan Bloem. Die natürlichen Verteidigungslinien waren durch Steinmauern verstärkt; auf dem Gipfel lebte die Königsfamilie mit ihrem Gefolge, während das gemeine Volk weiter unten im Tal wohnte.

Die Ortschaft mit einer Bevölkerung von rund 30 000 Einwohnern hat ihren Charakter im Lauf der Jahrzehnte kaum geändert. An den Hängen scharen sich Häuser im Tswana-Stil mit Außengebäuden und Höfen um die zentralen Versammlungsplätze oder *kgotla*; dazwischen schlängeln sich enge Alleewege; viele Wände sind kunstvoll verziert. Die Residenz des Häuptlings liegt noch immer oben auf dem Hügel. Im Tal sind jedoch schon Regierungsgebäude, Schulen, Krankenhäuser und moderne Häuser entstanden, und in der Nähe liegt ein Flughafen. In der ferneren Umgebung gibt es vielversprechende Lagerstätten von Asbest und Mangan.

Mochudi

Ein weiteres traditionelles Riesendorf. Mochudi liegt etwa 25 km nördlich von Gaborone in einer anmutigen Hügellandschaft. Obwohl es fast modern zu nennen ist – es hat eine Lehrerbildungsanstalt, Primär- und Sekundärschulen, ein Gemeinschaftszentrum, Geschäfte, etwas Industrie und einen Flughafen –, hat es viel von seinem zeitlosen Charakter bewahrt. Von besonderem Interesse sind die prächtigen alten Kgatlahäuser mit den weit heruntergezogenen Strohdächern, die den Rundveranden Schatten spenden. Viele Eingänge sind kunstvoll verziert; die Residenz des Häuptlings liegt auf dem Gipfel des Phuthadikobo-Hügels. Das Heimatmuseum ist wegen des ausgestellten Kunsthandwerks einen Besuch wert.

Mahalapye und seine Nachbarn

Mahalapye wie Palapye, 70 km weiter an der nach Norden führenden Bahnstrecke gelegen, sind nach den örtlichen Felsen und den Tieren rundum benannt, insbesondere den wimmelnden Herden von Impala-Antilopen, die einst das östliche Grasland durchstreiften. Beide Orte sind landwirtschaftliche Zentren von einiger Bedeutung; beide haben ein bescheidenes Angebot an Geschäften, Autowerkstätten, Hotels sowie einen Flughafen. Westlich von Mahalapye liegt die alte Ngwato-Hauptstadt von Shoshong, Sitz von zwei frühen Missionsstationen. Nahe bei Palapye wird die beachtliche Morupule-Kohlengrube abgebaut.

Sir Seretse Khama, erster Premierminister des unabhängigen Botswana, ein Mitglied des Ngwato-Königshauses.

Botswana im Überblick

Orapa war die erste von Botswanas florierenden Diamantenminen. Sie wurde 1971 eröffnet und ist nach wie vor das Rückgrat der Wirtschaft des Landes.

Orapa

Die Stadt – erstes von Botswanas florierenden Diamantenzentren – ist in der nördlichen Mitte des Landesinnern angesiedelt, am Rand der Kalahari und unweit der Ntwetwe-Salzpfanne. Ihr gigantisches Kimberlitflöz wurde Ende der sechziger Jahre von Geologen von De Beers entdeckt. 1971 nahm die Mine den Betrieb auf, seitdem hat sie eine riesige Menge von Steinen gefördert, wenn auch im Vergleich weit weniger in Edelsteinqualität als die jüngere Jwaneng-Mine, aber dennoch beachtlich.

Orapa ist ein selbstgenügsamer, gut geführter kleiner Ort, der allen Komfort und moderne Annehmlichkeiten bietet, einschließlich eines modernen Einkaufszentrums, Schulen, Krankenhaus, zwei Schwimmbädern, einem Golfplatz und einem Stausee zur Erholung. Sie ist jedoch eine „verbotene" Stadt, und alle Besucher müssen vor dem Betreten zunächst eine Erlaubnis beantragen.

Kasane

Die günstige Lage des einst abgelegenen und völlig unwichtigen kleinen Dorfs an den Haupttouristenrouten hat in den letzten Jahren zu einem rasanten Wachstum geführt. Die geschäftige kleine Stadt liegt am Chobe River im äußersten Nordosten der Region und bietet störungsfreien Zugang zum prächtigen Chobe-Nationalpark, als dessen Verwaltungszentrum sie auch fungiert, sowie zu zwei anderen Touristenmekkas: Namibias Caprivi-Zipfel im Westen und den Victoria-Fällen an der Grenze von Simbabwe und Sambia im Osten. Die Straße nach Nata, Francistown und Gaborone usw. im Süden ist jetzt vollasphaltiert und bequem zu befahren.

In Kasane und Umgebung gibt es fünf Hotels, eine Bank, einen Supermarkt, eine Bäckerei, ein Spirituosengeschäft und einen stattlichen neuen Flughafen, der internationalen Maßstäben entspricht. Hier gibt es auch einen majestätischen alten Affenbrotbaum, der eine kuriose Geschichte hat: In der einstigen Kolonialzeit diente der ausgehöhlte Stamm als Ortsgefängnis.

Die Städte der Kalahari

Auf den weiten Ebenen des Kalahari-Sandvelds gibt es nur sehr wenige Bevölkerungsansammlungen, und die wenigen sind winzige, weit abgelegene Siedlungen, von denen die meisten nur oberflächlich mit der modernen Welt in Berührung gekommen sind. Drei dieser Siedlungen sind jedoch besonders erwähnenswert.

Die größte und abgelegenste ist Ghanzi, ein blühendes kleines Viehzentrum zwischen dem Zentral-Kalahari-Wildreservat und der namibischen Grenze im äußersten Westen. Die Gegend ist mit guten Weidegründen, reichlich unterirdischem und etwas oberirdischem Wasser aus der Kalkstein-Kette gesegnet, und die Viehherden gedeihen normalerweise prächtig.

Die ursprüngliche Heimat des San-Volkes wurde nach 1870 von einem kleinen Trupp von Transvaal-Buren unter der Führung des schillernden Hendrik van Zyl besetzt. Die Siedler kamen zu Wohlstand (es heißt, van Zyl habe sich 100 Sklaven gehalten, die sich um sein feudales Anwesen und seine importierten französischen Möbel kümmern mußten), aber die Beziehungen zwischen den Neuankömmlingen und den ansässigen Tswana verschlechterten sich, bis die Weißen nach geraumer Zeit vertrieben wurden. Doch andere Buren rückten nach, viele von ihnen Teilnehmer am sogenannten Dorsland- („Durstland"-)Treck zu einem neuen Gelobten Land weiter nördlich in Angola, und eine Zeitlang fungierte Ghanzi als belebter kleiner Etappenposten.

In den 1890er und dann wieder in den fünfziger Jahren wurden den Einwanderern beträchtliche Landrechte zuerkannt (im ersteren Fall als Teil von Cecil Rhodes' Kampagne, die eine koloniale Expansion der Deutschen von Westen her verhindern sollte), und Ghanzi schmückte sich mit den Errungenschaften der Zivilisation. Heute besitzt der Ort ein Verwaltungsgebäude, eine Reihe von Geschäften, ein Krankenhaus, eine Tankstelle und ein Hotel, das Kalahari Arms. Ghanzi ist ein bequemer Übernachtungsort für Reisende zwischen Maun und der namibischen Hauptstadt Windhoek.

Zwei weitere Kalahari-Städte profitieren von der Nähe zu den Haupttouristenrouten. Nata liegt an der Straße, die von Francistown nach Kasane und zum Chobe-Park im Norden führt, und an ihrer Kreuzung mit der neuen Landstraße Richtung Westen nach Maun und weiter. Das „Dorf" – dazu gehören einige Autowerkstätten, ein oder zwei kleine Läden und ein Alkoholausschank – ist ein guter Ausgangspunkt für Touren zu den Makarikari- und, in geringerem Maß, zu den Nxai-Salzpfannen und dient als bequemer Zwischenstopp auf dem Weg ins Okawango-Delta. Besucher übernachten in der Nata Lodge, einer Oase mit A-förmigen, strohgedeckten Bungalows, umgeben von Affendorn, Marula und Palmen, unweit der Sowa Pan.

Gweta, die zweite Stadt, liegt 100 km entfernt an der Straße nach Maun und ist ebenfalls ein günstiger Ausgangspunkt für

Touren zu den Salzpfannen. Hier gibt es einen Laden für den allgemeinen Bedarf, eine Tankstelle und das Gweta Rest Camp, ein preiswertes Motel mit Restaurant, Bar und Andenkenverkauf.

SPUREN DER VERGANGENHEIT

Die Frühgeschichte Botswanas – die Völkerwanderungen und die Herausbildung der Siedlungsstrukturen – ist kompliziert, und da es wenig Zeugnisse gibt, eine ziemlich verwirrende Angelegenheit. Einige Höhepunkte der vorkolonialen Zeit werden in der Beschreibung der verschiedenen Stammesgruppen berührt (Seite 10–15).

Die eigentliche Geschichtsschreibung beginnt erst mit der Ankunft einer Reihe von Reisenden, Händlern und Missionaren im ersten Jahrzehnt des 19. Jahrhunderts. Der erste, der in der Region auftauchte, war Petrus Truter, der mit William Somerville von der britischen Kapprovinz zur Tlhaping-Festung von Dithakong gesandt wurde, um Vieh einzuhandeln.

Die Festung war damals 40 km nördlich des Kuruman River angesiedelt und zu der Zeit als Lattakoo bekannt (Tswana-Dörfer wurden periodisch vollständig umgesiedelt und umbenannt). 1801 stießen sie auf die Thlaping, worauf andere Reisende folgten, insbesondere Hendrik van der Graaff und der deutsche Arzt und Naturforscher Martin Heinrich Lichtenstein im Jahr 1805, der zahlreiche Tier- und Pflanzenarten sammelte und dokumentierte, die der gelehrten Welt bis dahin unbekannt waren.

Ein Jahr später traf der Künstler und Schriftsteller William Burchill ein. Er zeichnete diese und andere Reisen in seinem monumentalen Werk *Reisen ins Innere von Südafrika* auf, wobei er die Völker des Subkontinents und die üppige, abwechslungsreiche Fauna und Flora der Region genau und einfühlsam beschrieb. Als er schließlich nach England zurückkehrte, brachte er 40 000 botanische und Tausende von Insektenpräparaten mit.

Aber das waren nur Erkundungsexpeditionen, zeitweilige Besuche, die an der Oberfläche der traditionellen Tswana-Kultur nicht mehr als eine kleine Welle bildeten. Weitaus dauerhafter war die Hinterlassenschaft der christlichen Geistlichen, die als nächstes kamen. Doch weder Forscher noch Missionare waren in den Grenzen des heutigen Botswana aktiv (die meisten der erwähnten Ereignisse fanden weiter südlich statt), aber sie sind dennoch für die frühe Geschichte des Landes von Belang – für den Prozeß, der zum kolonialen Status und in einem längeren Prozeß zur Entstehung des modernen Staats führte.

Missionare

1813 kam John Campbell von der Londoner Missionsgesellschaft (LMS), der sich auf einer Inspektionsreise durch die südafrikanischen Stationen der Organisation befand. Er war auf dem Weg nördlich des Oranjeflusses in das Land der Thlaping, wo er von Häuptling Mothibe wärmstens begrüßt wurde, der ihn einlud, „Lehrer zu schicken, zu denen ich wie ein Vater sein will". Die Lehrer, James Read und Robert Hamilton, trafen erwartungsgemäß ein und begannen ihr Missionswerk mit Geduld und Mut, aber, wie sich herausstellte, mit sehr geringem Erfolg. Read reiste bald ab und ließ Hamilton fünf lange Jahre allein weiterkämpfen. Bei der LMS sah man, daß eine stärkere Persönlichkeit erforderlich war, wenn die christliche Botschaft und die Werte, die sie durchsetzen wollte, diese ferne Grenze überwinden sollte.

Die Wahl fiel auf Robert Moffat, einen Schotten von bescheidener Herkunft, der jedoch eine Ausbildung als Gärtner hatte, bevor er zur Missionsgesellschaft kam, und 1817 am Kap eingetroffen war, um sein frommes Werk bei den Nama an der Westküste zu beginnen. 1821 übernahm er die Lattakoo-Mission, überredete seinen Vor-

Diese Männer gehören zu einer der San- (Buschmann-) Gemeinschaften der Zentral-Kalahari. Die Buschmänner sind die Ureinwohner des heutigen Botswana.

Ein elegantes Paar aus dem Tlhaping-Stamm. Dieses Volk nahm als erstes christliche Missionare auf.

Botswana im Überblick

Robert Moffat: ein Freund der Tswana wie auch der Ndebele Mzilikazis.

gesetzten, sein Hauptquartier näher an die Quelle des Kuruman River zu verlegen, und widmete anfangs einen Großteil seiner Zeit dem Bau einer neuen Station, die fortan Kuruman hieß. Er besaß all die Eigenschaften, die die Aufgabe erforderte – Sittenstrenge, Disziplin, die Fähigkeit zu harter Arbeit, Organisationstalent, eine löbliche Entschlossenheit, die Sprache und Lebensweise seiner Tswana-Gastgeber kennenzulernen und dazu einen alles verzehrenden religiösen Eifer. Aber wie seine Vorgänger machte er in den Anfangsjahren keine wirklichen Fortschritte. Erst 1829 konnte er seinen ersten Konvertiten vorzeigen.

Viele der Störungen, die Moffats Bekehrungswerk während des ersten Jahrzehnts verfolgten, waren jedoch fremden Ursprungs und lagen außerhalb seiner Einflußmöglichkeiten. Für den größeren Teil des südlichen Afrika, der jenseits der engen Grenzen der europäischen Besatzung lag, war dies eine Zeit der Gewalttätigkeit und der Wirren, die durch das gekennzeichnet war, was als *difaqane* bekannt ist.

Stürmische Jahre

Schweifen wir ein wenig ab von der Hauptgeschichte. Die *difaqane* war, in ihrer einfachsten Definition, eine mit Gewalt erzwungene Wanderung von Millionen von Stammesangehörigen, die ursprünglich durch den Sklaven- und Elfenbeinhandel im Gebiet der Delago Bay – dem heutigen Maputo – in Moçambique ausgelöst wurde, ein Brennpunkt, in den britische Militäroperationen im äußersten Osten der „Kapgrenze" zusätzliche Unruhe brachten. Sowohl Sklavenjäger wie Armee zerstörten absichtlich Hab und Gut der Dorfgemeinschaften, wodurch sie Tausende zu Flüchtlingen machten. Diese Umwälzung entzündete eine Kettenreaktion von Gewalt und Gegengewalt, da die entwurzelten Stämme in benachbarte Gebiete eindrangen und sie eroberten, während die Besiegten weiterzogen, um andere Stämme zu vertreiben, die ihrerseits weiterzogen, um Feuer, Schwert und Hunger in fernere Gegenden zu tragen. Die *difaqane* stellte, kurz gesagt, das Dominoprinzip in klassischer und verheerender Form dar.

Ein großer Teil dieser Völkerwanderung schwappte auch über das künftige Betschuanaland und spätere Botswana. Unter den Einwanderern – teils Flüchtlinge, teils Plünderer – war auch der Tlokwa-Stamm, geführt von der aufwieglerischen Anführerin MaNtatisi und ihrem Sohn Sekonyela. Noch schrecklicher war ein Teil des Bakololo-Volks, das unter Führung von Sebetwane einen Kriegszug vom Oranjefluß durch die Kalahari unternahm, um am mittleren Sambesi das Makololo-Reich zu gründen.

Dies waren dramatische und zeitweise gefährliche Jahre für die Missionare von Kuruman. Das ereignisreichste war wahrscheinlich 1823, als eine aggressive Horde von Hlakwana und Phuting die alte Hauptstadt Dithakong besetzte und sich mit den ansässigen Tlhaping eine Schlacht liefern wollte. Nach einem erfolglosen Versuch, den Frieden zu bewahren, ritt Moffat nach Süden, um die Hilfe der gemischtstämmigen Griqua anzuwerben, und brachte etwa 100 ihrer berittenen Schützen mit sich zurück, um die Eindringlinge vernichtend zu schlagen – und bei der Gelegenheit über 100 Sklaven einzufangen, die er im nördlichen Kapgebiet verkaufte.

Einer der bemerkenswertesten „Ausläufer" der *difaqane*, der die weitere Region erreichte – sicher im Kontext der europäischen Verwicklung in ihre inneren Angelegenheiten – war die Ankunft von Mzilikazi, einem brillanten Zulu-General, der sich mit Shaka gestritten hatte und mit 300 Kumalo-Kriegern nach Norden floh. Sein „umherstreifendes Königreich", heute als Ndebele bekannt, bewegte sich erst nord- und dann westwärts, wobei es die lokalen Sotho-Völker besiegte und vereinnahmte, bis es die Hügel der Magaliesberge erreichte und sich schließlich wieder nordwärts wandte, um sich unweit der Südostgrenze des heutigen Botswana am Marico River niederzulassen.

Nachdem er erst einmal verwurzelt war, duldete Mzilikazi europäische Reisende

Lattakoo, Sitz der ersten Station der Londoner Missionsgesellschaft, nach einer Skizze des berühmten William Burchell.

und Geistliche, hieß sie sogar willkommen und freundete sich besonders mit Robert Moffat an, der einen außerordentlichen Einfluß auf den Ndebele-König ausübte, obwohl die beiden Männer sich nur fünfmal trafen. Mzilikazi, die Geißel der örtlichen Tswana, bekehrte sich nie zum Christentum, hörte aber aufmerksam auf Moffats moralischen und praktischen Rat und handelte manchmal dementsprechend.

Andere weiße Männer waren jedoch weniger diplomatisch und dafür etwas mächtiger. In der Mitte der 1830er Jahre hatten Tausende von Burenfamilien, von der britischen Kolonialverwaltung in Kapstadt enttäuscht, ihre Ochsen angespannt und sich auf den Weg ins Landesinnere gemacht, auf der Suche nach Einsamkeit und dem Recht auf Selbstbestimmung. Ihre Vorhut überquerte den Oranje und den Vaal und drang 1836 in das Ndebeleland ein, womit sie Mzilikazis Herrschaft bedrohten. Nachdem er einige vereinzelte Burentrupps vernichtet hatte, stießen Ndebele-Krieger im selben Jahr gegen den Haupttrupp der Trekker vor, wurden aber bei Vegkop und später bei Mosega entscheidend geschlagen (der Ndebele-Hauptstadt, Ziel eines Überraschungsangriffs im Morgengrauen, der mehr ein Massaker als ein Schlacht war). Zahlenmäßige Überlegenheit und bloßer Mut hatten gegen die verheerende Feuerkraft der Neuankömmlinge nichts ausrichten können.

Mzilikazi, der der Realität ins Auge sah, führte sein Volk erneut gen Norden über den Limpopo in die Gegend um Bulawayo im heutigen Simbabwe. Hier baute er den Ndebele-Staat mit einem Netzwerk von Wehrdörfern wieder auf, das sich als stark genug erwies, um weiterem Eindringen von Burentrupps zu widerstehen.

Tswana und Buren

Zu gleicher Zeit hatte die Londoner Missionsgesellschaft (LMS) eine von Weißen geleitete Station nördlich von Kuruman eingerichtet – bei den Bakwena, Bangwato und Bangwaketsi im Osten des heutigen Botswana und sogar bei den Tswana im abgelegenen Ngamiland in der nördlichen Mitte. Da die Missionare ihre Missionsbereiche ausdehnten, wuchs auch ihr Einfluß – nicht etwa, weil die Tswana besonders begierig gewesen wären, das Wort des Herrn zu hören, sondern eher wegen des Wissens und des weltlichen Know-hows, das die Missionare ihnen brachten. Die Zeiten wandelten sich; rivalisierende Elemente von außerhalb begannen, sich für die Region zu interessieren, und die lange von der Isolation begünstigte Tswana-Lebensweise war bedroht. Verständlicherweise wandten sich die Häuptlinge angesichts der neuen Verwicklungen, mit denen sie sich konfrontiert sahen, ratsuchend den freundlichsten und ungefährlichsten der Eindringlinge zu, die nur kamen, um das Evangelium zu verkünden.

Ihre unmittelbarste Sorge galt dem Eindringen der Voortrekker von Süden her. Zwar hatten die Buren sie vor Mzilikazis Raubzügen gerettet, aber die weiße Besitznahme der Region, die bald darauf als Republik Transvaal etabliert wurde, barg ganz eigene Gefahren.

Es gab neue Streitigkeiten über Landrechte, die gelegentlich in offenen Konflikt mündeten, insbesondere zwischen den Neuankömmlingen in der Region und den zu den Tswana zählenden Kwena.

Die Buren waren nervös wegen der mächtigen, unabhängigen Königreiche, die ihre Siedlungen im Nordosten umgaben.

David Livingstone, Berater der Kwena, energischer Gegner burischer Interessen.

Sie waren auch zutiefst mißtrauisch gegenüber den englischsprechenden Jägern, Händlern und besonders den Missionaren, die sich bei den Tswana beliebt gemacht hatten und der Ausdehnung des neuen Staats nach Norden zunehmend im Weg standen. Ihr Intimfeind war David Livingstone, der große Missionar und Forscher, der Robert Moffats Tochter Mary geheiratet hatte und sich im Jahr 1845 bei den Kwena niederließ.

Livingstone hatte den Kwena-Häuptling Sechele zum Christentum bekehrt, und nach einem (wahrscheinlich unbegründeten) Gerücht half er den Kwena dabei, Feuerwaffen zu bekommen. Wie dem auch sein mag, die LMS unterstützte die Kwena sicher in ihrem Widerstand gegen die Expansionsgelüste der Buren, und die Buren waren ihrerseits entschlossen, ihre Grenzen zu sichern und auszudehnen. 1852 griffen sie Secheles Hauptstadt Dimawe an und raubten die nahe gelegene Missionsstation aus – der dramatischste einer Serie von Zwischenfällen, die die Beziehungen zwischen Buren und Tswana in der Mitte des 19. Jahrhunderts vergifteten. (Die Buren kamen nicht ungeschoren davon; sie verloren etwa 20 Mann bei dem Überfall, die Bakwena verfolgten sie, brannten einige ihrer Farmen nieder, trieben sie in Lager und dann allesamt aus dem Zeerust-Gebiet.) Als dies geschah, war Livingstone nicht da – andere, entlegenere Gegenden lockten; er hatte bereits den Ngami-See und Teile des Sambesi-Tals erforscht und würde binnen kurzem zur ersten seiner legendären Reisen aufbrechen. Er verurteilte den Angriff auf Dimawe jedoch strikt und trug seine Ansichten mit Nachdruck bei der britischen Regierung vor.

Von zentraler Bedeutung in diesem Konflikt war die sogenannte „Straße der Missionare", die durch den östlichen Teil des Tswana-Territoriums führte und den einzigen Zugang zum nördlichen Landesinnern darstellte. Die Buren erkannten ihre strategische Bedeutung und beanspruchten deshalb ein Gebiet als ihre Westgrenze, das die Straße wie das Tswanaland rechts und links davon umfaßte.

All dies machte sich in der vergleichsweise ruhigen internationalen Politik der Zeit kaum bemerkbar. Der Wettlauf um den „Platz an der Sonne" hatte noch nicht begonnen, und die britische Kolonialverwaltung zog ein gütliches Einvernehmen mit

Botswana im Überblick

Diamantschleiferei im Teemane-Diamantenzentrum im Ort Serowe. Botswana ist heute weltweit führend in der Diamantenerzeugung.

den Buren dem Risiko einer teuren und ergebnislosen Konfrontation vor. In der Sand-River-Konvention von 1852, die Transvaal praktisch die Unabhängikeit verlieh, kam man überein, daß die „eingewanderten Farmer" das Territorium nördlich des Vaal mehr oder weniger unbehindert kontrollieren sollten, vorausgesetzt, daß sie auf ihrer Seite des Flusses blieben. Die Briten versprachen auch, keine Bündnisse mit den Tswana und anderen Eingeborenenvölkern im Norden einzugehen.

Gold, Diamanten und Streitigkeiten

Eine Zeitlang blieben die Tswana einigermaßen unbehelligt. Die Expansionspläne der Buren beschränkten sich auf das südliche Betschuanaland, und selbst diese Pläne wurden durch erbitterte Auseinandersetzungen innerhalb Transvaals und durch die vorrangige Beschäftigung ihrer Führer mit der Einheit verhindert (so kam es soweit, daß M.W. Pretorius sich 1859 als Präsident des Oranje-Freistaats und seines eigenen wiederfand).

Aber um 1860 hatte sich der Staub gelegt, die inneren Differenzen waren geschlichtet, Pretoria wurde die neue Hauptstadt von Transvaal, und die Buren waren in der Lage, ihre Aufmerksamkeit erneut ihrer Westgrenze zuzuwenden.

Die Region westlich ihres Gebiets wurde nun zum Auslöser ernsthaften kolonialen Wettstreits. 1867 wurde am Dati River Gold entdeckt, in einem umstrittenen Gebiet, das sowohl die Ndebele im Norden als auch der Ngwato-Stamm der Tswana beanspruchte. Ein Jahr später preschte Transvaals Präsident Pretorius vor und beanspruchte nicht nur die Goldfelder, sondern die gesamte Straße der Missionare. Doch die Annexion dieses riesigen Gebiets – ein Großteil des damaligen Betschuanalands – rief die Briten noch immer nicht auf den Plan. Trotz der Bitte des Ngwato-Häuptlings Matseng um Intervention lehnten die Briten es ab, die Goldfelder und ihre ungebärdigen Schürfer zu übernehmen (sie hielten sich jedoch mit der Anerkennung der Annexion zurück).

In den nächsten paar Jahren blieb die Lage wirr, zeitweise geradezu chaotisch.

1868 wurden rund um den Zusammenfluß von Vaal und Hart im Süden Diamanten entdeckt, ein Jahr später auch riesige Mengen im Kimberley-Gebiet des westlichen Griqualands. Das veranlaßte Transvaal, den Oranje-Freistaat, die Kapkolonie, die gemischtstämmigen Griqua und die südlichen Tswana-Stämme zu einer Flut von Gebietsansprüchen und Gegenansprüchen und brachte neue Unruhe.

Nach angemessener Zeit wurde West-Griqualand durch den Keate-Erlaß von 1871 in die Kapkolonie überführt und die Grenze zwischen den Tswana (insbesondere den Barolong) und Transvaal festgelegt – doch nicht mit genügender Eindeutigkeit, denn die Buren drangen weiter nach Westen vor. Infolge allgemeiner Unruhe in der Region und einem Versuch einzelner Tswana, einen offenen Aufstand herbeizuführen, besetzte 1878 eine kleine Streitmacht von Kolonialpolizei das südliche Betschuanaland. Als sie 1881 zurückgezogen wurde, verfiel die Region in vollkommene Anarchie.

Die Buren erneuerten ihren Vorstoß nach Westen, obwohl die Konvention von Pretoria im selben Jahr zum ersten Mal die Grenzen Transvaals auf allen Seiten förmlich festlegte.

Die Konkurrenten

Zu Beginn der 1880er Jahre lud ein Teil der Barolong südlich des Molopo River, der von Bandenkämpfen bedrängt war, Freibeuter aus dem westlichen Transvaal dazu ein, sich auf Tswanaland anzusiedeln, und bot ihnen im Gegenzug für „Schutzdienste" gegen ihre örtlichen Feinde Land und Vieh an – ein Schritt, der zur Gründung zweier burischer Minirepubliken führte, die die Freibeuter Stellaland und Goshen nannten.

Die Regierung in Pretoria widerstand der Versuchung, die beiden Gebiete sofort zu übernehmen, drang aber erneut auf eine Erweiterung von Transvaals Westgrenze und blieb zuversichtlich, daß es ihr in nicht allzu ferner Zukunft inmitten all der Verwirrung gelingen würde, das Land endgültig an sich zu reißen.

Die britischen Imperialisten. Politiker und Öffentlichkeit in England, deren Blick bisher auf die Insel beschränkt gewesen war, hatten ihre Apathie abgeschüttelt und nahmen nun, da ihre Phantasie von chauvinistischem Konkurrenzdenken beflügelt wurde, ein lebhaftes Interesse an den Vorgängen im fernen Afrika. Die Deutschen hatten sich versuchsweise an der Südwestküste (dem heutigen Namibia) festgesetzt, drängten ins Binnenland und glaubten, bald die Kalahari im Osten durchqueren und eine Verbindung mit den Transvaal-Buren herstellen zu können – eine Verbindung, die die „Straße der Missionare" und jeden anderen Vorstoß in Richtung Norden dann wirksam blockieren würde.

Überdies betrieben eine Reihe von Menschenfreunden – insbesondere John Mackenzie, ein leidenschaftlicher Verfechter der Rechte der Afrikaner und Nachfolger Moffats in Kuruman – eine energische

Kampagne für ein direktes britisches Eingreifen im Betschuanaland. Das verlieh der ansonsten zynischen Politik, die die Buren in Schach zu halten suchte, eine moralische Rechtfertigung.

Die britische Kapprovinz. Cecil Rhodes, Anführer der Opposition im Kolonialparlament am Kap und eine zunehmend einflußreiche Kraft in Südafrikas Angelegenheiten, betrachtete die Buren ebenfalls mit tiefem Mißtrauen. Er und seine politischen Gefährten in Kapstadt – Männer, die seine großartigen (manche würden sagen größenwahnsinnigen) Träume von einem Kolonialreich teilten – betrachteten die Kalahari im allgemeinen und die Straße der Missionare im besonderen als ihren Suezkanal Afrikas, den imperialen Weg über den Limpopo und zum riesigen Gebiet des heutigen Simbabwe.

1883 führte Präsident Paul Krüger von Transvaal eine Delegation nach England, die um eine Revision der Konvention von Pretoria ersuchte, die Regierung aber auf der Hut fand: Die Londoner Konvention im folgenden Jahr sah nur wenige kleinere Korrekturen an der Westgrenze vor. Von größerer Bedeutung war die Deklaration eines britischen Protektorats über „das Land außerhalb von Transvaal" – ein unbestimmter Ausdruck, der auf das Gebiet südlich des Molopo zielte.

Großbritanniens neue Schutzpolitik wurde jedoch mehr auf dem Papier als in der Realität eingelöst. Zuerst wurde Mackenzie, dann ziemlich unversehens Rhodes selbst engagiert, um dem unruhigen Gebiet einigermaßen Ordnung zu bringen. Beiden gelang es nicht, voranzukommen. Rhodes' Verwaltung kamen besonders die wilden Republikaner von Goshen in die Quere, die die Barolong in Mafeking angriffen. Kurz darauf entsandte Paul Krüger ein Kommando, das das Barolongland annektierte, und für kurze Zeit wehte Transvaals *vierkleur*-Flagge über der Stadt, was den Burenfarmern ermöglichte, die Umgebung unter sich aufzuteilen.

Die Briten verloren schließlich die Geduld und schickten Sir Charles Warren mit einer kleinen Armee, um die Region zu befrieden (was er tat, ohne einen Schuß im Zorn abzugeben) und dehnten ihr Protektorat 1885 formell nach Norden aus. Die Region südlich des Molopo River wurde zur Kronkolonie Betschuanaland (oder kurz Britisch-Betschuanaland) ernannt, die zehn Jahre später, hauptsächlich auf Betreiben von Rhodes, Teil der Kapkolonie wurde. Die Gegenden weiter nördlich, die nun das Protektorat Betschuanaland bildeten, wurden in den nächsten Jahren schrittweise erweitert, bis sie die Gebiete bis zum Shashe River, dem Tati-Distrikt und später das große, von dem aufgeklärten Khama III. regierte Königreich Ngwato und die Ebenen im Norden und Westen umfaßten – kurz, mehr oder weniger das gesamte Gebiet des heutigen Botswana.

Nach Warrens Abberufung wurde Sir Sidney Shippard zum Verwalter der Kolonie und stellvertretenden Kommissar des Protektorats ernannt.

Rhodes und Khama

Zu Beginn der 1890er Jahre spielte Betschuanaland eine zentrale Rolle in Cecil Rhodes' Entwurf, das ganze Innere des südlichen Afrika zu kolonisieren – die erste Stufe eines großen Plans, der nichts Geringeres beabsichtigte, als ein britisches Afrika, das sich schließlich von Kapstadt bis Kairo erstrecken sollte.

Sein Pioniertrupp, die bewaffnete Vorhut der privilegierten Britisch-Südafrika-Gesellschaft (BSA), versammelte sich in Macloutsie (Motloutse), bevor er zum endgültigen Vorstoß durch das Matabeleland und nach Fort Salisbury aufbrach, das er im September 1890 besetzte. Fortan hingen die ersten Rhodesier von den Nachschublinien durch das Protektorat ab, und durch Betschuanaland schlängelte sich später die erste Eisenbahn vom Kap nordwärts.

Es überrascht nicht, daß Betschuanaland in Rhodes' weiterem geopolitischem Plan von ganz herausragender Bedeutung war. Um 1895 überredete Rhodes, ausgestattet mit seinem weitreichenden Royal Charter, die britische Regierung beinahe, die Hoheit über das Protektorat seiner BSA-Kompanie zu übertragen. Sein Plan schlug indes fehl. Unter anderem machten die Londoner Missionsgesellschaft und eine Reihe einflußreicher Tswana-Führer gegen ihn mobil, darunter vor allem Khama III., der überragende Häuptling der Ngwato.

Khama, der sich 1862 zum Christentum bekehrt hatte und ein Jahrzehnt später zu größter Bedeutung gelangte, war ein Mann mit Geschick, standhaftem Charakter und ungewöhnlichem Mut. Als ältester Prinz der Königsfamilie hatte er sein Volk erfolgreich gegen die Ndebele-Plünderer aus dem Norden verteidigt. Auch seinen Glauben bewahrte er gegen einen Vater, der leidenschaftlich an der traditionellen Lebensweise der Tswana festhielt (Khama weigerte sich, die Tswana-Stammesschule zu besuchen und auch eine zweite Frau zu nehmen – Entscheidungen, die ihn einmal fast das Leben gekostet hätten).

Nun förmlich in sein Amt als Häuptling eingesetzt und allgemein wegen seiner Weisheit respektiert, führte er eine Delegation nach London und rang dem Kolonialminister Joseph Chamberlain die Zusage ab, daß sein Land unter dem Schutz der Krone bleiben würde. Im Gegenzug stimmten die Tswana-Führer zu, der BSA-Kompanie Landstreifen im Osten von Betschuanaland für den Bau der Eisenbahnlinie bis nach Rhodesien abzutreten.

Rhodes' unmittelbare Pläne waren erfolgreich vereitelt worden, und alle weiteren Absichten, die er auf das Protektorat richten mochte, schwanden mit dem fehlgeschlagenen Jameson-Überfall von 1895/96 dahin. (Seine rhodesischen Stoßtruppen, die die Absicht hatten, Johannesburg mit Waffengewalt zu nehmen, hatten Betschuanaland als Sprungbrett benutzt, um Johannesburg einzunehmen.)

Cecil Rhodes, der „überragende Geist", plante die Kolonisierung Betschuanalands. Sein Plan scheiterte an Einwänden der Tswana-Häuptlinge und weißer Missionare.

Botswana im Überblick

Vor der Unabhängigkeit

1895 dann wurde die Kolonie Britisch-Betschuanaland – das Gebiet südlich des Molopo – der Kapkolonie zugeschlagen, die ihrerseits 15 Jahre später eine der vier Provinzen der Südafrikanischen Union wurde. Das Protektorat Betschuanaland im Norden dagegen blieb eine britische Dependance, bis es im Jahr 1966 schließlich die volle Souveränität erlangte.

Bis 1961 wurde das Territorium von einem Kommissar verwaltet, der dem britischen Hochkommissar in Südafrika unterstand und der auch für die Königreiche Swasiland und Basutoland (Lesotho) verantwortlich war, die nun unabhängig waren. Kurioserweise blieb der Verwaltungssitz oder die Hauptstadt des Protektorats dennoch in Mafeking (dem heutigen Mafikeng), das außerhalb seiner Grenzen lag.

Die ersten Jahrzehnte des Jahrhunderts gingen unmerklich vorüber. Es gab praktisch keine politische Entwicklung und demzufolge nur wenig wirtschaftliche und soziale Fortschritte. Weitgehend ungestört von Veränderungen jeder Art ging das Leben seinen Gang, nach der von einer Kolonialmacht festgesetzten Routine, die angesichts der Abgelegenheit Betschuanalands, seiner offenkundigen Armut und seiner fehlenden strategischen Bedeutung in Apathie umschlug. Für London war das Gebiet unergiebiges Hinterland, ein Faß ohne Boden, das wenig Aufmerksamkeit und noch weniger Geldausgaben verdiente. Diese Gleichgültigkeit wurde von der vagen Vermutung begleitet, daß die drei Hochkommissariate im Lauf der Zeit von der Südafrikanischen Union geschluckt würden (tatsächlich findet sich im South Africa Act von 1909 ein Hinweis auf genau diese Möglichkeit).

Schließlich wurde das Thema Gegenstand eines Streits. Bei mehreren Gelegenheiten drängte Südafrika auf die Einverleibung, aber die Briten waren zunehmend vorsichtig im Umgang mit einem Dominion geworden, das, kaum daß die Tinte auf dem Einigungsvertrag getrocknet war, seinen schwarzen Bürgern alle Rechte nahm. Die britische Regierung stellte ihre Position am 20. Juni 1935 klar: Es würde so lange keine Übertragung von Hoheitsrechten geben, bis die Einwohner von Betschuanaland befragt worden wären und bis das Unterhaus die Frage erörtert hätte. Diese Prinzipien wurden in den Jahren danach mehrfach formell bekräftigt.

Die Familienfotografien, die im Khama III. Memorial Museum in Serowe ausgestellt sind, veranschaulichen den enormen Druck, dem sich Seretse Khama und seine englische Frau Ruth in den Anfangsjahren ihrer Ehe ausgesetzt sahen.

Mit zu den schlagzeilenträchtigsten Ereignissen der Periode vor der Unabhängigkeit gehörte 1948 die Heirat von Seretse (später Sir Seretse) Khama, dem Enkel von Khama III. und Erben der Oberherrschaft über die Ngwato, mit Ruth Williams, einer Engländerin. Die Verbindung wurde in politischen und Pressekreisen heiß diskutiert und geriet fast zum internationalen Skandal, da die britische Regierung Seretse nicht nur das Recht auf den Königsthron verweigerte, sollte er eine Weiße heiraten, sondern ihn auch aus seinem Geburtsland verbannte. Die Entscheidung wurde von einflußreichen Elementen traditionsverbundener Ngwato veranlaßt, denen es schwerfiel, eine weiße Bürgerliche als Mitglied der Königsfamilie zu akzeptieren. Südafrika, das Seretse zur „unerwünschten Person" erklärte, hatte ebenfalls Druck ausgeübt.

Seretses Vater Sekgoma II. starb, als Seretse gerade vier Jahre alt war. Er wuchs unter der Regentschaft seines Onkels Tshekedi auf und besuchte später die Universitäten Lovedale, Fort Hare und Witwatersrand (Johannesburg), wo er ein Jurastudium abschloß. 1945 reiste er nach England und setzte seine Studien in Oxford und Londons Inner Temple fort.

In der Studienzeit traf er auch seine spätere Frau. Zuerst lehnte er es ab, auf den Häuptlingsrang zu verzichten (die britische Regierung hatte ihm für diesen Fall taktlos ein jährliches Stipendium von 100 Pfund geboten), aber im Jahr 1956 änderte er dann doch seine Entscheidung, im Austausch für die Erlaubnis, in sein Heimatland zurückkehren zu dürfen. Einige Jahre lang führten er und seine Frau Ruth in Betschuanaland ein ruhiges Leben, ohne den Prunk eines hohen Amtes, taten aber viel für das Gemeinwohl und gewannen den tiefen Respekt des Volkes.

Die gewichtige Ansprache des britischen Premiers Harold Macmillan vor der Vollversammlung des südafrikanischen Parlaments kündigte 1960 tiefgreifende Veränderungen auf dem südlichen Subkontinent an.

Seine Botschaft war klar: Großbritanniens Zukunft lag in Europa, und seine Kolonien mußten in Zukunft für sich selbst sorgen. Ein Jahr später schied Südafrika überstürzt aus dem Commonwealth aus. Für die Hochkommissar-Territorien, die nun von einer mächtigen und potentiell feindseligen Republik umgeben waren, war die Unabhängigkeit zur dringend gebotenen Notwendigkeit geworden.

Ende 1960 erhielt Betschuanaland eine neue Verfassung mit einem Exekutivrat, einem Legislativrat (mit einer inoffiziellen Mehrheit) und einem beratenden afrikanischen Rat, der speziell geschaffen wurde, um die afrikanischen Mitglieder der gesetzgebenden Körperschaft zu wählen.

Diese Einteilung war provisorisch und sollte eine unabhängige Verfassung vorbereiten, deren Rahmen von den Vertretern aller Parteien 1963 angenommen und die 1965 in Kraft trat. Bei den allgemeinen Wahlen im März desselben Jahres gewann die Betschuanaland Democratic Party (BDP) des frisch geadelten Sir Seretse Khama 28 von 31 Parlamentssitzen, und er wurde Premierminister des selbständigen Betschuanaland. Die Hauptstadt des Landes wurde von Mafeking nach Gaborone verlegt, das damals noch Gaberones hieß.

Das Land erlangte seine formelle Unabhängigkeit als Botswana am 30. September 1966. Prinzessin Marina, die Herzogin von Kent, übertrug in Stellvertretung von Königin Elisabeth die Regierungsgewalt der Nationalversammlung in Gaborone in Anwesenheit einer illustren Versammlung von internationalen Vertretern. Die folgenden Feierlichkeiten waren würdig, sogar gedämpft, ohne die Hysterie, die die Verleihung der Unabhängigkeit in vielen anderen Teilen Afrikas begleitet hatte.

Die Selbständigkeit

Gemäß der Verfassung wurde Sir Seretse Khama Botswanas erster Staatspräsident und blieb bis zu seinem Tod im Juli 1980 an der Spitze des Staats. Auf ihn folgte Dr. Quett Masire, Vizepräsident und Mitbegründer der Betschuanaland Democratic Party (BDP), die eine pragmatische Politik verfolgte, basierend auf Rassengleichheit, einer gemischten Wirtschaft und Respekt vor den demokratischen Rechten. In fast drei Jahrzehnten seit der Unabhängigkeit konnte sie sich auf eine überwältigende parlamentarische Mehrheit stützen.

Die BDP hat das Wirtschaftswachstum erfolgreich gefördert, das in jeder Hinsicht beeindruckend war, vor allem, seitdem 1971 die erste Diamantenmine den Betrieb aufnahm. Das hat ihr, zusammen mit der oft verzweifelt benötigten Dürrehilfe, die Unterstützung der Landbevölkerung gesichert. Hauptrivale der BDP war die Botswana National Front, eine sozialistische Partei, die eine Landreform befürwortete, um die Einkommensschere zwischen Arm und Reich auf dem Land zu verringern, und eine beschleunigte Industrialisierung, um der steigenden Nachfrage nach Arbeit gerecht zu werden. Die BDP hat folgerichtig drei Viertel der Wählerstimmen auf sich vereinigt, die BNF einen Anteil zwischen 15 und 20 Prozent und fünf andere, kleinere Parteien den Rest.

Der Auftritt des neuen unabhängigen Landes auf der politischen Bühne der Region brachte vorhersehbare Probleme mit sich. John Vorster, Südafrikas Premier Ende der sechziger Jahre, hatte das Einreiseverbot gegen Sir Seretse Khama aufgehoben, da er befand, die Unabhängigkeit von Botswana stehe in Einklang mit der „Homeland"-Politik des Apartheid-Regimes. Er schlug überdies vor, Botswana könne auch Mitglied einer künftigen Südafrikanischen Föderation werden.

Sir Seretse wies dies verächtlich zurück. Er sagte, Botswana sei nicht bereit, ein „Bantustan" zu werden, und ein solcher Schritt würde in jedem Fall die Verbindungen des Landes mit Schwarzafrika zerschneiden und seine Funktion als Brücke zwischen Nord und Süd behindern.

Botswanas Regierung stand in der Tat vor einem Dilemma: Auf der einen Seite verwaltete sie eine arme, landumschlossene Region, die gänzlich vom Kommunikationsnetz und dem wirtschaftlichen Reichtum eines südlichen Nachbarn abhängig war, den man wegen seiner Rassenpolitik verabscheute, während man auf der anderen Seite eine natürliche Affinität zu den befreiten Nationen des Kontinents hatte, sich zu denen hingezogen fühlte, die in ihrer Verurteilung Südafrikas einhellig waren. Botswana hatte irgendwie eine heikle Balance zwischen beiden zu halten. Die Rebellion von Ian Smiths weißen Hardlinern im benachbarten Rhodesien im November 1965 schuf zusätzliche Komplikationen.

Daß Botswana es in dieser Lage fertigbrachte, zu überleben und sogar sehr zu wachsen, verdankt es dem gesunden Menschenverstand und der Mäßigung seiner Führung. Nicht, daß der Weg durch den Irrgarten der aufeinanderstoßenden Pressionen störungsfrei gewesen wäre. Im Gegenteil, in den siebziger Jahren wurde das Land in die rhodesischen Wirren hineingezogen (es wurde zum Zufluchtshafen für Bürgerkriegsflüchtlinge und für Joshua Nkomos Zipra-Guerillas), und die Beziehungen zu Südafrika blieben zwei Jahrzehnte lang gespannt.

Zwischen 1984 und 1986 drang Pretoria, beunruhigt über die Infiltration durch Guerillas des Afrikanischen Nationalkongresses (ANC) auf einen wechselseitigen Sicherheitspakt, ein Vorschlag, den Präsident Masire sogleich abwies, obwohl er bekräftigte, daß Botswana nicht als Abschußrampe für Angriffe auf seine südlichen Nachbarn benutzt würde.

Dennoch drang der Befreiungskampf über die Grenzen: 1985 gab es Bombenanschläge auf südafrikanische Flüchtlinge und ein Kommandounternehmen gegen ANC-„Militärziele" in Gaborone (bei dem elf Menschen, darunter einige Botswaner, getötet wurden), gefolgt von anderen Gewalttaten, ausgeführt teilweise von südafrikanischen Geheimagenten.

Die Regierung von Botswana, die die Verletzbarkeit des Landes erkannte, ergriff Maßnahmen gegen „illegale Einwanderer", forderte die ANC-Vertreter zum Rückzug auf und hob außerdem ein nationales Sicherheitsgesetz aus der Taufe, das Verhaftungen ohne Haftbefehl erlaubte und für „Terrorismus und Sabotage" langjährige Gefängnisstrafen vorsah. Südafrika setzte seine Politik der Nadelstiche jedoch fort. Der schwerwiegendste Übergriff war ein Kommandounternehmen gegen ein „Terroristenhaus" in Gaborone im März 1988.

Aber innerhalb von zwei Jahren hatte sich die Situation grundlegend geändert. Innere Instabilität, internationaler Druck und das Ende des Kalten Krieges ließen neue und freundlichere Elemente die politische Szene in Südafrika betreten. Anfang 1990 hob F.W. de Klerk den Bann gegen den ANC und andere Freiheitsbewegungen auf, ließ eine große Zahl von politischen Gefangenen frei (darunter Nelson Mandela vom ANC, der die vergangenen 27 Jahre hinter Gittern verbracht hatte) und brachte sein Land entschlossen auf den langen, harten Weg zur vollen Demokratisierung.

Botswana im Überblick

Die Spannungen ließen sofort nach. Botswana und seine Nachbarn hatten zum ersten Mal seit Jahrzehnten die Aussicht auf eine friedliche Entwicklung in einer erweiterten Region, die nicht länger vom Rassenhaß bedroht ist.

BOTSWANA HEUTE

Botswana wird oft als Vorbild für ganz Afrika angeführt und das mit gutem Grund. Es ist ein stabiles Land mit funktionierender Verwaltung, mit blühender Wirtschaft und unbestreitbar demokratisch. Wie jedes Entwicklungsland hat es seine Probleme, doch diese sind verhältnismäßig geringfügig, einige rühren ironischerweise von übermäßigem Reichtum (den riesigen Diamantenminen) und von der dadurch verstärkten ungleichen Einkommensverteilung her sowie vom Mangel an natürlichen Ressourcen, der Überbevölkerung und der Armut, die in Afrika so weit verbreitet ist.

Regierung

Mit der Unabhängigkeit 1966 übernahm Botswana das englische Zweikammer-Verfassungssystem. Die Legislative wurde der Nationalversammlung übertragen, die damals 34 von der gesamten erwachsenen Bevölkerung gewählte und vier ernannte Mitglieder, den Sprecher und den Oberstaatsanwalt umfaßte (der im Parlament aber kein Stimmrecht hat). Der für die Dauer der Legislaturperiode gewählte Präsident (der wiedergewählt werden kann) ist zugleich Staatsoberhaupt wie ausführender Kopf der Regierung und präsidiert dem aus der Nationalversammlung gebildeten Kabinett. Der Präsident ist ebenfalls Parlamentarier und spricht im Parlament über verschiedene Angelegenheiten, die in seinen Zuständigkeitsbereich fallen (auswärtige Angelegenheiten, innere Sicherheit, Verteidigung, Verwaltung).

Die einst mächtigen Stammeshäuptlinge spielen in der Innenpolitik keine dominierende Rolle mehr. Auf dem Land ist das Stammesdenken zwar noch immer stark verwurzelt, läuft aber der erklärten Gleichberechtigungspolitik der Regierung und dem Geist der Verfassung zuwider und nimmt mit der Verstädterung und dem Verlust der feudalen Abhängigkeit ab. Es gibt jedoch ein Haus der Stammeshäuptlinge, das die Regierung in Stammesangelegenheiten berät. Kein Gesetz, das die traditionellen Rechte und Sitten berührt, keine Verfassungsänderung kann ohne seine Beratung verabschiedet werden.

Diese Kammer setzt sich aus den Häuptlingen der acht wichtigsten Tswana-Stämme zusammen (*Seite 11*), die ständige Sitze haben, zusammen mit sieben gewählten, rangniedrigeren Mitgliedern. In der Verfassung ist eine Erklärung der Menschenrechte verankert, deren Einhaltung beim Obersten Gerichtshof von den Staatsbürgern eingeklagt werden kann.

Das Seretse-Khama-Denkmal vor der Nationalversammlung in Gaborone.

Rechtsprechung

Der Oberste Gerichtshof mit Oberrichter und Beigeordneten oder nachgeordneten Richtern befindet in Zivil- und Strafsachen, anschließende Rechtsmittel werden vor dem Appellationsgericht verhandelt. Untergeordnete und afrikanische Gerichte in den zwölf Verwaltungsbezirken des Landes besitzen beschränkte Gerichtsbarkeit. Die traditionellen Stammeshäuptlinge sprechen noch immer Recht in allem, was Sitten und Bräuche betrifft und in Dorfangelegenheiten – mit Ausnahme der Landverteilung.

Internationale Beziehungen und Sicherheit

Botswana ist Mitglied in der Organisation für Afrikanische Einheit (OAU) und spielte eine aktive Rolle sowohl in der Konferenz für die Entwicklung des südlichen Afrika (SADDC, einer Organisation, die die wirtschaftliche Abhängigkeit von Südafrika verringern sollte) und in dem losen Verbund der sogenannten Frontstaaten.

Die jüngsten Ereignisse – die Aufgabe der Apartheid in Südafrika und die Wiederaufnahme Südafrikas in die internationale Gemeinschaft – haben diese beiden Organisationen jedoch überrascht, obwohl die SADDC in Zukunft eine wichtige Rolle spielen wird, vielleicht unter Beteiligung Südafrikas. Das politische Klima in Südafrika begünstigt neue Zusammenschlüsse und gemeinschaftliche Initiativen, wenn sich derzeit auch noch kein klares Muster abzeichnet. Dennoch wird Botswana Gemeinschaftsvorhaben im Bereich der Telekommunikation, des Handels (das Land war lange Mitglied der Südafrikanischen Zollunion, die auch Südafrika, Namibia, Lesotho und Swasiland umfaßt), der Energie, des Umweltschutzes und des Tourismus aufgeschlossen gegenüberstehen.

Im ersten Jahrzehnt der Unabhängigkeit unterhielt Botswana kein stehendes Heer – die Polizei, insbesondere ihr angesehenes Einsatzkommando, war sowohl für die innere Sicherheit als auch für den Grenzschutz zuständig. Im Jahr 1977 veranlaßten die von dem eskalierenden Buschkrieg in Rhodesien geschaffene Instabilität und der schwelende Konflikt zwischen ANC-Kommandos und der südafrikanischen Sicherheitspolizei jedoch die Aufstellung einer gut ausgebildeten ständigen Streitmacht von 4500 Mann. Zu Beginn der neunziger Jahre umfaßten die botswanischen Verteidigungsstreitkräfte (BDF) fünf Infanteriebataillone, ein Panzerbataillon, eine Fliegerstaffel und eine Anzahl Militärhubschrauber. Der Verteidigungshaushalt für 1989/90 überstieg den des Vorjahrs um 57 Prozent. Seitdem haben die Spannungen in der Region jedoch abgenommen, und theoretisch besteht heute weniger Bedarf für eine starke Militärmacht.

Bildungswesen

Der Fortschritt in diesem Bereich seit der Unabhängigkeit ist bemerkenswert: Das Bildungswesen beansprucht ein Viertel des Staatshaushalts. Die Kinder kommen mit sechs Jahren in die Schule, der Schulbesuch für die über 300 000 Grundschüler des Landes ist kostenlos. Sieben von zehn besuchen weiterführende Schulen, die gegenwärtig eine Schülerzahl von insgesamt etwa 50 000 haben, (ein größeres Programm zur Erweiterung der Sekundarstufe läuft demnächst an).

Zu den Hochschulen des Landes gehören die Universität von Botswana in Gaborone und mehrere Lehrerseminare; über 10 000 Studenten werden an den etwa 70 technischen Berufsschulen ausgebildet – ein Sektor, dem hohe Bedeutung bei dem Bemühen zukommt, den Mangel an qualifizierten Arbeitskräften in einer zunehmend urbanen Gesellschaft zu beheben.

Gesundheitswesen

Zu den häufigsten Krankheiten in Botswana zählen Magen-Darmkatarrh, Krankheiten durch Mangelernährung (die während der periodischen Trockenheiten ernsthafte Ausmaße annimmt: 1985 schätzte das Welt-Ernährungsprogramm, daß über ein Drittel der Bevölkerung „anfällig" für Mangelernährung sei), Malaria (hauptsächlich in und um das Chobe-Gebiet, Ngamiland und das nördliche Sumpfland), die menschliche Immunschwäche HIV, die zu AIDS führt, und Tuberkulose.

Dennoch liegt das Gesundheitswesen deutlich über dem Dritte-Welt-Standard, und die Gesundheitsfürsorge erreicht eindrucksvolle 90 Prozent der Bevölkerung, die sich überwiegend in der östlichen Region konzentriert. Hierzu gehören 15 allgemeine Krankenhäuser, ein Dutzend Gesundheitszentren, viele Kliniken und Ambulanzen. Zu Beginn der neunziger Jahre betrug die Lebenserwartung etwa 60 Jahre.

Zum Zeitpunkt der Unabhängigkeit 1966 hatte Botswana (das frühere Protektorat Betschuanaland) keine eigentliche Hauptstadt. So wurde beschlossen, daß Gaborone, damals ein verschlafenes Dorf mit rund 6000 Einwohnern, dieser Rolle genügen müßte. Heute hat die aufstrebende Stadt über 145 000 Einwohner und ist eine der am schnellsten wachsenden auf dem afrikanischen Kontinent.

BOTSWANA IM ÜBERBLICK

Bauwesen

Der akute Mangel an erschlossenen Flächen (die Trockenheiten führten zu Unterbrechungen bei der Wasserversorgung) hat die Versorgung mit preiswertem Wohnraum behindert – was angesichts des spektakulären Anwachsens der Stadtbevölkerung ernsthafte sozioökonomische Probleme schafft. Dennoch hat sich die Entwicklung beschleunigt. Die Botswana Housing Corporation baut derzeit z. B. allein in Gaborone 14 000 Wohneinheiten, trotz rapiden Ansteigens der Baukosten.

DIE WIRTSCHAFT IN STICHWORTEN

Botswana ist eines der reichsten Länder Afrikas – die Weltbank zählt es tatsächlich zu den Ländern mit dem stärksten Wachstum des Bruttoinlandsprodukts pro Kopf der Bevölkerung (das Pro-Kopf-BIP erhöhte sich von 40 Pula bei der Unabhängigkeitserklärung 1966 auf 4900 Pula im Jahr 1990) und dem stärksten Wachstum des Pro-Kopf-Einkommens (4,5 Prozent pro Jahr seit 1966), womit es sogar die aufstrebenden Anrainerstaaten des Pazifiks übertrifft. Die als „gemischt" eingestufte Wirtschaft (die Marktkräfte können sich frei entfalten, doch der Staat greift in Schlüsselbereichen ein) funktioniert bestens und verzeichnete in den achtziger Jahren jährliche Wachstumsraten von 11 Prozent. Seit 1967 gab eine Reihe von Wirtschaftsplänen der Energieversorgung, dem Bergbau, der Fleischindustrie und der Getreideerzeugung Vorrang. Der siebte Plan wurde 1991 verabschiedet.

Dennoch bleibt die Wirtschaft unausgeglichen: Der Wohlstand des Landes ist fast völlig vom Vieh und von den Diamanten abhängig, die jeweils anfällig für Trockenheit oder die Schwankungen des Weltmarkts für Edelsteine sind. Botswana ist auch bei Nahrung, Industriegütern und Transport übermäßig auf Südafrika angewiesen – eine Situation, die zum Glück in dem freundlicheren politischen Klima, das seit der Aufgabe der Apartheid herrscht, weit weniger Risiken birgt.

Bei Erlangung der Unabhängigkeit wurde der nationale Wohlstand fast ausschließlich durch extensive Viehhaltung erwirtschaftet, und Botswana benötigte internationale Hilfe zur Finanzierung seiner Entwicklung.

Viehzüchter und Geschäftsmann David Kays aus Maun beaufsichtigt mit Sohn Martin in der Haneveld-Region des Distrikts Zentral-Kalahari einen Teil der Rinderherde.

Die Entdeckung und Ausbeutung von Diamanten- und später reicher Kupfer-Nickel-Vorkommen hat die Wirtschaft jedoch verwandelt. Der Bergbau hat die Viehzucht als wichtigsten Geldbringer abgelöst, und das Einkommen aus den Diamantenexporten setzte die Regierung in die Lage, nicht allein sich selbst zu helfen, sondern auch ehrgeizige Straßenbau- und andere Infrastrukturprojekte anzugehen. Der soziale Sektor, insbesondere Erziehung und Gesundheit, profitierten ebenfalls sehr stark vom Diamantenboom.

Dennoch sind über 75 Prozent der Bevölkerung noch immer in der einen oder anderen Weise von der Viehhaltung abhängig, die große Mehrheit in Form von Subsistenzwirtschaft. Der landwirtschaftliche Reichtum – die Herden und das Einkommen aus der fleischverarbeitenden Industrie – verbleibt in den Händen einiger weniger. Zusammen mit den häufigen Trockenheiten veranlaßte dies die Landflucht in die Städte, und die daraus resultierende Arbeitslosigkeit schuf ernste soziale Probleme. Kurz, der wirtschaftliche Aufschwung hat den „Rinderbaron" und den städtischen Lohnempfänger belohnt, die Mehrheit jedoch fast so arm gelassen wie in der Zeit vor dem Diamantenboom. Dieses Ungleichgewicht zu korrigieren ist wahrscheinlich die härteste Herausforderung, der sich die Wirtschaftsplaner der Regierung gegenübersehen.

Landwirtschaft

Der Anteil dieses Sektors am Bruttoinlandsprodukt nahm in den achtziger Jahren dramatisch ab und fiel von 16 Prozent (für das Jahr 1978/79) auf gerade einmal 3 Prozent (1987/88). Aber wie gesagt, sorgt die Landwirtschaft noch immer für den Lebensunterhalt einer großen Zahl von Menschen, so daß sie eine der beiden Säulen der Wirtschaft bleibt.

Klima und Böden begünstigen die Viehhaltung im großen Stil; der nationale Viehbestand liegt zwischen 2 und 3 Millionen und hängt vom Regen ab (während der großen Dürre von 1983 bis 1987 starben rund 1 Million Tiere).

Ein Zwanzigstel der 50 000 Viehzüchter des Landes besitzen über die Hälfte des Viehbestands; jeder zweite Haushalt auf dem Land hat dagegen überhaupt kein eigenes Vieh. Viele Familien auf dem Land halten jedoch Schafe und Ziegen. Der Bestand an Kleinvieh, das im allgemeinen mit Trockenheit besser zurechtkommt, beträgt rund 2 Millionen Tiere.

Die Behörden investieren viel Zeit und Geld in die Verbesserung der Viehzucht und in die Landreform, um die Produktion zu stabilisieren und die Überweidung zu begrenzen. Wichtigster Bestandteil dieses Programms ist das Einzäunen der verpachteten Grundstücke – ein kostspieliges, schwieriges und ökologisch umstrittenes Verfahren *(Seite 50–51)*.

Die Fleischverarbeitung, die 80 Prozent der landwirtschaftlichen Produktion ausmacht, besorgt die eine Monopolstellung besitzende Botswana Meat Commission (BMC) in ihren Schlachthöfen in Lobatse (den größten Afrikas), Maun und Francistown. Über 95 Prozent der Produktion wird exportiert, hauptsächlich nach Südafrika, Großbritannien und in die Länder der Europäischen Union; dabei kommt Botswana aufgrund des Lomé-Abkommens in den Genuß der Meistbegünstigungsklausel. Die BMC unterhält auch ein Tiefkühllager mit einer Kapazität von 4000 Tonnen in London und eine Konservenfabrik für Corned beef in Botswana.

Trotz eifriger Anstrengungen, die Selbstversorgung zu erreichen, verharrt die Getreideproduktion – namentlich von Mais, Hirse, Bohnen und besonders Sorghum – auf enttäuschend niedrigem Niveau und stellt selbst in Jahren mit viel Regen weniger als ein Drittel der landwirtschaftlichen Produktion. Wie erwähnt importiert das Land einen Großteil seines Lebensmittelbedarfs aus Südafrika. Verschiedene Bewässerungspläne – die den Limpopo, Shashe, Lotsane und andere Flüsse anzapfen sollen – sind vielversprechend, obwohl ein ähnlicher Angriff auf das Wasser des westlichen Okawango-Deltas bei der örtlichen Tourismusindustrie wie auch bei Umweltschützern in aller Welt sehr energische Proteste ausgelöst hat.

Die Fischerei liefert hauptsächlich im nördlichen Flußtal und der Okawango-Region eine wertvolle Ergänzung des Nahrungsangebots. Die Forstwirtschaft trägt ebenfalls ihren Teil bei. Der ständige Bedarf an Feuerholz hat die Wälder Botswanas übel zugerichtet, aber Teak, Mukwa, Mahagoni und andere Harthölzer aus der Chobe-Gegend sind für die Holzindustrie noch vielversprechend (Kasane hat ein Sägewerk). Rund um Serowe, Mochudi und Molepolele wurden Eukalyptus- und Gummibaumplantagen angelegt.

Bergbau

Der Bergbau ist das Kraftwerk der wachsenden Wirtschaft Botswanas, sein Beitrag zum Bruttoinlandsprodukt beträgt zwei Fünftel und macht 90 Prozent aller Exporterträge des Landes aus.

Der Abbau in großem Stil begann 1971, als die De Beers Botswana Mining Company (Debswana), an der die Regierung wesentlich beteiligt ist, die Arbeit an dem reichen Diamantenflöz in Orapa aufnahm, in der düsteren Kalahari-Landschaft südlich der Makarikari-Salzpfannen. Weitere Minen folgten: 1977 die kleinere Lethlhakane unweit von Orapa, 1982 das aufregende Jwaneng-Unternehmen bei Kanye im Südosten. Etwa 15 Millionen Karat beträgt der Gesamtausstoß im Jahr, die ausschließlich von De Beers zentraler Verkaufsorganisation (CSO) vermarktet werden (der Vertrag wurde 1995 geändert). Jwaneng erwies sich als besonders ertragreich (Seite 19).

Die rund um Selebi-Phikwe im Osten konzentrierte Kupfer-Nickel-Industrie begann weniger verheißungsvoll – das riesige Shashe-Projekt (das Bewässerung, Energieerzeugung und Bergbau umfaßt) litt im Jahrzehnt nach seiner Einweihung 1974 unter technischen Problemen und wurde von den Schulden erdrückt. Gegen Ende der achtziger Jahre stiegen die Metallpreise jedoch etwas, 1989 lief die Produktion auf dem Selkirk-Lager östlich von Francistown an, 1991 wurde ein neuer Schacht (Selebi-Nord) in Betrieb genommen, und die Industrie spielt nun eine zunehmend wichtige Rolle in der Wirtschaft des Landes. Der an dem Selkirk-Abenteuer beteiligten Tati Nickel Mining Company gehören auch die Rechte an dem nahe gelegenen und vielversprechenden Phoenix-Erzlager.

Nach zwanzigjähriger Betriebszeit begannen die ausgedehnten Sowa-Salzlagerstätten im Makarikari-Gebiet Sodaasche und Salz zu liefern.

Das Gemeinschaftsunternehmen von African Explosives aus Südafrika und Chemical Industries (AECI) – allerdings halten auch Anglo American, De Beers und die Regierung von Botswana Anteile – beschäftigt über 500 Angestellte und hat endlich dringend nötige Investitionen in Straßen, Zugverbindungen, Wasserversorgung und die sonstige Infrastruktur der ganzen Region veranlaßt. Als jährliche Produktionsziele wurden 650 000 Tonnen Salz und 300 000 Tonnen Sodaasche festgelegt, die als Sodiumkarbonat bekannt ist und bei der Herstellung von Glas, Chemikalien (Ätzsoda, Backsoda, Waschsoda), Papierbrei, Papier, Seife und anderen Waschmitteln sowie in der Metall- und der Erdölindustrie Verwendung findet. Die Planziele wurden noch nicht erreicht, aber Botswana hat die Vereinigten Staaten als Hauptlieferant des Produkts an Südafrika abgelöst.

Andere Reichtümer ruhen noch im Schoß der Erde, einige in unbestimmter Menge. Luftaufnahmen haben vielversprechende Erzlager der Platinfamilie, von Chrom, Asbest und Mangan enthüllt. Kohle wird von dem Kohlebergwerk Morupule bei Palapye abgebaut (einer Tochter der Anglo Ameri-

Die riesige Tagebau-Diamantenmine Jwaneng gehört zu den ergiebigsten der Welt; sie produziert 9 Millionen Karat im Jahr, wovon ein Drittel Edelsteinqualität hat.

Botswana im Überblick

can Corporation) und beliefert die Kupfer-Nickel-Hütte in Selebi-Phikwe und das Heizkraftwerk der Stadt. Die Kohlereserven von Botswanas Osten wurden auf gigantische 17 Milliarden Tonnen geschätzt, aber der am Boden liegende Weltmarktpreis hat einen Abbau in großem Stil bisher verhindert. Kleinere Mengen von Gold werden im Gebiet von Francistown gefördert. Die Steinbrüche wurden von der Nachfrage der boomenden Bauindustrie nach Baumaterial stimuliert. Fabrikation und Bau zusammen machen etwa 10 Prozent des BIPs aus.

Sekundärer Sektor

Die meisten Industriebetriebe des Landes sind mit Bergbau und Landwirtschaft verbunden oder von ihnen abhängig, jedoch werden ernsthafte Anstrengungen zur Diversifizierung gemacht, besonders von der Botswana-Entwicklungsgesellschaft (BDC). Politische Stabilität, eine günstige geographische Lage, vorteilhafte Wechselkontrollbestimmungen und ein allgemeiner wirtschaftlicher Wohlstand erweisen sich als attraktiv für Investoren, trotz der Knappheit qualifizierter Arbeitskräfte, teurer Grundstücke und Wohnungen und der Begrenztheit des lokalen Markts.

Der bisherige Fortschritt ist beeindruckend. Zu Beginn der neunziger Jahre besaß die BDC über 100 Unternehmen oder hielt einen wesentlichen Anteil, darunter zwei Brauereien, eine Eisengießerei, Mühlen, Zement- und Zuckerfabriken sowie Hotels, Immobilien und Versicherungen. Zu den multinationalen Unternehmen, die sich in Botswana niedergelassen haben und zur Stärkung der Wirtschaft beitragen, gehören Lonrho (Textilien) und Colgate-Palmolive (Seifen, Waschmittel, Kosmetik).

Ein beachtlicher Anteil der neuen Investitionen aus dem Ausland, die die Aufhebung des Boykotts gegen Südafrika anzog, floß nach Botswana, das dem wirtschaftlich weiter vorangeschrittenen südlichen Nachbarn wegen seiner sozialen Stabilität vorgezogen wurde. Ein typisches Beispiel ist die in Gaborone geplante, mehrere Millionen Dollar teure Owens-Corning-Fabrik für glasfaserverstärke Plastikröhren.

Arbeit und Preise

Die Arbeitslosigkeit ist ein ernstes Problem. Der reguläre Arbeitsmarkt bietet nur knapp 20 Prozent der erwerbstätigen Bevölkerung Arbeit. Gegen Ende der achtziger Jahre hatten gerade 180 000 Menschen einen festen Arbeitsplatz (28 Prozent von ihnen im Staatsdienst), und man berechnete, daß jedes Jahr 21 000 Arbeitssuchende neu auf den Arbeitsmarkt drängen.

Die Politik der Regierung beruht auf der Annahme, daß Geld für Arbeitsbeschaffungsmaßnahmen weitgehend hinausgeschmissenes Geld sei. Statt dessen versucht sie, alles Erdenkliche zu tun, um mehr Beschäftigungsmöglichkeiten im „informellen Sektor" und auf dem Land zu schaffen und Unternehmer zu ermutigen, ihre Arbeiterschaft durch Lohnbeschränkungen und andere Anreize zu erweitern. Dieser zweifache Ansatz hat bereits erste Früchte getragen.

Streiks sind in Botswana ein verhältnismäßig seltenes Ereignis (obwohl Lehrer und Bankangestellte 1989 ihre Stifte niederlegten). Die über 20 Gewerkschaften verhandeln mit den Unternehmern in einem System von Lohnrunden.

Die Lebenshaltungskosten (und demzufolge die Löhne) werden weitgehend von den Preisschwankungen in Südafrika bestimmt, das den Großteil von Botswanas Nahrungsmitteln und Industriegütern liefert. Die jährliche Inflationsrate im Land beträgt derzeit etwa 15 Prozent und ist damit vergleichsweise hoch.

Ein moderner Fernmeldeturm erhebt sich über die traditionellen Lehmhütten von Mopipi, einem typischen botswanischen Dorf in einem abgelegenen Winkel der Kalahari.

Infrastruktur

Botswanas gesunde Staatsfinanzen und hervorragende Aussichten haben die Regierung in die Lage versetzt, intensiv in die Säulen einer gesunden Wirtschaft zu investieren – Energie und Kommunikation.

Energie

Die Botswana Power Corporation (BPC) befriedigt den Strombedarf des Landes hauptsächlich mit ihren kohlebetriebenen Heizkraftwerken. Geringe Elektrizitätslieferungen kommen außerdem aus Südafrikas riesiger Eskom-Anlage.

Botswana führt den benötigten Kraftstoff ein, aber das Land könnte in nicht allzu ferner Zukunft Selbstversorger werden, denn zwischen dem Kgalagadi-Becken im Westen und den Ncojane-Becken des Nordwestens vermutet man lohnende Öl- und Erdgasvorräte. Um die weitere Erforschung dieser Vorkommen kümmert sich insbesondere die Petro-Canada Corporation.

Straßen

Das nationale Straßennetz umfaßt etwas über 8000 km, von denen 1500 km voll asphaltiert sind. Landstraßen in gutem Zustand verbinden Gaborone und Francistown mit den Haupttouristengebieten Maun (zum Okawango-Delta und dem

BOTSWANA IM ÜBERBLICK

Moremi-Wildreservat) und Kasane (zum Chobe-Park und nach Fertigstellung der projektierten Straßenbrücke über den Sambesi nach Livingstone und zu den Victoria-Fällen). Die Haupt-Ost-West-Verbindung macht auch die Makarikari-Salzpfannen und entferntere Ziele zugänglich: Sie reicht nun über Maun hinaus bis nach Shakawe und Namibias Caprivi-Zipfel.

1990 kamen Botswana und Namibia über den Bau einer Transkalahari-Fernstraße überein, die Gaborone mit Windhuk verbinden soll. Die Arbeit an dem ersten, 80 km langen Teilstück des botswanischen Anteils begann kurz nach Unterzeichnung des Abkommens.

Dies sind die Fernstraßen. Sich durch dieses riesige, weitgehend menschenleere Land zu bewegen kann im übrigen eine schwierige und frustrierende Angelegenheit für den unabhängigen Autofahrer sein, der die Wildnis erkunden möchte. Die Entfernungen sind riesig, die Straßen endlos, einsam, oft rauh und ohne Hinweisschilder. Reisende benötigen ein Fahrzeug mit Allradantrieb, um durch Teile des Moremi-Reservats, das Okawango-Sumpfland, den Chobe-Park und das Makarikari-Gebiet zu kommen. Reisen durch die zentrale und südliche Kalahari-Wildnis kann – wenn man sich nicht mit ausreichenden Motorersatzteilen, Reservekanistern, Wasser, reichlich Proviant und einer guten Karte versieht – wirklich riskant sein.

Eisenbahnen

Fast der gesamte Schienenverkehr des Landes – 1400 Millionen Tonnen Frachtkilometer und eine halbe Million Passagiere im Jahr – wird auf der 900 km langen Strecke befördert, die von Ramatlabama an der südafrikanischen Grenze nördlich durch Lobatse, Gaborone und Francistown nach Plumtree in Simbabwe führt. Über 200 km der Hauptlinie wurden unlängst neu verlegt, das Signalsystem entlang dem gesamten Streckennetz modernisiert und eine 165 km lange Strecke fertiggestellt, um Francistown mit der Sowa-Pan-Sodaasche-Fabrik in der Makarikari-Region zu verbinden. Neue Frachtterminals sind für Francistown und Gaborone vorgesehen. Pläne für eine Transkalahari-Bahn durch Zentralbotswana und Namibia könnten aus der Schublade geholt werden (während des Befreiungskampfs in Namibia wurden sie zu den Akten gelegt), um über die Atlantikküste einen alternativen Zugang zu den Weltmärkten zu schaffen.

Botswanas Eisenbahn, die 1987 von der staatlichen Eisenbahn von Simbabwe unabhängig wurde, hat die bis vor kurzem einzigen vollklimatisierten Waggons Südafrikas in Betrieb. Mit der Vollendung der neuen Strecke sind Bahnreisen wesentlich schneller geworden, Geschwindigkeiten zwischen 120 und 150 km/h sind möglich, was die Fahrtzeit zwischen Gaborone und Francistown auf unter vier Stunden verkürzt.

Flugverkehr

Air Botswana ist eine rege kleine Fluglinie, die ein regionales Streckennetz bedient, zu dem Johannesburg (Südafrika), Harare, die Victoria-Fälle (Simbabwe), Maputo (Moçambique), Nairobi (Kenia), Entebbe (Uganda), Maseru (Lesotho) und Manzini (Swasiland) gehören. Die unverkennbaren blau-weißen Hochflügelmaschinen fliegen auch Inlandziele wie Maun an, das Tor zum Okawango-Delta (drei Flüge pro Woche); Kasane unweit der Ostgrenze des Chobe-Parks, mit Anschluß zu den Victoria-Fällen in Simbabwe; Tuli und Selebi-Phikwe. Zur Kurzstreckenflotte gehören franko-italienische ATR-42 Turbopropeller und der wunderbare BAe 142, das leiseste Düsenflugzeug der Welt.

Der Hauptsitz von Air Botswana befindet sich auf dem Sir Seretse Khama International Airport in Gaborone, dem wichtigsten Eingangstor des Landes, das auch von British Airways, der französischen UTA, Zambia Airways, Air Malawi, Kenya Airlines, Air Tanzania, Lesotho Airways und Comair angeflogen wird (letztere als offizielle südafrikanische Fluggesellschaft auf der Strecke nach Botswana). Zur Ausstattung des Flughafens gehören Bank, Wechselstube, Duty-free-shop, Post, Buch- und Andenkenladen, Bar, Café und Büros von Autovermietern. Das Bürogebäude von Air Botswana mit seinen zweistöckigen achteckigen Flügeln, die aus offenen Flächen mit Gärten und Springbrunnen herausragen, ist nicht zu übersehen.

Regionale Flughäfen befinden sich in Francistown, Kasane (wurde kürzlich aufgewertet), Maun, Tuli und Selebi-Phikwe. Zu den kleineren Fluglinien und Chartergesellschaften, die die Inlandziele anfliegen, gehört Okawango Air, die auf dem hartumkämpften Markt für Turbinenflugzeuge expandiert. Viele Touristenunterkünfte haben ihren eigenen Start- und Landestreifen.

Telekommunikation

Das nationale Netz wird zur Zeit mit der Installation eines anspruchsvollen digitalen

Passagiere auf dem Seretse Khama International Airport in Gaborone, die für die nächste Etappe ihrer Afrika-Safari ein Düsenflugzeug von Air Botswana besteigen.

BOTSWANA IM ÜBERBLICK

Mikrowellensystems modernisiert, das internationale Direktverbindungen ermöglicht, und mit der Erweiterung der Hauptstrecken, um die Reichweite der automatischen Dienste zu vergrößern. In der vergleichsweise dichtbesiedelten Ostregion sind Telex- und Faxgeräte weitverbreitet, aber in einigen der abgelegeneren Gebiete bleiben die Verbindungen verständlicherweise ein Problem.

KÖNIGREICH DER WILDNIS

Eine eindrucksvolle Reihe von Wildtierparks und -reservaten und ganz besonders das wunderbare Sumpfland des Okawango-Deltas bilden Botswanas Haupttouristenattraktionen. Die Statistik zeigt, daß das Land die Heimat – obwohl in vieler Hinsicht eine unsichere Heimat – von 164 Säugetier-, 157 Reptilien-, 80 Fisch-, 540 Vogelarten und unzähligen verschiedenen Pflanzen und Insekten ist.

Trotz seiner großartigen Naturlandschaft ist Botswanas Tourismusindustrie relativ jung. In der Zeit vor der Unabhängigkeit geschah nahezu nichts, um Besucher ins Land zu locken, danach schreckten die unruhigen Verhältnisse in der Großregion internationale Reisende ab – namentlich der brutale Buschkrieg, der Simbabwe im Nordosten verwüstete, und der schwelende Freiheitskampf in Südafrika und das gefährliche Übergreifen dieser beiden Konflikte. In der Zeit, bevor Botswanas neue Diamantenminen begannen ihr Füllhorn auszuschütten, war kein Geld für den Ausbau der touristischen Infrastruktur vorhanden. Erst gegen Ende der sechziger Jahre war man schließlich soweit, eine erste Unterkunft für Reisende einzurichten.

Inzwischen haben Touristen dieses höchst faszinierende Land jedoch „entdeckt", und im Lauf der letzten paar Jahre kamen zunehmend Urlauber ins Land, was zu einem sprunghaften Anwachsen der entsprechenden Einrichtungen führte – neue Hotels, Erholungsorte, Jagdhütten, Fischercamps, Safaripauschalreisen –, der interessierte Besucher findet nun ein weitgestreutes und abwechslungsreiches Angebot.

Das heißt jedoch nicht, daß der touristische Aufschwung auf den Massenmarkt zielt. Im Gegenteil, allgemein wird anerkannt, daß Botswanas Wildgebiete, so ausgedehnt sie sind und so rauh sie erscheinen mögen, ökologisch gefährdet sind, daß das ökologische Gleichgewicht leicht gestört wird und sehr empfindlich auf die Anwesenheit des Menschen reagiert. Die offizielle Politik ist daher darauf ausgerichtet, den individuellen, kostspieligen Tourismus zu fördern, und die Anlagen tendieren zur Exklusivität (wenn auch nicht zu einem besonderen Luxus) und zu einem allgemein hohen Preisniveau.

Im wesentlichen bietet das Land zwei Arten von Ferien in der Wildnis:

Lodge-Safari

Das Okawango-Sumpfland und das benachbarte Moremi-Reservat, der wildreiche Chobe-Park im Norden und in geringerem Ausmaß das Tuli-Gebiet im Osten werden von vielen privaten Anbietern bedient.

Meist sollte man keinen Fünf-Sterne-Luxus erwarten, was immer auch in den Prospekten stehen mag. Die Mehrzahl der Hütten (Lodges) sind klein (8 bis 16 Gäste), es geht zwanglos und gesellig zu; manche sind nicht mehr als Ansammlungen von Zelten, die für gewöhnlich funktional ausgerüstet und dennoch geräumig und recht gemütlich sind; andere bieten mehr Komfort, der von der einfachen Hütte bis zum geräumigen Chalet mit allen modernen Annehmlichkeiten reicht. Die Küche variiert zwischen einfallsreichen Gaumenfreuden und Kost, die eher satt machen, weniger erfreuen soll; die Sanitäranlagen reichen von primitiven Gemeinschaftsanlagen bis zu Einzelzellen mit fließender Wasserspülung.

Die luxuriöse Chobe Game Lodge im Chobe-Nationalpark ist eines der exklusivsten und komfortabelsten Safariziele Afrikas.

Allgemein gesprochen ist der Service um so persönlicher, je kleiner die Lodge ist. Jede hat jedoch ihren eigenen, klar unterscheidbaren Stil und ihre ganz besonderen Attraktionen – diese fehlende Uniformität gehört mit zum kollektiven Reiz dieser Orte: So kann etwa die Lage des Camps ungewöhnlich schön sein. Die meisten von Botswanas Unterkünften für Touristen, besonders die im nördlichen Sumpfland, wurden geschickt angelegt, in einsamer, aber reizvoller Umgebung. Die Gegend ist vielleicht bekannt für Fisch- und Vogelreichtum oder die gute Gelegenheit zur Wildtierbeobachtung. Oder ihre Umwelt ist vielgestaltig und bietet eine große, faszinierende Vielfalt von Tieren, Vögeln und Pflanzen. Eine relativ neue Erscheinung in Botswana ist das größere, anspruchsvollere Wildnis-Gasthaus, das irgendwo zwischen einer Safarilodge und einem Landhotel/Hotelkomplex der oberen Preisklasse liegt. Diese Art von Unternehmen ist jedoch noch immer eine Seltenheit; die meisten Safariunterkünfte bleiben in ihrer Größe bescheiden, mit anspruchslosem Charakter.

Der Umgangston im Camp ist lässig und unkompliziert. Einen Großteil des Tages, mit Ausnahme der heißesten Stunden, verbringt man damit, in Begleitung eines professionellen Führers, der sich im Busch auskennt und viel über die Wildtiere weiß, die Wildnis zu erkunden. Im Gelände bewegt man sich entweder zu Fuß oder, was üblicher ist, in einem offenen Wagen, gewöhnlich mit Allradantrieb, oder vielleicht auf beide Arten. In der Deltaregion sind der

BOTSWANA IM ÜBERBLICK

Einbaum oder *mokoro* und der Ponton die bevorzugten und manchmal die einzig möglichen Transportmittel. Ein oder zwei Camps bieten Rundflüge im Hubschrauber an. Ins Lager zurückgekehrt (nach einer dringend benötigten Dusche oder einem erfrischenden Bad im Pool) treffen sich die Gäste zum Drink, der in jener magischen Stunde eingenommen wird, wenn die Sonne langsam am Horizont versinkt und goldenes Licht verbreitet, bevor es mit dem traditionellen Essen vom Grill weitergeht. Vor Ort ist dies als *braaivleis* (oder einfach *braai*) bekannt, eine gesellige Angelegenheit mit schmackhaftem Essen (während der Jagdsaison unweigerlich mit frischem Wild), ebenso guter Laune und angeregter Unterhaltung.

Nahezu alle Lodges sind mit kommerziellen Safariunternehmen verbunden, einige gehören ihnen und werden von ihnen betrieben. Obwohl man sich auch unabhängig auf die Reise durch eine Region machen kann, sollte man berücksichtigen, daß die Reisebedingungen und der Zugang schwierig sein können und daß es weit weniger anstrengend, oft billiger und im allgemeinen lohnender ist, das Geld in eine organisierte Exkursion zu investieren. Der Safarileiter kennt sich in der Gegend bestens aus, sorgt für ausreichenden Grad an persönlichem Service und dafür, daß man soviel wie möglich vom Urlaub im Busch hat. Überdies schließen Pauschalreisen den Besuch von mehr als einer Lodge ein, manchmal mehrere Regionen und bieten so die landschaftliche Abwechslung, die man allein kaum findet.

Ferienreisende, die am Ufer des Chobe River vom Dach ihres allradgetriebenen Safariwagens aus eine große Herde von Kaffernbüffeln beobachten.

Hubschrauber sind die neueste Errungenschaft für Wildtiersafaris in Botswana.

Mobile Safari

Eine Reihe von Veranstaltern leiten mobile Safaris, die, wie schon der Name sagt, organisierte Touren für Gruppen mit Führer durch die Wildnis bieten – zu Fuß oder im Geländewagen, im Boot, zu Pferd oder mit einem anderen Fortbewegungsmittel (einschließlich Elefanten in einem Fall). Viele der Touren befriedigen besondere Interessen – für Vogelfreunde, Hobbyfotografen, Amateurbotaniker, Sportangler usw. Man kampiert draußen im Busch oder auf einem öffentlichen Parkcampingplatz oder übernachtet in einer der verstreut liegenden festen Unterkünfte.

Im allgemeinen ist diese Art von Expedition billiger als die ortsgebundene Lodge-Safari, obwohl die Kosten von einer zur anderen sehr unterschiedlich ausfallen: In einem Extrem gibt es Gruppenleiter, die ihre Gäste verhätscheln, im anderen Fall wird von den Teilnehmern erwartet, sich mühsam durchzuschlagen und selbst beim Saubermachen der Unterkunft mitzuhelfen.

Tierbeobachtung

Das Abenteuer in der unbekannten Wildnis von Botswana wird sich zweifellos als belebende Erfahrung erweisen, aber beim ersten Aufenthalt in dieser Region wird der Besucher eine fremde, vielleicht verwirrende Welt betreten, so daß einige vorbereitende Stichworte hilfreich sein mögen, besonders für ungebundene Einzelreisende (Teilnehmer von Gruppensafaris werden instruiert, was zu beachten ist, sie werden im allgemeinen von ihren Betreuern auch sehr gut versorgt).

Man sollte immer daran denken, daß die Parks und Reservate zum Schutz der Wildnis eingerichtet wurden, womit alle Formen des Lebens gemeint sind – Tiere, Vögel, Reptilien, Fische, Insekten, Bäume, Sträucher, Gräser. Hier in der Wildnis von Botswana ist der Besucher der Eindringling, und sein Aufenthalt dort ist ein ganz besonderes Privileg. Er darf die Landschaft nicht mit Abfall verschmutzen und muß sich stets an markierte Wege und Pfade halten.

Botswana im Überblick

Bevor man nach Botswana aufbricht, sollte man sich etwas über das Verhalten und den Lebensraum der Wildtiere informieren und sich einen guten Führer besorgen. Elefant, Löwe, Büffel, Flußpferd, Krokodil, Zebra, Gnu, Oryx-Antilope, Schreiseeadler, Geier – jedes Tier hat sein eigenes bevorzugtes Gebiet und seinen ganz bestimmten Tagesablauf.

Die beste Zeit zur Wildtierbeobachtung ist die Trockenzeit – im Winter (Mai bis August) und in den heißen Frühlingsmonaten September und Oktober, wenn die Tiere sich an Flüssen, Tümpeln und Wasserlöchern versammeln. Nach Sonnenuntergang sind die Chancen, Löwen zu beobachten, größer als zu anderen Zeiten. Ein gut gewählter Beobachtungsposten ist meist lohnender als eine Erkundungstour, was man bedenken sollte, wenn man den Chobe-Park besuchen will. Im Sommer neigt das meiste Wild dazu, während der Tageshitze zu ruhen (wie die Mehrzahl der Besucher). Die empfohlenen Zeiten für Touren sind daher der frühe Morgen (bei oder kurz nach der Dämmerung) und der späte Nachmittag. Elefanten sind in den heißeren Stunden jedoch hellwach und tummeln sich am Fluß im Wasser.

Großen Wildtieren sollte man sich mit Vorsicht nähern, keine unnötige Bewegung oder Lärm machen und darauf vorbereitet sein, sich bei Anzeichen von Gefahr zurückzuziehen, wenn zum Beispiel ein Elefant einem den Kopf zuwendet und mit den Ohren wedelt. Nach Möglichkeit sollte man sich im Windschatten der „Beute" halten und daran denken, daß jedes Wildtier gefährlich werden kann, wenn es aufgeschreckt, geärgert oder in die Enge getrieben wird. Unter keinen Umständen sollte man einem Tier den Rückzug abschneiden. Im nördlichen Sumpfland können beispielsweise Flußpferde besonders gefährlich werden, wenn ihnen der Fluchtweg ins Wasser versperrt ist.

Wenn man die Wahl des Fahrzeugs hat, so ist ein Minibus für die Safari ideal. Weite Gebiete von Botswanas Wildnis sind jedoch zu uneben und zu unerschlossen, um für andere Fahrzeuge als einen Geländewagen zu taugen. Auf Familien- oder Gruppenreisen sollte man mehrere Ferngläser mitnehmen, um nicht wirklich Besonderes in Sichtweite wegen fehlender Ausrüstung zu verpassen. Man sollte sicherstellen, daß Kamerataschen gut gepolstert und staubdicht sind, einen ausreichenden Vorrat an Filmen mitnehmen, daran denken, daß das Licht am frühen Morgen und frühen Abend am besten ist, nicht in dem Hitzedunst in den Stunden dazwischen.

Vorbereitungen

Ungezwungen reisen: Niemand in Botswana putzt sich heraus, am allerwenigsten auf einer Safari; Hauptsache, bequem und praktisch, selbst in den vornehmsten und anspruchsvollsten Lodges. T-Shirts und Shorts (für Männer) und Shirts/Blusen und Röcke/Shorts (für Frauen) sind die Alltagskleidung, eine gute Alternative sind Jeans und strapazierfähige Hosen. In den Wildtiergebieten helle Farben und Weiß vermeiden – sie fallen auf und ziehen, wie es heißt, die inzwischen weitgehend ausgerottete Tsetse-Fliege an, eine lästige kleine Kreatur, deren Stich einerseits schmerzhaft ist und andererseits die Schlafkrankheit übertragen kann (sie ist heute leicht heilbar, aber doch etwas, was man sich ersparen sollte). Neutrale Farbtöne – Khaki, Dunkelgrün und Braun – sind für Exkursionen durch die Kalahari, die Okawango-Sümpfe und das Buschland am besten geeignet. Zum Wandern, das im Delta zur Routine gehört (die Inseln sind natürlich mit Autos nicht befahrbar, man gelangt mit dem *mokoro* oder einem anderen Fahrzeug zu ihnen und erkundet sie zu Fuß) und, in geringerem Umfang, auch in der Chobe-Region, benötigt man ein Paar strapazierfähige, eingelaufene Schuhe, vorzugsweise

Besucher der Reservate sollten sich Großwild immer mit größter Vorsicht nähern – und auf Warnsignale wütender Tiere achten!

Botswana im Überblick

Halbstiefel zum Schutz gegen Schrammen, Stacheln und Bisse. Im Lager trägt man gewöhnlich normale Schuhe, Sandalen oder auch Segeltuchschuhe.

Sonnenhüte sollten sowohl den Nacken als auch das Gesicht beschatten. Die Winternächte in Botswana sind kühl und oft sogar kalt – es gibt keine Wolken, die die Hitze des Tages zurückhalten könnten –, deshalb einen warmen Pullover, Trainingsanzug oder Anorak und einen leichteren Wollpullover für Morgen- und Abenddämmerung einpacken. Weitere erforderliche Reise-Utensilien sind ein Badeanzug, Toilettenartikel, darunter eine gute schmutzabweisende Haut- und Lippencreme, eine gute Sonnenbrille, Insektenschutzmittel und frische Batterien für den Fotoapparat.

Ausweispapiere sollte man stets mit sich führen – und den Führerschein, wenn man mit dem Auto fährt. Ausländische Führerscheine sind in Botswana ein halbes Jahr gültig, vorausgesetzt, sie sind in Englisch ausgestellt oder mit einer beglaubigten Übersetzung versehen, andernfalls sollte man sich einen internationalen Führerschein besorgen (das ist einfach und preiswert). Man benötigt auch eine Haftpflichtversicherung, die bei der Einreise erworben werden kann.

Auf offenen, asphaltierten Straßen gilt eine generelle Geschwindigkeitsbegrenzung von 120 km/h. Wer die Kalahari-Region erkundet und die Haupt-Landstraße verläßt, sollte eine Nachricht über sein Ziel und seine mutmaßliche Ankunftszeit hinterlassen und reichlich Ersatzteile, Benzinvorrat und jede Menge Wasser mitnehmen.

Gesundheits- und andere Risiken

Malaria ist ein potentielles Risiko, besonders während der Sommermonate im nördlichen Sumpfland, im Delta und rund um den Linyanti-Chobe River. In einigen Gebieten sind die Stechmücken mittlerweile gegen die gängigen Medikamente immun geworden. Vor der Abreise sollte man eine Malaria-Prophylaxe machen, die Tabletten sind rezeptfrei in allen Apotheken im Süden Afrikas erhältlich. Sagen Sie dem Apotheker, welche Region Sie genau besuchen wollen.

Ein geringeres und leichter zu meidendes Risiko ist die Bilharziose oder Schistosomiasis, eine schwächende Parasitenkrankheit, die von einem im Wasser lebenden Wurm verursacht wird, der im Delta und den Flüssen des Nordens lebt. Der Übertragungszyklus ist kompliziert und für Naturforscher interessant: Nachdem sie sich in einer Wasserschnecke zur Larve entwickelt hat, kann der Bilharzia-Saugwurm die Haut eines Badenden durchbohren und später Blase, Leber und Nieren angreifen. Die Eier verlassen dann mit den Ausscheidungen den menschlichen Körper, schlüpfen aber nur, wenn sie in frisches Wasser gelangen, wo die Larven umherschwimmen, bis sie eine neue Schnecke als Wirt finden. Wenn die Krankheit erst einmal diagnostiziert ist – was ziemlich schwierig sein kann, da die Symptome meist relativ vage sind –, ist sie leicht mit Medikamenten zu behandeln. Man sollte daher in der Wildnis auf der Hut sein, nicht in stehenden Gewässern (an Uferbänken und Buchten, Lagunen und Wehren) schwimmen oder mit dem Wasser in Berührung kommen, wenn nicht unzweifelhaft feststeht, daß es bilharziafrei ist.

Die Wildtierbeobachtung vom Wasser aus ist eine der reizvollen Möglichkeiten, die sich dem Besucher in Botswana bieten. Hier wagt sich eine Gruppe aus dem Chobe Chilwero Camp in die Nähe einer Flußpferdherde im Chobe River.

Botswana ist mit jeder Menge Gewürm und Kleintieren gesegnet, von denen einige empfindlich beißen oder stechen können. Der südliche Subkontinent ist die Heimat von etwa 115 Schlangenarten, von denen etwa ein Viertel für den Menschen gefährlich sind (wenn auch selten tödlich). Das Gift kann hämotoxisch (schädigt die Blutgefäße), neurotoxisch (schädigt das Nervensystem) oder zytotoxisch sein (schädigt die Körperzellen). Schlangen sind jedoch scheue Kreaturen und beißen nur zu, wenn sie plötzlich gestört oder gereizt werden. Zu den bemerkenswerteren Arten der Giftzähner gehören die Mambas, Kobras und Ottern. Zu den Furchenzähner-Arten zählen die Boomslang und die Vogelschlange, beide sind hochgiftig. Aber weil ihre Fangzähne zu ungünstig angeordnet sind, um einen festen Zubiß zu ermöglichen, verursachen sie sehr selten ernsthafte Verletzungen. Gegengift (das nur im Notfall verwendet werden darf) ist in Botswana fast überall erhältlich; eine Ausrüstung gegen Schlangenbisse kann man auch in Apotheken erwerben.

Über 5000 Spinnen- und Skorpionarten (beide werden zur Klasse der Arachniden gerechnet) gibt es im südlichen Afrika, einen Gutteil davon in Botswana. Viele der Spinnen beißen, wenn sie gereizt werden, aber nur wenige sind wirklich gefährlich. Die bedeutendste Ausnahme ist Latrodectus, eine Schwarze-Witwen-Art. Jede Art von Skorpiongift wirkt toxisch auf das Nervensystem, das ist schmerzhaft, aber im südlichen Afrika normalerweise nicht tödlich. Die meisten der über 175 Arten kommen in den heißen, trockenen Regionen vor – der namibischen Wüste und dem Kalahari-Buschland von Botswana.

Schließlich sollte man sich in den nördlichen Buschgebieten vor einer kleinen, roten Zecke mit festem Rücken hüten. Diese kleinen Parasiten – nicht zu verwechseln mit der viel größeren Hunde- oder Schafzecke – können unter Umständen das typhusartige Zeckenfieber übertragen. Die Symptome sind denen der Malaria sehr ähnlich, aber mit dem zusätzlichen Nachteil über Nacken- und Kopfschmerzen. Wenn man dieses Tier auf der Haut entdeckt, sollte man es nicht herausziehen oder abstreifen (der Kopf bleibt sonst stecken), sondern lieber mit Salbe oder etwas anderem ersticken. Zeckenfieber ist heilbar und hat, obwohl es unangenehm ist, für gewöhnlich keine bleibenden Folgen (kann in seltenen, schwerer verlaufenden Fällen jedoch zu Herzschäden führen).

Das Okawango-Delta

Der Okawango River entspringt im fernen Hochland von Angola, von wo aus er sich auf die 1600 km lange Reise südostwärts macht, durch den Caprivi-Zipfel in Namibia

Botswana im Überblick

Die Tierbeobachtung vom offenen Geländewagen aus erlaubt es, nahe an die Tiere heranzukommen, besonders in privaten Konzessionsgebieten wie diesem im Besitz der Okavango Wilderness Safaris im Mombo-Camp-Gebiet. Hier dürfen sich die Fahrer abseits der Straßen wagen, was den Besuchern der Reservate und Nationalparks verwehrt ist.

nach Botswana hineinfließt, wo er sich in eine Reihe kleinerer Wasserläufe teilt. Diese Flußbänder bahnen sich ihren Weg durch die ungeheuere Weite der Kalahari und teilen sich wiederum in Myriaden von Kanälen auf, so daß der ganze Komplex ein riesiges, wunderbar üppiges Delta mit fruchtbarem Schwemmland und Uferwäldern, Schilf und Papyrusfeldern bildet, Altarme, Lagunen und ein verzweigtes Netz von Wasserwegen, das über tausend bewaldete Inseln umschließt.

Die meisten davon sind klein, viele nicht mehr als riesige, von Termiten (fälschlich auch „weiße Ameisen" genannt) geschaffene Erdwälle, die gerade ausgedehnt genug sind, um eine Schicht von Unterholz und einige Palmen zu tragen. Andere sind ausgedehnte, dicht bewachsene Flächen trockenen Landes, das einer Vielzahl von Tieren und Vögeln Lebensraum bietet. Die größte Insel ist die 100 km lange Chief's Island, die an ihrer breitesten Stelle 15 km mißt und von zwei Hauptflüssen des Deltas flankiert wird, dem Boro und dem Santantadibe, die beide in den Thamalakane münden, der in guten Jahren durch die Stadt Maun fließt. Chief's Island ist eine der Hauptattraktionen des Moremi-Wildreservats, das im Naturschutzplan doch seinen eigenen Platz einnimmt, obwohl es teilweise zur Deltaregion gehört.

Das Wasser in den flachen, labyrinthischen Kanälen des Deltas fließt langsam und bewegt sich so träge, daß kein Bodensatz seine Klarheit trübt, obwohl der Verlauf der Wasserwege durch dichtwachsenden Papyrus und Schilf, Riedgras und die schwimmenden Teppiche der duftenden Seerosen oft schwer zu erkennen ist.

Entstehung. Dieses reizvolle Sumpfland, das sich bei Hochwasser über 15 000 km^2 erstreckt, ist das Produkt einer früheren vulkanischen Verschiebung oder vielmehr einer Reihe von Verschiebungen der Erdkruste, die den ursprünglichen Lauf des Flusses veränderten und seine Ausläufer in der durstigen Wüste versickern ließen.

Die Geophysik der Gegend ist kompliziert, aber im wesentlichen ist der Boden des großen, konisch geformten Beckens, das den Strom aufnimmt, eine Erweiterung des Great Rift Valley, der riesigen, etwa 6400 km langen Spalte in der afrikanischen Hochebene, die sich von Syrien und dem Toten Meer südwärts durch Äthiopien und Ostafrika bis nördlich des Sambesi erstreckt. Dieser Grabenbruch tritt in Kenia am eindrucksvollsten in Erscheinung, wo seine Wände 900 m steil abfallen und eine Schlucht von atemberaubender Schönheit bilden. Der Nebenbruch, den der Okawango begleitet und sich dabei ausbreitet, ist eine bescheidenere und jüngere Erscheinung (tatsächlich setzt der geologische Prozeß sich noch immer fort, was periodisch größere Veränderungen im Muster der Wasserverteilung verursacht). Hier wurde die Verwerfung über die Jahrtausende von herangewehtem Sand und anderen Sedimenten aufgefüllt, die der Fluß von Angola herabbringt.

Die jährlichen Überschwemmungen des Deltas sind eher harmlos als aufsehenerregend. Die Regenzeit in Angola beginnt normalerweise im November, dann schwillt der Fluß allmählich an, bis er im Februar oder März seinen Höhepunkt erreicht, über die Ufer tritt und über einen Zeitraum von mehreren Monaten das geringfügig tiefer liegende Schwemmland bedeckt. Seine südlichste Ausdehnung bei Maun erreicht das Wasser Mitte des Jahres oder später.

Im äußersten Nordwesten liegt der sogenannte „Pfannenstiel", der vergleichsweise enge, 100 km lange Hauptkanal, und das Schwemmland des Okawango, bevor er sich in mehrere Arme teilt. Hier bietet der Fluß, der frisch aus dem Hochland kommt und noch reich an Nährstoffen ist, einer Fülle von Fischen Nahrungsgrundlage und zieht dadurch viele Wasservögel an. Der „Pfannenstiel" und der nordwestliche Abschnitt des eigentlichen Deltas sind eine ständig wasserführende Gegend mit tiefen Kanälen und weiten Lagunen, die man in einigen Teilen vorzugsweise mit dem Boot erkunden kann.

Tierwelt im Okawango-Delta. Ein Großteil der Deltaregion kann nicht als erstklas-

Botswana im Überblick

siges Safariland gelten. Trotz der üppigen Vegetation sind die Böden sandig und bieten die meiste Zeit nur karge Weiden. Überdies haben viele Wildtiere unter dem Eindringen und den Plünderungen von Menschen gelitten, die Wanderung der Tiere der Ebene wird von Veterinärkordons und ähnlichem verhindert (*Seite 50–51*).

Noch gibt es Flußpferde und Krokodile (obwohl vor allem erstere stark bedroht sind, da sie zum einen wegen ihres Fleisches gejagt werden und weil diese Tiere als Gefahr für den Wasserverkehr angesehen wurden), und in Richtung Nordosten sind reichlich Büffel und Elefanten zu sehen, an das Leben am Wasser angepaßte Antilopen wie Litschi-Wasserbock und Sitatunga und eine Vielzahl kleinerer Tiere. Herden von weidenden Tieren bahnen sich ihren Weg durch das trockenere Grasland des unteren Deltas, das nur gelegentlich, von September bis Juni, überschwemmt wird, und wandern in das Hauptschwemmland, wenn sich das Wasser zurückzieht.

Die eigentümlichste Art im reichen Wildleben des Deltas ist wahrscheinlich der Litschi-Wasserbock, ein in Herden, halb im Wasser lebender Verwandter des Wasserbocks, den man oft in Gruppen von etwa 20 Tieren sieht, die mitunter aber auch Ansammlungen von bis zu 1000 Tieren bilden – oder in früheren Zeiten bildeten, bevor der Zangenangriff der Jäger und Viehzüchter begann. Die Antilope mit einer Schulterhöhe von über 1 m verbringt einen Großteil ihres Lebens entweder am trockenen Ufer (in der Hitze des Tages) oder weidet das Gras des Sumpflands und die Wasserpflanzen der Untiefen ab. Sie zieht sich in tieferes Wasser zurück, wenn sie gestört oder bedroht wird (das an Land schwerfällige Tier ist ein kraftvoller, anmutiger Schwimmer). Das Tier hat weiches, kastanienrotes Fell, einen weißen Bauch, weiße Kehle und Gesichtsmarkierungen und sehr breite, dunkle Linien, die sich vorne an seinen Vorderläufen herabziehen. Seine Hufe sind langgezogen – eine Anpassung an das Sumpfgelände, das seinen überwiegenden Lebensraum darstellt. Die Männchen des Litschi-Wasserbocks haben geschwungene Hörner, die sie auf der Wanderung zurück auf die Schultern legen, wobei das Maul geradeaus zeigt – auch dies eine Anpassung, die dazu dient, ihnen den Weg durch das dichte Schilf zu erleichtern.

Die Sitatunga ähnelt ihm in mancher Hinsicht – auch sie ist für Nahrung und Schutz vom Wasser abhängig und ist eines der wenigen Tiere, das von Papyrus lebt –, ist jedoch etwas kleiner und wird von einem zottigen, dichten Haarkleid bedeckt, das um den Nacken und an der Schwanzspitze am dicksten ist. Auch hier haben nur die Männchen Hörner, die nach hinten und außen gewunden sind und bei einigen Unterarten fast 1 m lang werden. Sitatungas sind gelblichbraun mit weißen Flecken, die denen des gemeinen Buschbocks ähneln. Wie der Litschi-Wasserbock hat diese Antilope bis zu 20 cm lange Spreizhufe, die sie befähigen, sich leicht über den sumpfigen Boden zu bewegen. Die Sitatunga ist ein scheues Tier, das sich zwischen dem Papyrus und Schilf des schwer zugänglichen Nordens des Deltas verbirgt und sich nur nachts auf offenes Gelände hinauswagt. Sie ist auch ein hervorragender Schwimmer und geht, wenn sie aufgeschreckt wird, häufig ins Wasser und taucht unter, bis nur noch die Spitze ihrer Schnauze aus dem Wasser ragt.

Die Vogelwelt des Deltas entfaltet sich in und um den „Pfannenstiel" im Norden und im Moremi-Reservat im Nordosten in ihrem ganzen Reichtum, obwohl das auch in diesen Gegenden und während der besten Zeit – von Oktober bis Februar – dem flüchtigen Betrachter nicht unmittelbar ins Auge fällt. Man braucht Geduld, Geschick und nicht wenig Glück, um eine repräsentative Auswahl der Arten zu Gesicht zu bekommen, die in dieser weiten, wasserführenden Wildnis leben. Über 500 Arten sind bekannt, unter ihnen Braunkehlreiher, Klunkerkranich, die Bindenfischeule, der Sumpfcistensänger und Hartlaubdrossling, Kupferschwanz-Spornkuckuck, Ibis, Löffelreiher, Schlangenhalsvogel, Rohrdommel, Marabu, Wildente, Gans und Reiher. Einige Arten sind im ganzen Sumpfgebiet ein vertrauter Anblick: Der Karminspint sowie Eisvögel leuchten hell zwischen dem Schilf hervor, die langzehigen Blatthühner (das Afrikanische wie das Zwergblatthühnchen) stolzieren mit weißen Füßen einher.

Dann gibt es natürlich noch den afrikanischen Schreiseeadler, den König der Vögel und vermutlich meistfotografierten Bewohner des Deltas. Dieser große Raubvogel hat eine Flügelspannweite von 2,40 m und ist an seinem schwarzweißen und kastanienbraunen Gefieder und seiner Jagdart unschwer zu erkennen, wie er in engem Winkel herabstößt, über der Wasseroberfläche schwebt und aus dem Flug heraus seine Beute – einen lebenden Fisch – mit den mächtigen Fängen packt und zu seinem Horst trägt. Dieses dramatische Bild sowie der seltsam klagende Ruf des Vogels (Waukayau-Kwau) trägt zu seiner Berühmtheit

Die scheue Sitatunga-Antilope bekommt man nur selten zu Gesicht.

Der Glockenreiher, Egretta arclesiaca, *ist ähnlich dem Braunkehlreiher eine der „Spezialitäten" des Okawango und Hauptattraktion für Vogelnarren.*

Botswana im Überblick

und seinem häufigen Auftritt in Tierfilmen bei. Den unverwechselbaren Ruf, der an das wilde, unberührte Afrika der romantischen Phantasie erinnert, hört man am häufigsten bei Sonnenaufgang und im Flug.

Trotz seines Rufs ist der Schreiseeadler kein reines Raubtier, führt kein dementsprechend aktives Leben und neigt eher zur Seßhaftigkeit. In fruchtbaren Gebieten verbringt er sehr wenig Zeit mit der reinen Nahrungssuche (nur 8 Minuten am Tag, wie eine Untersuchung in Kenia ergab) und entfernt sich nicht von seinem gewählten, sehr begrenzten Revier – so kann ein Paar tatsächlich sein ganzes Leben in einem kleinen Stück Sumpfland verbringen. In Notzeiten, wenn das Nahrungsangebot knapp ist, beraubt der Adler – der in ganz Süd-, Mittel- und Ostafrika weit verbreitet ist – Reiher und Kormorane ihrer Beute, stiehlt ihre Eier und tötet ihre Küken, jagt gelegentlich andere Wasservögel, frißt Frösche, Insekten und kleinere Landtiere, vom Klippschliefer bis zum Bindenwaran und Affen, und stürzt sich sogar auf Abfälle.

Die faszinierende Tierwelt des Deltas ist aber nur einer der Faktoren, die die Region zu einem Paradies für Fotografen und Naturforscher, Fischer und Liebhaber von Stille und Einsamkeit machen. Das brütende Schweigen der Wasserwege, die dichten, geheimnisvollen Papyrusstreifen, das leise Rascheln des *mokoro*, wie es sich seinen Weg durch das Schilf bahnt, der Duft der Seerosen, die feuchte Hitze des Tages, die Kühle des Abends und die prächtigen Sonnenuntergänge – all dies zusammen mit Tieren und Vögeln verbindet sich zu einer umfassenden Erfahrung, einem Eindruck, der einem noch lange in Erinnerung bleibt, wenn man dieses bezaubernde Land bereits verlassen hat.

Im Delta unterwegs. Obwohl die Sümpfe kartographiert wurden, ist das Netz der Kanäle so verworren, von der Vegetation so stark überwuchert und tatsächlich so unbeständig (die Topographie wird unter anderem vom Ausmaß und der Art der Überschwemmungen beeinflußt), daß nur diejenigen, die seit langem mit ihrem Gewirr vertraut sind, sich tatsächlich sicher zurechtfinden. Einige Abschnitte des Deltas, insbesondere rund um Maun und am oder nahe den Rändern des Sumpflands, sind mit Allradantrieb befahrbar, aber der Besucher tut gut daran, seine Reise bei einer der vielen Safarifirmen zu buchen, die es in der Region gibt. Wie gesagt, sind diese Anbieter mit dem Gelände vertraut, erledigen alles Nötige und bieten eine Reihe attraktiver Dienstleistungen an: Reise und Unterbringung in Maun, Transport zur Lodge entweder mit dem Flugzeug, Auto oder Boot (oder allen dreien), Essen, Trinken und ein bequemes Bett, erfahrene Führer, die beim Wandern, Tierbeobachten, Fotografieren, Fischen und auf Touren zu den Sehenswürdigkeiten begleiten.

Im Delta gibt es verschiedene Fortbewegungsmittel, darunter das Motorboot (das von Umweltschützern zunehmend mißbilligt wird), das herkömmliche Kanu und das Flugzeug. Einige Lodges verwenden Pontons – große Schiffe mit zwei Decks, die ein Mittelding zwischen einer Aussichtsplattform und einem Hausboot darstellen, gemächlich auf dem Wasser dahintreiben und so den entspanntesten Ausflug bieten. Ein oder zwei Unternehmen bieten Touren zu Pferd an. Eine besonders aktive Firma (Ker & Downey) veranstaltet sehr beliebte Elefantensafaris: Reisegruppen von bis zu 10 Personen machen sich auf dem Rücken von Elefanten auf, gefolgt von einigen jugendlichen Dickhäutern im Schlepptau, die Wildnis des Graslands und die vielen Inseln des Schwemmlands zu erkunden. Die Tour dauert fünf Tage. Die Gruppe übernachtet in einem bequemen Zeltlager oder in einer oder zwei festen Hütten. Einige der Elefanten – der älteste heißt Abu – gehörten einem amerikanischen Zirkus, bis sie der Autor und Naturforscher Randall Moore in ihre alte Heimat zurückbrachte und geduldig trainierte, Passagiere durch die sonnenbeschienene Weite zu tragen. Trotz ihrer Zirkuserziehung gehören sie doch von Natur aus in den afrikanischen Busch, in dem sie sich überraschend sicher und entsprechend ruhig bewegen.

Die gängigste und zweifellos umweltfreundlichste Weise, sich dieses zauberhafte Land anzusehen, bietet der *mokoro* (Plural: *mekoro*), der traditionelle Einbaum. Schnell, leise, unaufdringlich gleitet das Boot über die Oberfläche und vermittelt dem Gast eine unmittelbare Erfahrung des ursprünglichen Afrika.

Auf den Wasserwegen. Den traditionellen *mokoro* steuert ein Einheimischer, der fast immer zum Bayei- oder zum Hambukushu-Stamm gehört, mit bemerkenswertem Geschick über das Wasser.

Keines dieser Völker ist durch enge historische Beziehungen mit den Tswana verbunden, beide stammen ursprünglich aus den Gebieten im Norden, jenseits des Linyanti-Chobe. Im 18. Jahrhundert zogen sie südwärts, um der Unterdrückung durch die Lozi des weiten Schwemmlands von Barotseland im Westen des heutigen Sam-

Drotsky's Cabins bei Shakawe im Okawango-Pfannenstiel bieten zweitägige Exkursionen ins Delta in speziell ausgerüsteten Leisureliner-Hausbooten an.

Für viele Vogelfreunde ist der Anblick der Bindenfischeule das höchste. Lothar und Milla Svoboda, die Betreiber von Shindi Island Camp, machen es ihnen mit ihrem zahmen Vogel leicht, einem von mehreren, die von dem Naturforscher Tim Liversedge aus Maun zu Studienzwecken gezüchtet wurden.

bia zu entkommen. Die Bayei kamen als erste an und ließen sich um 1750 im Deltagebiet südlich bis zum Ngami-See nieder. Sie waren wie die ihnen folgenden Hambukushu (diese in geringerem Ausmaß) Flußanrainer und eher Bauern als Viehzüchter, die während der Überschwemmungen Flußpflanzen aufspeicherten, das Schwemmland bestellten, wenn die Überschwemmungen zurückgingen, aber vor allem fischten und im Deltawasser Flußpferde jagten.

Die Bayei neigten dazu, in der Nähe der Untiefen zu bleiben. Ihren Fisch fingen sie mit verschiedenen Methoden, meistens aber mit Reusen aus Schilf und -körben. Die Hambukushu ihrerseits, von denen die meisten im Norden am „Pfannenstiel" leben, waren eher ein Tiefwasservolk, das die *mekoro* (oder *wato*, wie ihre Kanus heißen) nicht stakte, sondern paddelte und sich in seiner Ernährung mehr auf die Früchte des Bodens als auf die des Wassers verließ.

Viel von der alten Lebensweise hat sich über die Jahrhunderte gehalten, die Hambukushu-Gemeinschaften wurden durch Flüchtlinge – verwandte Völker – verstärkt, die während der Unruhen Ende der sechziger Jahre aus Angola herüberkamen. Viele der Neuankömmlinge trugen ihre traditionelle Tracht, zu der vor allem Perlen, Kupferspiralen und Messing, Fellröcke und lange Perücken aus zerfasertem wildem Si-

sal gehörten. Die alte Tracht wird noch immer bei feierlichen und besonderen Anlässen getragen; die Kinder fischen noch immer nach der althergebrachten Methode im Seichten, indem sie ihre Beute hinter einer Schlammauer einsperren; ihre Väter werfen ihre Netze noch immer in den tieferen, papyrusbestandenen Kanälen aus. Und die Trommeln, von denen die großen *ngoma* und die kürzeren *namangwita* heißen, werden noch immer unisono rund um die kleinen Hambukushu-Siedlungen mit ihren Schilfhütten geschlagen, um Gott (*Nyambi*) und die Geister der Ahnen günstig zu stimmen.

Camps und Lodges. Zu Beginn der neunziger Jahre wurde das Okawango-Gebiet von über 40 privaten Tourismusunternehmen erschlossen, und jedes Jahr kommen neue hinzu. Einige Camps bestehen aus einfachen Schilf-, Stangen- und Dachkonstruktionen, andere bestehen aus Mauern und Dachstroh, wieder andere bieten geräumige, luftige Safarizelte. Die meisten haben außerdem sanitäre Anlagen, einen Swimmingpool, Gemeinschaftsküche, Aufenthaltsräume, Aussichtsplattformen (die oft auch als Bar genutzt werden) und Strom aus Solarenergie.

Die herkömmlichen Unterkunftsmöglichkeiten beschränken sich derzeit noch auf das Gebiet von Maun im Süden (*Seite 17*),

wo Riley's Hotel die Gäste willkommen heißt, die unterwegs in Richtung Norden zum Moremi-Reservat oder der abgelegeneren Deltaregion sind. Riley's ist so etwas wie eine Institution in Botswana, die in der rauhen Safariwelt seit Generationen bestens bekannt ist. Nicht allzuweit entfernt am waldreichen Ufer des Thamalakane River liegen Sitatunga Lodge, ein angenehm schattiger, einfacher Campingplatz mit gepflegten Einzelunterkünften und waldiger Umgebung, und das seit langem bestehende, reizvolle Crocodile Camp auf der anderen Seite von Maun, das für sein gutes Essen und den geselligen Pub weithin bekannt ist. Die Camps im Nordwesten des Deltas – die Region ständigen Wassers und des „Pfannenstiels" (der enge Hauptkanal und das Schwemmland des Okawango, der aus dem Caprivi-Zipfel kommt) – bietet mehrere verlockende Camps, die sich meist, aber nicht ausschließlich, auf Angelsafaris spezialisiert haben. In den nach dem Besitzer benannten Drotsky's Cabins kann man ein Kanu, Motorboot oder Einfamilien-Hausboot mieten und zu einer nächtlichen Tour aufbrechen (eine erfrischende Erfahrung) oder eine Führung zu den Tsodilo Hills mitmachen (*Seite 18*). Die anderen Treffpunkte der Region bieten ähnliche Attraktionen. Eine der reizvollsten ist Shindi Camp, das auf seiner eigenen Zauberinsel liegt und für seine hervorragenden Fischgründe und seine noch besseren Möglichkeiten zur Vogelbeobachtung bekannt ist.

Zu erwähnen sind auch Xaro Lodge, ein luxuriöses Zeltlager, das für Sportfischer ideal geeignet ist, und Nxamaseri Lodge, ein Paradies für Angler und Vogelfreunde auf einer Insel mit riesigen Ebenholzbäumen. Die Aussicht über das seerosenbedeckte Wasser zu der dichtbewaldeten Insel und dem Uferwald vergißt man nicht so bald. Auch Shindi Camp besitzt seine eigene Insel (mit reicher Vogelwelt), ebenso wie Jedibe Island Camp, das einen ungewöhnlich prächtigen Schilf- und Strohdach-Komplex mit Eßzimmer, Bar und *boma* (einem Grillplatz im Freien) umfaßt.

Die meisten Lodges im zentralen, östlichen und nördlichen Delta liegen dicht an der Grenze des Moremi-Reservats.

Das Moremi-Reservat

Ein beträchtlicher Teil des nordöstlichen Okawango-Deltas wurde als das Moremi-

Botswana im Überblick

Das Netz befestigter Straßen breitet sich rasch über ganz Botswana aus, aber wenn man die ausgetretenen Pfade erst einmal verläßt, kommen Geländewagen-Enthusiasten auf zermürbenden Strecken und gelegentlich auch einem Mopane-Knüppeldamm voll auf ihre Kosten.

Reservat ausgewiesen, eine wundervolle, 2000 km² große Wildnis, die die Entschlossenheit der ansässigen Tswana und den Traum der Naturschützer Robert und June Kay bezeugt.

In den fünfziger und frühen sechziger Jahren wuchs bei Umweltschützern, den Behörden und Dorfbewohnern die Sorge über das Schwinden der kostbaren Reichtümer der Region. Der Wildtierbestand nahm rapide ab, wurde ein Opfer der Tswana-Jäger, die seit Jahrzehnten an einen unerschöpflichen Frischfleischvorrat gewöhnt waren, und der tödlicheren „weißen" Berufsjäger, überwiegend Safarigruppen aus Ostafrika, die auf der Suche nach neuen Jagdgründen waren.

Von den Kayes ermutigt, beschlossen die Tswana, einen Teil ihres Stammesgebiets in ein offizielles Schutzgebiet umzuwandeln – auch wenn damit für manche Familien eine Umsiedlung von ihrem angestammten Land verbunden war.

Dies war ein mutiger, bahnbrechender Schritt. Der nach einem Stammeshäuptling benannte Moremi-Park ist das erste Wildreservat im südlichen Afrika, das von einem afrikanischen Gemeinwesen auf eigenem Grund eingerichtet wurde. Später wurde die riesige, schöne Wildnis von Chief's Island dem Reservat hinzugefügt. Bis vor kurzem waren die beiden Flächen die einzigen staatlich geschützten Gebiete im ganzen Okawango-Delta.

Moremi ist berühmt für die Vielfalt seiner Landschaft. Das Reservat erstreckt sich über Sumpf- und Trockenland und bildet so eine reizvolle Mischung verschiedener Bodenformen: Schwemmland und waldbewachsene Inseln, Seerosenlagune, dichte Papyrusfelder, die Würgerfeige mit ihren Drehwurzeln, riesige Fächerpalmen und das tiefgrüne Mopane-Waldland weichen im Osten und Norden (in Richtung des Chobe-Parks) den am Flußufer wachsenden Akazien und dem Buschland. Die meisten Sumpfinseln sind klein, aber einige erreichen eine ansehnliche Größe, eine dieser Inseln – Chief's Island – umfaßt ein riesiges Gebiet von Wald und Grasland, flankiert von zwei breiten Flüssen, dem Boro und dem Santantadibe.

Tierwelt. Das gesamte Reservat ist berühmt für die Menge und Fülle seiner Tier- und Vogelpopulationen. Glücklicherweise bleiben die Tiere weitgehend ungestört: Das Reservat ist nicht eingezäunt (obwohl in einiger Entfernung Veterinärstreifen errichtet wurden; *Seite 50*), und das Großwild – riesige Elefanten-, Büffel-, Zebra- und verschiedene Antilopenherden – wandert ungehindert zwischen dem Rand des Sumpfgeländes und den weiten Flächen des Chobe im Nordosten hin und her; am häufigsten sieht man Litschi-Wasserböcke, Kudus, Sassaby-Antilopen und besonders grazile Impalas zu Tausenden; weniger häufig sind der Riedbock, Buschbock und Wasserböcke; Paviane sind allgegenwärtig. Wegen des überreich vorhandenen Wilds fehlen auch die Raubtiere nicht: Löwe und Leopard, Gepard, Hyänenhund und kleinere Nachtjäger wie Serval, Karakal und die afrikanische Wildkatze.

Die Lagunen, deren Wasser Seerosenblätter und hellblaue (zu anderen Zeiten gelbe oder weiße) Blätter bedecken, werden belebt vom Gesang und bunten Anblick der Blatthühner und des Haubenbartvogels, von Drossling und Wiedehopf, vom Grau- und Zwerghaubenfischer, von Marabu, Reiher, Riedscharbe, Schlangenhalsvogel, Schreiseeadler, von der Weißbartseeschwalbe, dem afrikanischen Sattelstorch und dem afrikanischen Nimmersatt, dem Hagedasch und dem heiligen Ibis, von Regenpfeifer, Flußuferläufer, afrikanischem

Der winzige, juwelengleiche Zwerghaubenfischer ist eine von über 400 Vogelarten, die man im Moremi-Wildreservat und seiner Umgebung entdeckt hat.

Scherenschnabel, Höckerglanzente, Witwenpfeifente, Sporengans, Nil- und Zwerggans – alles in allem über 400 Vogelarten, von denen viele scheu sind und verborgen leben, während andere sehr leicht zu beobachten sind. Besonders erwähnenswert sind auch die Reiherkolonien in Xakanaxa, Gcobega und Gcodikwe, der Heimat von Rallen-, Mangrove-, Rotbauch-, Schwarzhals-, von Nacht-, Purpur- und Braunkehlreiher als besondere Attraktion sowie einer Vielzahl anderer seltener Wasservögel.

Unterwegs im Moremi-Park. Die trockeneren Monate von Mai bis November sind die besten – sowohl was das Wetter, die Wildtier- als auch die Vogelbeobachtung betrifft. Die Anreise stellt kein Problem dar: Man fliegt bis Maun, mietet einen Wagen mit Allradantrieb und fährt die 100 km lange Straße bis zum Südtor des Reservats (die Strecke ist meist sandig, aber normalerweise in gutem Zustand und wird gerade asphaltiert) oder fährt mit dem Auto über Francistown und Nata.

Das Straßennetz im Innern ist etwas beschränkt, aber für normale Touristenzwecke ausgedehnt genug. Den östlichen Abschnitt des Reservats durchqueren Pisten, die eine Art Dreieck zwischen Südtor, Nordtor und Third Bridge im Westen bilden. Auch diese Strecken sind sandig und vor allem in der Regenzeit eine Herausforderung! Man benötigt Allradantrieb, und selbst dann ist es schwierig, manchmal unmöglich, sie in Perioden heftigen Regens zu bewältigen.

Camps und Lodges Innerhalb der Grenzen des Moremi gibt es keine feste öffentliche Unterkunft – ein Mangel, der Teil einer gewollten Politik ist, die die Anwesenheit von Menschen beschränken soll, um das Gebiet so urtümlich wie möglich zu erhalten. An den beiden Eingängen, an der Third Bridge im Westen und bei Xakanaxa sind jedoch vier Campingplätze entstanden. Die Plätze sind ziemlich einfach, die Ausstattung bietet kaum mehr als Duschen und WC, und selbst diese erweisen sich oft dem Andrang in der besonders besucherstarken Ferienzeit nicht gewachsen.

In auffälligem Kontrast zur Ärmlichkeit der öffentlichen Einrichtungen steht jedoch der umgebende Ring privater Lodges und Camps außerhalb des Reservats. Zur Zeit der Niederschrift gab es etwa 20 davon, jede mit ihrem eigenen Charakter. Eine repräsentative Auswahl umfaßt:

Khwai River Lodge, eine der ältesten und reizvollsten der Region, ihre runden, gemauerten Hütten mit Strohdach unter einem prächtigen Baldachin von riesigen einheimischen Bäumen, blickt über das Schwemmland des Flusses. Elefanten und anderes Großwild, einschließlich des ansässigen Flußpferds, können bequem vom gepflegten Rasen der Lodge aus betrachtet werden. Sie ist eine der sechs Lodges im Delta- und Chobe-Gebiet, die jetzt zur Orient-Express-Mount-Nelson-Gruppe gehören. Essen, Bedienung und Einrichtung sind erwartungsgemäß überdurchschnittlich. Auf dem Gelände der Lodge und rundum bietet sich ausgiebige Gelegenheit zu interessanten Vogelbeobachtungen.

Camp Okavango und Camp Moremi: Diese beiden erstklassigen Etablissements sind ein Werk von Jessie Neil, einer Kalifornierin, deren guter Geschmack, Blick fürs Detail und tiefe Liebe zur Natur überall hervortreten (obwohl sie selbst nicht mehr hier lebt); die Küche ist erstklassig, die Bedienung aufmerksam, die Einrichtung elegant. Der Okawango schmiegt sich zwischen die Schakalbeer- und Wurstbäume einer Insel zwischen den immer Wasser führenden Lagunen und Kanälen des nördlichen Deltas. Das Wasser ist der Brennpunkt der Besucheraktivitäten (wie Ausflüge im *mokoro*, Wanderungen auf den Nachbarinseln und Angelexkursionen). In der Nähe von Camp Moremi liegt andererseits wildreiches Land. Löwen und Büffel sind häufig anzutreffen. Diese und viele andere Tiere sieht man auf geführten Ausfahrten in bestens instand gehaltenen Safarifahrzeugen. Auffälligster Bestandteil des Camps ist der Zentralkomplex mit den holzgezimmerten Speise-, Bar- und Foyerräumen, hoch oben über dem stillen Wasser der Xakanaxa-Lagune; untergebracht wird man in luxuriösen Zelten im ostafrikanischen Stil, Gäste werden im Boot bequem von einem Camp zum anderen gebracht.

Oddballs in der südwestlichen Ecke von Chief's Island ist eines der wenigen privaten Camps im Delta, das Gelegenheit zur Selbstverpflegung bietet und so eine relativ preiswerte Alternative zu den üblicheren Luxusunterkünften darstellt. Der ehemalige Treffpunkt der Rucksacktouristen (die nach der kräftigen Anhebung der Eintrittsgebühren für den Park um 600 Prozent 1989 nahezu spurlos von der Bildfläche verschwunden sind) wurde neu gestaltet, ist jedoch noch immer ein lässiger, lockerer Aufenthaltsort und durchaus als Ausgangsbasis für die Erkundung der Gewässer zu schätzen. Sein ziemlich merkwürdiger Name paßt in vielfacher Hinsicht: Oddballs zieht tatsächlich einige exzentrische, überlebensgroße Charaktere an.

Mombo Camp an der Nordspitze von Chief's Island ist bekannt für seine großen Huftierherden, seine Raubtiere (alle größeren) und für seine drei Rudel des bedrohten, überverleumdeten und in mancher Hinsicht schönen Kap-Hyänenhunds (oder Wildhunds). Der klassische Dokumentarfilm *Sisterhood* wurde im Camp gedreht. Diese Region hat Land und Wasser, und Mombo Camp bietet eine außergewöhnliche, allumfassende Erfahrung der Wildnis.

Xakanaxa Camp an der wunderschönen gleichnamigen Lagune hat sich mehr vom alten Afrika bewahrt als die meisten anderen: Seine Zelte im ostafrikanischen Stil, die nachts von Sturmlampen beleuchtet werden, stehen auf erhöhten Plattformen im Schatten riesiger, stattlicher Bäume. Im Frühling zieht das Wasser hier Brutkolonien von Störchen an.

Ebenfalls an der Lagune liegt Camp Okuti, eine kleine (14 Personen), bescheidene und angenehm schattige Hütte, wo man versucht, eine „spezifisch afrikanische Erfahrung" zu vermitteln. Okuti ist bekannt für die Herzlichkeit, mit der die Gäste allgemein empfangen und betreut werden.

San-ta-Wani Safari Lodge unweit des Südtors des Reservats ist umgeben von hohen Bäumen und Wildblumen (das Grundstück wird von einem blinden Gärtner liebevoll gepflegt). Das Gebiet ist wildreich, obwohl die Tiere – unter ihnen Elefanten und Kaffernbüffel – ziemlich ungebärdig sein sollen (in der Gegend sind Jäger un-

Von Selinda, einem der kleinsten Camps in Botswana, überblickt man den Selinda-Abfluß, wo das Wasser in manchen Jahren aus dem Linyanti in den Okawango fließt, während andere Abflüsse in umgekehrter Richtung fließen.

Botswana im Überblick

terwegs). Die Mahlzeiten werden meist in der schilfumzäunten *boma* eingenommen.

Delta Camp, das sich zwischen den Bäumen am Flußufer des Boro versteckt, ist eine der reizvollsten und ruhigsten Hütten. Die Eigentümer haben Motorboote aus ihrer Ecke des Sumpflands verbannt – Teil einer Privatinitiative gegen die Lärmbelästigung –, zugunsten des anmutigen *mokoro*, dessen Führer besonders erfahren und informiert sind. Sie nehmen den Gast mit auf ausgedehnte Erkundungstouren durch die Kanäle, machen bei Sonnenuntergang halt, stellen die Zelte auf, kochen ein erstaunlich einfallsreiches Lageressen und sitzen unter den Sternen und lassen die Gäste an ihrer Weisheit teilnehmen.

Xaxaba liegt mit mehreren anderen Camps genau im Süden von Chief's Island und ist besonders schön gelegen. Von seiner besten Seite zeigt es sich, wenn man sich mit einem Drink in der Hand entspannt, während die untergehende Sonne ihr weiches Licht über das Wasser wirft.

Xaxaba ist eines der beliebtesten Camps und bietet seinen Gästen Ausflüge im *mokoro* oder im Motorboot, Safari-Kreuzfahrten auf einem Ponton, Wanderungen (in der Gegend gibt es eine großartige Vogelwelt), Angelausflüge und Rundflüge.

Chobe-Nationalpark

Das Flußsystem des Linyanti-Chobe bildet die Nordgrenze Botswanas und trennt das Land vom intensiv kultivierten Caprivi-Zipfel Namibias. Das Gelände auf der botswanischen Seite, dessen Großteil als Chobe-Nationalpark ausgewiesen ist, ist Sammelgebiet für die großen Herden des Steppenwilds, das aus den nördlich-zentralen trockenen Teilen des Landes nordwärts zieht. Das Ergebnis ist ein bemerkenswerter Wildreichtum, eine echte Schatzkammer der Tiere, die sich dem Naturforscher zum Studium anbietet und die dem Safarienthusiasten viele interessante und unvergeßliche Erlebnisse verspricht.

Der Park dehnt sich über eine Fläche von 11 000 km^2 üppiger Wildnis, die unter anderem aus Fluß und Schwemmland, Buschland, natürlichen Salzpfannen, saisonalen Sümpfen, Mopane-Flecken, Teak-, Akazien- und Kiaat-Wäldern besteht, sowie den ausgedehnten Flächen der ebenen, nahezu konturlosen Kalahari-Halbwüste.

Die meiste Zeit des Jahres bleiben die Salzpfannen leer, aber der lebensspendende Fluß fließt ganzjährig. Außerdem liegt hier eine Anzahl von Wasserlöchern über den rauhen, staubtrockenen Mittel- und Südteil des Parks verstreut. In der zweiten Hälfte jedes Jahres tritt der Linyanti-Chobe über die Ufer und spült sein kostbares Wasser nach Süden, aber nur gelegentlich bis zum Savute-Kanal, wo es allmählich in dem wildreichen Savute-Marschland versickert.

Tierwelt. Die Wasserressourcen des Parks sind zwar nicht gerade großzügig, aber zumindest ausreichend, und mit den Blättern und Schößlingen des Waldlands und den süßen Gräsern der Ebenen bilden sie die Lebensgrundlage einer wunderbaren Fülle von Tieren und Vögeln. Die Elefanten der Region – ihre Zahl wird auf 35 000 geschätzt, zahlenmäßig die größten Herden in einem afrikanischen Nationalpark – wandern gemeinsam mit Büffeln in riesigen Herden nordwärts, um sich an den Flüssen und im Schwemmland zu versammeln. Diese Ansammlungen sind ein unvergeßlicher Anblick, besonders bei Sonnenuntergang, wenn das Land und seine unzähligen Tiere im Rot und Gold des ausklingenden Tages gebadet werden.

Im wasserreichen Norden des Chobe sind andere Geschöpfe im Überfluß vorhanden, unter ihnen Krokodile, Flußpferde und verschiedene Antilopenarten wie der Litschi-Wasserbock, der Chobe-Buschbock (der heller ist als seine Verwandten andernorts) und die verhältnismäßig seltene Puku, deren Verbreitungsgebiet in und bei den Puku Flats des Chobe-Parks seine südliche Grenze hat. Sie war einst weiter nördlich in der Region, die sich vom östlichen Caprivi-Zipfel ins südwestliche Tansania erstreckt, zahlreich vertreten, ihre Zahl wurde jedoch durch Siedlungen und Jagd drastisch reduziert. Ihre äußere Erscheinung ist der des Litschi-Wasserbocks ziemlich ähnlich, aber kleiner; ihre Lebensweise gleicht der des Wasserbocks, obwohl sie sich durch ihre Bereitwilligkeit unterscheidet, sich gelegentlich mit Impala-Antilopen und anderen zu vermischen.

Man dachte ursprünglich, der Park biete ideale Lebensbedingungen für das Breitmaulnashorn, und importierte einige Exemplare aus den fernen Reservaten im Zululand, aber wie in so vielen anderen afrikanischen Regionen haben Wilderer den Kampf gewonnen, und zur Zeit der Niederschrift waren die Tiere im Park bereits wieder vom Aussterben bedroht.

Zu manchen Zeiten des Jahres ist der Großwildbestand im Savute-Marschland so reich, wenn nicht sogar größer als im Uferland des Chobe. Hier verbindet der Savute-Kanal, der so schmal ist, daß er praktisch nicht wahrnehmbar ist, den nördlichen Fluß mit der Mababe-Senke, einst ein großer See, jetzt aber mit Ausnahme einiger kurzer Zeiträume in jedem Jahrzehnt ausgedehntes Buschland, das sich baumlos und scheinbar unbelebt bis zum Horizont erstreckt. Aber mit dem Regen kommen Gnu, Sassaby-Antilope und Zebra (bis zu 25 000 Zebras ziehen von Norden herunter), Elefant, Büffel und viele andere. Dieser riesige Zustrom von Großwild ist eine leichte Beute für Raubtiere, so daß die Gegend bekannt ist für Löwen, Leoparden und Geparden, Hyänen und Hyänenhunde. An der Stelle, wo Kanal und Senke aufeinandertreffen, liegt die Savute Marsh, die ebenfalls die meiste Zeit über trocken ist, aber hin und wieder vom sich südwärts bewegenden Wasser befeuchtet wird.

Die Vogelwelt des Chobe-Parks, insbesondere die Vögel des nördlichen Sumpflands, kann sich ebenfalls sehen lassen: Über 460 Arten wurden gezählt, unter ihnen so markante wie Riedscharbe, Sattel-

Lloyd Wilmot – „Mr. Savute" – und seine Freunde. Lloyd, der in der ganzen Region bekannt ist, leitet ein Safarilager im Herzen des Großwildgebiets am Savute-Kanal im Chobe-Nationalpark.

BOTSWANA IM ÜBERBLICK

Die Cresta Mowana Safari Lodge außerhalb von Kasane ist die architektonisch eindrucksvollste Entwicklung im Land. Dieses millionenschwere Unternehmen bietet Kreuzfahrten im Motor- und Hausboot sowie Wildtierfahrten in den nahe gelegenen Chobe-Nationalpark an.

---

storch und Marabu, Purpurreiher, Nilgans, Reiher und Ibis, Eisvogel, Feuerweber, Frankolinhuhn, Webervogel, Bachstelze, Wiedehopf und Hornvogel sowie ein Heer emsiger kleiner Bienenfresser, die man überall im Park sieht.

Anreise und Verkehrsmittel im Chobe-Park. Die Hauptverwaltung des Parks sitzt in dem aufstrebenden, rasch wachsenden Unterzentrum Kasane, knapp außerhalb der Nordwestgrenze und etwas westlich des Kazungnla-Grenzpostens. Hier gibt es drei Hotels und fast alles andere, was der anspruchslose Reisende so braucht. Die Stadt ist von Südosten (von Gaborone und Francistown über Nata), von Maun und Moremi (die Straße ist ziemlich holperig) aus erreichbar. Einwandfreie Straßen führen in den Caprivi-Zipfel Namibias und nach Überquerung des Sambesi mit der Kazungula-Fähre nach Livingstone und zu den Victoria-Fällen (70 km östlich an der Grenze zwischen Sambia und Simbabwe). Die Straße von Gaborone ist mittlerweile ganz asphaltiert; die meisten Besucher fliegen jedoch als Gäste des einen oder anderen Safariunternehmens, das in dieser Gegend arbeitet, ein.

Ein kleiner Abschnitt dieser Region – die 35 km lange Flußstrecke von Kasane bis westlich nach Ngoma – ist ausgedehnt und in ansprechender Weise für den Tourismus erschlossen worden. Eine Reihe von guten Privatunterkünften und Hotels haben sich am Fluß niedergelassen, und die Verbindungsstraße ist, obwohl sie bei nassem Wetter schwierig und bei trockenem sandig sein kann, normalerweise in hinreichend gutem Zustand für gewöhnliche Limousinen. Um die übrigen weiten Flächen der Chobe-Wildnis zu erkunden, braucht man jedoch einen Geländewagen: Der Boden ist uneben und kann sehr heimtückisch sein.

Der Park ist das ganze Jahr über geöffnet, obwohl das Gelände rund um die Mababe-Senke und den Savute-Kanal während der Regenzeit praktisch unpassierbar sein kann. Für kleinere Flugzeuge gibt es zwei Landestreifen innerhalb des Chobe-Parks (in Linyanti und Savute).

Camps, Lodges und Hotels. Wie im Moremi-Reservat – und beinahe in allen Wildgebieten Botswanas – sind die öffentlichen Einrichtungen des Chobe-Parks spärlich, weit verstreut und gerade mit dem nötigsten ausgestattet. Es gibt drei öffentliche Zeltplätze: zwei in Flußnähe im Nordwesten und einen in Savute in der westlichen Mitte. Besucher müssen Proviant selbst mitbringen; die sanitären Einrichtungen beschränken sich mehr oder weniger auf Gemeinschaftsduschen.

Ganz anders sieht es hingegen mit privaten Unterkünften aus. Etwa 11 km von Kasane im Park liegt die Chobe Game Lodge, eine anspruchsvolle Fünf-Sterne-Hotelanlage, die eine kosmopolitische und mitunter berühmte Kundschaft beherbergt (Liz Taylor und Richard Burton verbrachten ihre zweiten Flitterwochen in einer der Luxussuiten). Die Architektur des Hotels ist ungewöhnlich, in anmutigem marokkanischem Stil, der vielleicht in Widerspruch mit der urafrikanischen Umgebung steht. Aber der Kontrast ist eher ansprechend als wehtuend. Die meisten Gäste kommen natürlich wegen der Wildtier-Safari und werden im Geländewagen, Flugzeug oder im Hubschrauber auf Expedition geführt (im Angebot sind Touren zu den Victoria-Fällen, dem Okawango-Delta und Moremi sowie zur Savute-Region des Chobe-Parks) und mit dem Boot entlang der Wasserwege. Dann gibt es noch die abendliche Rundfahrt auf einem Doppeldecker-Flußboot, das gemütlich an den Ufern und ihrem wimmelnden Tierleben vorüberzieht. Die Sonnenuntergänge hier sind beeindruckend.

Flußbootexkursionen werden auch von der nahe gelegenen Chobe Safari Lodge veranstaltet, einer älteren, schlichteren und gemütlichen Unterkunft, die gleichermaßen von Familienurlaubern und Jägern, Safariführern und Buschpiloten bevorzugt wird und verschiedenen farbigen Charakteren, die einiges erlebt haben. Weitere anziehende Treffpunkte am Fluß zwischen Kasane und dem Parktor sind:

Kubu Lodge in Kazungula, 9 km östlich von Kasane: eine reizvolle Ansammlung von gezimmerten und strohgedeckten Hütten im Schweizer Stil hoch über dem Wasser zwischen großen Jacaranda- und Flamboyant-Bäumen. Kubus Stolz ist das Restaurant mit versetzten Ebenen und Barkomplex, von dem aus man einen wunderbaren Blick auf die Sonnenuntergänge hat.

Chobe Chilwero zwischen Kasane und dem Parktor bietet ebenfalls eine prächtige Aussicht. Es liegt oben auf einem 100 m hohen Hügel, der den Fluß und das wildreiche Schwemmland überblickt. Die hiesigen Wildführer sind hervorragend, besonders was die Vogelbeobachtung angeht. Die A-förmigen Bungalows der Lodge sind bequem. Auch das Essen, das an riesigen *kiaat*-Eßtischen eingenommen wird, ist sehr gut und abwechslungsreich.

Cresta Mowana Safari Lodge, ein neuerer luxuriöser Hotelkomplex, ist der größte und wahrscheinlich anspruchsvollste Treffpunkt. Das zweistöckige Gebäude, das sich bestens in die Flußlandschaft einfügt, bietet über 100 Zimmer (jedes mit eigenem Balkon), ein Konferenzzentrum und Geschäfte. Es gibt zwei Swimmingpools, erlesene Speisen im Restaurant und Besucheraktivitäten, die von der Fotosafari im Geländewagen, Boot, Flugzeug und Hubschrauber bis zu Wanderungen und Kajakexpeditionen und ausgedehnten Tagestouren zu den Victoria-Fällen reichen.

Weniger anspruchsvoll, aber vielleicht dem „authentischen" Afrika näher, sind die weiter verstreuten privaten Camps. Das Linyanti am Schwemmland des Linyanti River hat eine wunderschöne Umgebung, die an die größten Schönheiten des Okawango-Deltas erinnert. Selinda Bush Camp, seine kleinere Schwester, liegt nicht weit entfernt in einer Landschaft, die mit einer Lagune, palmenbewachsenen Insel und tiefgrünem Uferwald besticht. Noch weiter abgelegen sind die beiden Zeltlager im halbdürren Savute-Gebiet – Lloyd's und Savuti South, obwohl letzteres von dem Unternehmen Orient Express-Mount Nelson übernommen wurde. Hier werden die Gäste zwar nicht gerade auf Händen getragen, aber doch ungewöhnlich gut umsorgt. Dies sind Plätze für den wirklich kritischen Tierfreund: Es geht nicht allzu vornehm zu, aber die Tierwelt ist großartig und das umfassende Erlebnis der Wildnis unvergeßlich.

Die Makarikari-Region

Im Südosten des Okawango-Sumpflands und über den meistens ausgetrockneten Boteti River sporadisch mit ihm verbunden, liegen zwei der größten Salzpfannen der Welt, riesige, flache, aus dem trockenen Sand der nördlichen Kalahari herausgeschabte Becken. Die Senken waren einst Teil eines Binnensees, der die Größe des Victoria-Sees in Ostafrika womöglich noch übertraf. Jahrtausendelang war die Region von dichter Vegetation bedeckt und von einer reichen Palette von Wildtieren bevölkert, aber seismische Störungen verringerten den Zufluß der nördlichen Flüsse und ließen eine seichte Wasserfläche zurück, die in der sengenden Hitze alsbald verdunstete, eine Einöde aus Salz und Ton blieb zurück. So ungefähr stellen die Wissenschaftler es sich vor, und ihre Theorie wird in bescheidenem Maß von den örtlichen Sprachen gestützt; ein Ortsname bezieht sich auf Schilf, ein anderer auf das Nashorn. In der Tat sind die Worte Kgalagadi und Kalahari von dem Setswana-Verb für „austrocknen" hergeleitet.

Ntwetwe und Sowa sind die größten einer Reihe von Salzpfannen, die auch Nxai im Norden und Mopipi und Lake Xau (Daupfanne) im Süden umfassen. Sie sind flach, konturlos, zum Großteil staubtrockene Flächen, die in der erbarmungslosen Strenge der afrikanischen Sonne blendendweiß strahlen und wie Namibias Etosha-Region weit im Westen von Luftspiegelungen trügerisch belebt werden, die in der glühenden Luft flimmern und tanzen. Hier und dort unterbrechen „Bauminseln" die eintönige Fläche, Partien mit reicherem Boden, die ein Vegetationsdickicht eingefangen und erhalten haben, das einen schmalen, aber zusammenhängenden Lebensraum für Wildtiere bildet. Wenn der wenige Regen fällt, verwandelt sich das gesamte Gelände: Wasserlachen bedecken die Oberfläche, und die Wüste wird lebendig. Flamingos, Pelikane, Watvögel und alle anderen Wasservogelarten strömen zu Zehntausenden in dem Gebiet zusammen. In einem Fall soll die Zahl der Vögel in diesem Gebiet sage und schreibe über eine Million betragen haben.

Auch die Tiere zieht es in dieser Zeit hierher. Die Großregion ist reich an Steppentieren – obwohl Wilderei aus Profitgier und Jagd nach Fleisch und Trophäen außerhalb der relativ kleinen offiziellen Schutzzonen ein ernstes Problem sind. Die Wildtiere folgen in ihren Wanderungen dem jahreszeitlichen Nahrungs- und Wasserangebot. In Dürreperioden streben die großen Herden – insbesondere der Gnus und Zebras – dem offenen Gelände im Westen zu, wandern aber ostwärts, wenn der Regen fällt. Die nördlichen Teile – das

Kubu Island, vor Ort auch „die verlorene Stadt" genannt, erhebt sich wie ein Gespenst aus den surrealistisch anmutenden Salzflächen der Makarikari-Salzpfannen.

BOTSWANA IM ÜBERBLICK

Der Künstler und Entdecker Thomas Baines malte diese Gruppe von Baobab-Bäumen, als er 1862 in dieser Gegend war. Seitdem haben sie sich in Gestalt und Größe kaum verändert.

weite, mit vereinzelten Mokolane-Palmen besetzte Grasland zwischen Ntwetwe und Nxai – sind besonders wildreich. Hier leben der Springbock und die widerstandsfähige, dürreresistente Säbelantilope, Weißbartgnu, die rote Kuhantilope, es wimmelt von Steppenzebras und ihren Jägern im Gefolge – den Großkatzen, Schakalen und Hyänenhunden, der gefleckten und der sehr seltenen braunen Hyäne.

Nur ein kleiner Bereich des Ntwetwe wurde als Schutzgebiet reserviert: Sein westlicher Zipfel gehört zu einem Teil des 6800 km² großen Makgadikgadi-Pans-Wildreservats. Ein 310 km² großes Stück des Nata-Deltas im Westen – das Gebiet am Zusammenfluß des sporadisch fließenden, frischwasserführenden Nata River und der salzigen Sowa Pan – wurde aufgrund einer lokalen Privatinitiative zum Nata-Schutzgebiet erklärt. Bei Hochwasser wird aus dem normalerweise trockenen, öden Gelände ein zauberhafter, inselgeschmückter Lebensraum für Wasservögel.

Dagegen liegt die gesamte Nxai Pan mit einer Anzahl kleinerer Senken und einer als Baines' Baobabs oder „Three Sisters" bekannten Gruppe großer alter Bäume (der berühmte Reisende und Künstler malte sie 1862, und den Fotografien nach zu schließen haben sie sich seitdem in Größe und Form kaum verändert) innerhalb des Nxai-Pan-Nationalparks, bis er im Makarikari-Reservat aufgeht. Der Name des Gebiets führt in die Irre: Es war einst ebenfalls Teil einer Sumpfwildnis, ist heute aber ganz von Gras bewachsen, und nur kleine Mopane-Wäldchen und Akaziendickicht lockern die eintönige Steppenlandschaft auf. Die Fauna im Nxai ähnelt der der Makarikari Pans, wird aber von Giraffen und, nach dem ersten Regen, von einer kleinen Zahl von Elefanten aus dem Norden ergänzt. Die Vogelwelt ist eindrucksvoll, rund 250 Arten, darunter einige interessante Greifvögel, wurden gezählt.

Rundreisen in der Region. Das Makarikari- und Nxai-Gebiet sind durch eine Straße mit Francistown im Osten und Maun im Westen verbunden (über die kleinen Zentren Gweta und Nata siehe unten). Die Hauptzufahrtsstraße ist in ausgezeichnetem Zustand, aber Allradantrieb wird empfohlen, ist manchmal sogar unabdingbar, um sich in der weiteren Makarikari-Region bewegen zu können.

Die beste Besuchszeit sind die Monate von April bis Juli, danach ziehen die Wildtiere weiter zum Boteti River. Nxai andererseits ist zwischen Dezember und April am lohnendsten, wenn das Wild vom regensatten Grasland angezogen wird. Einrichtungen für Besucher sind kaum vorhanden; ein Geländewagen ist erforderlich. Reisende sollten alles, was sie brauchen oder brauchen könnten, mitbringen – Zelte, Betten, Lebensmittel, Ersatzteile, zusätzliches Benzin, reichlich Trinkwasser.

Die Straßen durch die eigentlichen Salzpfannen sind mehr oder weniger gefahrlos, man sollte sie aber nicht verlassen – die salzige Kruste der Pfannen ist hart, aber nicht unnachgiebig, und Wagen könnten bis zur Achse und darüber im weichen Untergrund versinken. Das Makarikari- und das Nxai-Reservat verfügen über ein Netz nicht ausgeschilderter Pisten, in dem man sich mit etwas vorbereitender Suche leicht zurechtfindet. Für Touren außerhalb der ausgewiesenen Gebiete wird aber ein Führer empfohlen. Wandern ist verboten. Das Gelände ist weitgehend konturlos, und man verirrt sich nur allzuleicht. Raubtiere sind eine zusätzliche Gefahr. Im kleinen Nata-Schutzgebiet hingegen werden die Besucher sogar zum Wandern ermutigt (am Ostufer der Sowa Pan wurde ein Unterstand zur Vogelbeobachtung errichtet).

Camps und Lodges. Weder die Makarikari-Salzpfannen noch das Nxai-Gebiet bieten feste Unterkünfte an, obwohl in beiden Campingplätze errichtet wurden. Noch einmal, die Anlagen sind primitiv. Das Makarikari-Gebiet hat drei Treffpunkte: Njuge Hills im Ostteil der Ntwetwe Pan umfaßt zwei Plätze auf einer hohen alten Düne, von der aus man das umliegende Flachland überblickt; die Sonnenuntergänge sind atemberaubend, unendlich ist die Stille. Der dritte Treffpunkt, Xhugama, ist eine sandige, von Bäumen beschattete Stelle am Ufer des Boteti (der „Wasserlauf" ist die meiste Zeit ausgetrocknet). Das Nxai-Gebiet bietet zwei ziemlich einfache Plätze an (immerhin mit Waschgelegenheiten).

Zwei Treffpunkte in Privatbesitz unweit der Haupt-Landstraße, die nach Maun und ins Okawango-Delta führt, bieten ein wenig mehr Komfort und leichten Zugang zu den Salzpfannen. Nata Lodge, 10 km südlich von Nata Village, dient als willkommener Zwischenstopp für Langstreckenreisende, aber auch als Ausgangsbasis für die Erkundung des Makarikari und, in geringerem Umfang, des Nxai. Die Lodge am Rand der Sowa Pan ist eine Ansammlung von geschmackvollen, gut ausgestatteten A-förmi-

Botswana im Überblick

Mashatu ist das größte private Wildreservat im südlichen Afrika und die Heimat der größten Elefantenpopulation in privater Obhut. Der Luxus hier und die ausgezeichnete Küche sind nicht zu übertreffen.

gen Bungalows, Restaurant, Bar und Swimmingpool in einer sehr reizvollen Umgebung von Affendorn, Marulabäumen und Palmen. Angeboten werden Touren zu und durch die Salzpfannen, und die Vogelwelt ist einzigartig in der Regenzeit, wenn der Nata River in die Sowa fließt und Zehntausende von Flamingos, Pelikanen und anderen Wasservögeln anzieht.

Gweta Safari Lodge, die zweite Einrichtung, liegt gleich nördlich von Ntwetwe und ist ebenfalls günstig gelegen, wenn man die Salzpfanne und die Umgebung erkunden will. Die „Lodge" ist in Wirklichkeit ein gewöhnliches, sehr ansprechendes Motel. Das Restaurant bietet feine Speisen, der Pub ist gemütlich und wird von den Einheimischen stark frequentiert. Für Gäste gibt es erlebnisreiche Pferdetouren und Erkundungsfahrten in geräumigen Geländewagen mit Sonderausstattung.

Die Tuli-Region

Fern im Süden der Salzpfannen, im vergleichsweise fruchtbaren, keilförmigen Gebiet zwischen Limpopo und Shashe unweit von Botswanas Grenze mit Transvaal liegen die sogenannten Tuli-Blocks. Die zerklüftete Landschaft ist von rauher Schönheit und fällt durch formenreiche Granithügel und Schichtenköpfe, offene Ebenen und Mopane-Wälder auf, in den Flußgebieten durch große Akazien, Sykomorfeigen, Winterdorn und Nyalabeer- (oder Mashatu-) Bäume. Die Region ist ziemlich dicht bevölkert, doch leben die meisten Menschen in den urbanen Zentren und überlassen das noch immer wildreiche Land den sich ausdehnenden Farmen und Ranchen bzw. einem oder zwei ausgedehnten privaten Wildtier-Besitztümern.

Der Stolz der Tuli-Region ist jedoch wohl Mashatu, das größte private Wildreservat im südlichen Afrika, die Heimat der größten privat geschützten Elefantenpopulation der Welt. Bekannt als „die restlichen Herden des Shashe", sind sie die Überbleibsel der Dickhäuter-Populationen des Limpopo-Tals, denn die im 19. Jahrhundert wegen ihres Elfenbeins erbarmungslos abgeschlachteten Tiere wurden örtlich ausgerottet, was etwa 60 Jahre lang so blieb, bis Ende der vierziger Jahre einige wenige Elefanten-Flüchtlings-Gruppen in das Schutzgebiet der Tuli-Enklave zurückkehrten. Heute zählt man in Mashatu rund 700 Elefanten.

Die großartige Mashatu-Wildnis umfaßt etwa 30 000 ha Grasland, Felsenkämme und eine enge Schwemmlandebene, die außer den Elefanten eine große Zahl von Wild beherbergt. Hier findet man Giraffe und Zebra, die prächtige Elen- und Impala-Antilope, Steenbok, Kudu, Buschbock, Wasserbock, Löwe, Leopard, Tüpfelhyäne, gelegentlich auch Gepard, Warzenschwein, Pavian und eine Schar kleinerer, überwiegend nachtaktiver Säugetiere. Fast 400 Vogelarten wurden in der Gegend identifiziert. Die Besucher sollten sich all das genüßlich ansehen: Die durch Funk miteinander verbundenen Safariwagen brechen bei Morgengrauen und erneut gegen Abend auf; die Tswana-Aufseher und Fährtensucher sind die idealen Führer, die ein sehr umfangreiches Wissen über die Umwelt haben und ihr Wissen gern weitergeben.

Mashatu gehört zur Luxuskategorie; seine internationale Kundschaft hat die Wahl zwischen zwei Unterkünften. Das Hauptcamp, bekannt als Majale Lodge, umfaßt komfortabel ausgestattete und sinnvoll eingerichtete Chalets und Rundhäuser, jedes mit Badezimmer für sie und ihn und einer schattigen privaten Veranda mit prächtigem Blick auf den Busch. Getränke nimmt man am Swimmingpool (mit Filteranlage) und in der erhöhten Bar zu sich, von der man ein nachts beleuchtetes Wasserloch überblickt; das Mittagessen (mit feinen Wildgerichten) wird normalerweise in der schilf- und palmumzäunten *boma* (Grillplatz) eingenommen, die ein Fenster mit Blick auf das Wild hat. Dann gibt es das Thakadu genannte Zeltlager – eine reizvolle Ansammlung von Zweier-Einheiten mit dazugehörigen Einrichtungen im abgelegenen Nordabschnitt des Reservats.

Tuli Safari Lodge nahe der südafrikanischen Grenze ist der dritte Treffpunkt in der Region, ein wunderbarer Platz mit strohgedeckten Chalets und einem recht schön gestalteten Zentralkomplex, zu dem ein verglaster Speisesaal, eine ungewöhnliche Bar (sie wurde um einen riesigen Baum herumgebaut), Innenhof und Pool mit Filteranlage gehören, eingebettet in die Landschaft und ein liebevoll gepflegtes Gelände. Vom Innenhof blickt man auf einen Wasserfall, der nachts von Flutlicht zauberhaft beleuchtet wird und ständig eine ganze Reihe von Tieren anzieht (Klippspringer, Buschbock, manchmal einen Leoparden und viele kleinere, nachtaktive Arten); die Gärten zieren üppige Pflanzungen, Wiesen und einige der ältesten, größten und schönsten Mashatu-Bäume weit und breit. Auch hier werden Wildtierfahrten veranstaltet. Zu den Säugetieren in dem 7500 ha großen Reservat gehören Elefanten, Löwen, Hyänen und verschiedene Antilopen. In diesem Gebiet gibt es auch eine reiche Vogelwelt; zu der eindrucksvollen Greifvogelpopulation gehören Schlangen-, Schreiseeadler und Kaffernadler.

Die Kalahari-Reservate

Über zwei Drittel von Botswana sind von rötlichem Sand und den spärlich mit Gras bewachsenen Ebenen der Kalahari bedeckt, die nur dem Namen nach eine Wüste ist: Auch wenn sie abweisend erscheint, hat sie doch ihre eigene, charakteristische und in mancher Hinsicht einzigartige Tier- und Pflanzenwelt. Hinzu kommt die Anwesenheit abgehärteter Menschen. Die weiten, öden Flächen sind die Heimat einiger der letzten Buschmänner-Gemeinschaften (*Seite 14*), einst halbnomadische Jäger und Sammler, die bis vor kurzem noch dem Druck und den Versuchungen der westlichen Kultur widerstanden.

Weite Teile der Kalahari – insgesamt etwa 75 000 km² – wurden als Reservat ausgewiesen. Keines ist touristisch gut erschlossen; die Straßen (wo sie existieren) sind eine Herausforderung; Annehmlichkeiten sind so gut wie nicht vorhanden. Zu den vier Schutzgebieten gehören:

Zentral-Kalahari-Wildreservat. Es umfaßt über 50 000 km² in der trockenen Zentralregion der Kalahari. Das Reservat ist das zweitgrößte Schutzgebiet der Welt, die Heimat verstreut lebender Buschmänner-Stämme und Zufluchtsort für eine große (wenn auch schnell abnehmende) Anzahl von Wildtieren, darunter Säbelantilope und Springbock, Giraffe, Weißbartgnu, Elen, rote Kuhantilope und Fleischfresser wie Löwe, Leopard, Gepard, Hyäne und Hyänenhund. Diese Wildnis ist außerordentlich trocken – Regen ist selten, es gibt keine Flüsse oder stehenden Wasserlöcher –, aber die Wildtiere haben sich der Umwelt hervorragend angepaßt. Feuchtigkeit suchen sie in so unwahrscheinlichen Quellen wie den taubedeckten Nachtpflanzen, den tiefgehenden Sukkulenten-Wurzeln und der wassergefüllten Tsamma-Melone und Wildgurke. Zusätzlich wurden kürzlich Wasserlöcher gebohrt.

Im Deception Valley im Reservat wohnten Mark und Della Owens, die Autoren des faszinierenden, bewegenden Buchs *Der Ruf der Kalahari*. Bis 1994 gab es keine Einrichtungen für Besucher – bis vor kurzem war der Zugang zum Reservat in der Tat nur Forschern und gelegentlich wagemutigen Camper- und mobilen Safarigruppen vorbehalten. Nun gibt es keine Beschränkungen mehr, und die Besucher können ihre Zelte dort aufschlagen, wo es ihnen beliebt, bis die Parkverwaltung den geplanten Campingplatz fertiggestellt hat.

Khutse-Wildreservat ist ein 2600 km² großes Anhängsel an das zentrale Kalahari-Schutzgebiet, ist für Besucher aber leichter zu erreichen als der riesige nördliche Nachbar. Das Gelände ist uneben und besteht aus weiten, sandigen, spärlich bewachsenen Flächen, fossilen Dünen, trockenen Flußbetten, vereinzelten Ansammlungen von Akazien und anderen dürreresistenten Bäumen und, auffälligstes Merkmal, einer Reihe jahreszeitlicher Kalahari-Salzpfannen, von denen die meisten sandig, einige aber mit Sträuchern und Gras bedeckt sind.

Die Senken waren einst Teil eines ausgedehnten, nun aber seit langem ausgetrockneten Flußsystems. Trotz des Mangels an Oberflächenwasser ist das Reservat in der Lage, eine wachsende Population von wandernden Antilopen mit ihren Jägern im Gefolge am Leben zu erhalten. Das Reservat ist von Gaborone aus über Molepolele und Lethlakeng erreichbar; die Straße jenseits von Lethlakeng ist nur mit Allradantrieb befahrbar. Besucher haben die Wahl zwischen vier eingegrenzten Zeltplätzen.

Mabuasehube-Wildreservat. Das Mabuasehube-Reservat liegt weit im Süden der Region, etwa 150 km nördlich der Grenze zu Südafrikas Kapprovinz, und ist bekannt für seine drei großen Salzpfannen, seine Wanderantilopen und Raubtiere. Dieses Reservat, dessen Name in der lokalen Sprache „rote Erde" bedeutet, ist etwas für Abgehärtete: Das Gebiet ist ungeheuer isoliert, die einzige Spur sandig und gerieft. Im Fall einer Panne gibt es gewöhnlich niemanden, den man zu Hilfe rufen könnte. Die beste Zufahrtsstraße führt vom nördlichen Kap über Kuruman und Tsabong, das als Grenzposten dient. Die Straße, die nur für Fahrzeuge mit Allradantrieb geeignet ist, durchquert das Reservat und führt weiter bis Tshane und Ghanzi. Auch hier gibt es keine Einrichtungen für Besucher; Vorräte und Benzin kann man sich in Tsabong besorgen. Es wird empfohlen, die Polizei über die geplante Route zu informieren, bevor man das Gebiet betritt.

Die Besucher des Zentral-Kalahari-Wildreservats müssen völlig autark sein und ihr gesamtes Wasser, Essen, Benzin und Ersatzteile mit sich führen.

Botswana im Überblick

Gemsbok-Nationalpark. Das ehemalige Bett des Nosop River markiert einen Teil der Grenze zwischen Botswana und Südafrika sowie die offizielle Grenze zwischen dem früheren Gemsbok-Nationalpark und dem später eingerichteten Kalahari-Gemsbok-Nationalpark. In ökologischer Hinsicht bilden beide jedoch eine Einheit, obwohl der innerhalb von Botswana liegende 11000 km² große Teil noch nicht für den Tourismus erschlossen wurde. Das Gelände ist typisch für die trockeneren Kalahari-Regionen. Zu seinen markantesten Merkmalen gehören fossile Flußbetten, die zwischen hohen, roten Sanddünen verlaufen. Es gibt einen Zugang von der botswanischen Seite, doch die meisten Besucher kommen über Twee Rivieren auf der südafrikanischen Seite.

Die Wildnis bewahren

Auf den ersten Blick hat Botswana eine stolze Umweltschutzbilanz – eindrucksvolle 17 Prozent des Landes sind in der einen oder anderen Weise geschützt: als Nationalpark, Wildreservat oder Wildverwaltungsgebiet (WMA). Und wenn die Ziele des nationalen Naturschutzplans verwirklicht werden, wird sich dieser Anteil auf beträchtliche 39 Prozent erhöhen.

Die Urheber dieses Plans sehen eine starke, eindeutige Verbindung zwischen Botswanas Bevölkerungsexplosion und seinen drängenden Umweltproblemen, deren wichtigste der Wildtierschwund, die Abnahme der natürlichen Wälder, Raubbau an den Erzeugnissen des Buschlands, Verschlechterung des Weidelands und Druck auf die Wasservorräte sind.

Die Statistiken zeichnen ein düsteres Bild. Um nur wenige Beispiele aus einer Erhebung zu nennen, die das Ministerium für Wildtiere und Nationalparks in der jüngsten Zeit durchführte:
• Artenschwund über den Zeitraum der letzten 10 Jahre: Gnus 90 Prozent, Kuhantilope 88 Prozent und Pferdeantilope 21 Prozent, Sassaby 17 Prozent, Säbelantilope 13 Prozent.
• Artenschwund innerhalb von 5 Jahren: Büffel 46 Prozent, Zebra 27 Prozent (im Makarikari-Gebiet 75 Prozent innerhalb von 10 Jahren).

Das Moremi-Reservat wurde vor kurzem bis zu den Papyrussümpfen im Nordwesten (den Xo Flats) ausgedehnt, und in anderen Teilen der weiteren Deltaregion wurden zwei Wildschutzgebiete offiziell ausgewiesen, das Okawango- und das Kwando-Reservat. Zu Beginn der neunziger Jahre setzte eine neue, umweltfreundliche Politik ein, die das Schwergewicht auf schonenden, hochwertigen Tourismus legte usw. Den Verantwortlichen ist offensichtlich eindringlich die Notwendigkeit bewußt geworden, den unschätzbaren natürlichen Reichtum des Landes zu bewahren.

Dessenungeachtet sind die Wildnisgebiete Botswanas, vor allem das wunderbare Okawango-Sumpfland in schrecklicher Weise von den Ansprüchen und der Torheit der Menschen bedroht. Überweidung und die Verschlechterung des angrenzenden Lands haben dazu geführt, daß gutes Weideland knapp geworden ist, und das Deltawasser und der grüne Reichtum seines Schwemmlands, deren üppige Oasen in starkem Kontrast zu dem ansonsten ausgedörrten Land stehen, sind eine ständige Versuchung für die Viehzüchter.

Das Vieh ist offenkundig der Schlüsselfaktor in der Naturschutzfrage, aber Lösungen sind alles andere als einfach. Freilebende Wiederkäuer können, obwohl gegen die Tsetse-Fliege immun, das tödliche Nagana-Virus auf Nutztierherden übertragen. Sie können auch die Maul-und-Klauen-Seuche übertragen, gegen die sie ebenfalls unempfindlich sind. Botswanas Fleischindustrie wurde von der Weltbank (die sich schließlich zurückzog, weil sich ihre Hilfe als kontraproduktiv erwies), von der EU (die 60 Prozent über dem Weltmarktpreis bezahlt, obwohl sie selbst riesige Vorräte hortet) und anderen Gebern unterstützt, die alle einerseits auf gesundem Rindfleisch und andererseits auf dem Schutz der Wildnis bestehen. Um daher das Wild im Delta und das Vieh außerhalb des Deltas zu halten, wurden im Süden und Westen des Sumpflands Veterinärkordons errichtet.

Dieser Schritt hat sich angeblich als wirksam erwiesen, wenngleich unstrittig ist, daß er seit Beginn des Programms einen hohen Blutzoll von den Wildtieren gefordert hat. 1984 gingen zum Beispiel 50000 wandernde Gnus am Lake Xau in der Nord-Kalahari zugrunde, da sie der Kuke-Zaun in eine graslose Einöde lenkte. Buschmänner haben berichtet, daß Elefanten, Büffel, Pferde- und Säbelantilopen, die die nördliche Kalahari einst zahlreich durchstreiften, aus dem Gebiet seitdem verschwunden sind. Die zentrale Kalahari traf es noch härter: Da ihnen der freie Zugang zu Wasser und Weidegründen verwehrt wurde, sind 99 Prozent der regionalen Gnus und 95 Prozent der Kuhantilopen verschwunden, deren Bestände einst an zweiter Stelle hinter denen der berühmten Serengeti-Savanne in Ostafrika standen. Eine zusätzliche Tragödie ist nach Ansicht mancher, daß es noch keinen absolut schlüssigen wissenschaftlichen Beweis dafür gibt, daß Wildtiere Haustiere überhaupt anstecken.

Noch weniger zu rechtfertigen sind anscheinend die neueren Zäune im Norden, die die Viehhaltung in einem abgegrenzten, beschränkten Gebiet im Osten des Okawango River erlauben werden – das letzte

Der „Büffelzaun" durch das Gelände des Okawango-Deltas unmittelbar nördlich von Maun hat wesentlich dazu beigetragen, das Weidevieh vom Wildgebiet fernzuhalten, obwohl sein ursprünglicher Zweck umgekehrt darin bestand, das Vordringen von Wild in das Weideland zu verhindern.

Trockengrasland der Region und die Heimat der größten Herden Afrikas, der bedrohten Rotducker und Säbelantilopen. Hier wie andernorts haben Viehhalter am Saum des Okawango sich darauf verlegt, das Gras des Schwemmlands abzubrennen, um ein frühes Grünen zu erzeugen – eine kurzsichtige und verheerend zerstörerische Gewohnheit, denn neben dem verschärften Kampf um die verbliebenen Nahrungsressourcen erlaubt die Entfernung der Vegetation es dem Wasser des Okawango, mehr Schlamm aus dem Sumpfland mitzuführen, was die Wassertiere vernichtet. Die Weiterarbeit an diesen Zäunen wurde jedoch aufgeschoben bis zu einer ordentlichen Umweltverträglichkeitsprüfung. Aber was immer auch dabei herauskommen mag und wie löblich die Absicht auch sein mag, Barrieren von Menschenhand werden auch weiterhin entstehen, was Umweltschützern Anlaß zu tiefer Besorgnis gibt. Sie glauben, daß die zahlenmäßige Abnahme des Wilds (die sich während des letzten Jahrzehnts dramatisch erhöht hat) nicht aufzuhalten ist, wenn die Tiere eingeschlossen werden. Viele Arten, sagen sie, müssen in den Trockenmonaten zum Wasser und zu nahrungsreicheren Weiden wandern, um zu überleben. Doch die Viehhaltung ist das Herz der Tswana-Kultur, und die Fleischindustrie ist, obwohl sie heute weit weniger bedeutend ist als vor der Entdeckung der Diamanten, ein nationales Anliegen.

Der Druck ist unbarmherzig. Angetrieben von der Politik der Regierung und den Darlehen von Gebern, die glauben, ihr Geld helfe den Armen des Landes, hat sich der Bestand an Haustieren (Schafen, Ziegen, Eseln und Vieh) derart erweitert, daß er die Kapazität des Sandveld bei weitem übersteigt und der Grad der Verödung Anlaß zu tiefer Besorgnis gibt.

Rinder gefährden, wie es heißt, Lebensräume weltweit am stärksten. Sie gehören sicher zu den zerstörerischsten Tieren: Sie brauchen ständige Versorgung und große Mengen Wasser; sie sind gefräßige und wahllose Fresser, die das Grün des Landes niedertrampeln und dadurch Dürregebiete erzeugen; die Zäune und Pestizide, deren es bedarf, sie krankheitsfrei zu halten, fügen den Wildtieren ernsthaften Schaden zu, verschmutzen das Wasser, bringen Giftstoffe in die Nahrungskette und stören das labile ökologische Gleichgewicht. Aber die Ausweitung des Weidelands geht weiter.

Und als ob die Wildnis nicht schon genug zu kämpfen hätte, setzen ihr noch andere Feinde nach Kräften zu, darunter:
• Die Sportjäger. Zwar gilt ein Quotensystem, aber die Vorschriften werden oft mißachtet, und die Überjagung hat ein kritisches Ausmaß erreicht.
• Die Wilderer. In Botswana ist ihr Treiben so allgegenwärtig und tödlich wie überall sonst in Afrika. Die Wildfleisch-Wilderei fordert ihren Tribut, aber der Ausfall ist im allgemeinen noch erträglich. In ähnlicher Weise sind Elfenbeinjäger aktiv (viele kommen von außerhalb der Landesgrenzen), aber nicht so stark, daß die Elefantenherden ernsthaft in Mitleidenschaft gezogen werden – in einigen Gebieten haben sie tatsächlich nur zu gut überlebt, zum Schaden der Umwelt. Einige Wildarten sind jedoch höchst verwundbar: z. B. Nashörner (Spitzenmaul- und Breitmaulnashorn) sind von der Bildfläche verschwunden, trotz sorgfältig kontrollierter Programme zu ihrer Wiedereinführung, Pflege und Schutz. Die Wilderei nimmt zu, obwohl die Behörden mit hervorragender Hilfe der Streitkräfte noch in der Lage sind, die Krise einigermaßen einzudämmen.
• In den vergangenen vier Jahrzehnten wurden ausgiebig tödliche Pestizide verwendet, neuerdings mit dem Segen der Organisation für Ernährung und Landwirtschaft (FAO), um die Tsetsefliege auszurotten. Die Regierung von Botswana behauptet, dieses massive Versprühen sei primär darauf zugeschnitten, eine Gefahr für die *menschliche* Gesundheit auszuschalten, aber das Endergebnis ist, daß der Norden des Deltas nun für die Viehhaltung geeignet ist, die unvermeidlich anwachsen wird.
• Der Wasserbedarf von Botswanas Diamantenindustrie (besonders der Orapa-Mine) und der schnellwachsenden Stadt Maun. Höchst umstrittene Pläne, etwas vom Überfluß des Deltas abzusaugen – namentlich durch eine Ausbaggerung des Boro River – wurden für einige Zeit auf Eis gelegt, aber die unterirdischen Quellen der Mine sind nicht unbegrenzt. Das Beängstigende ist, daß das Projekt zu einem späteren Zeitpunkt wiederbelebt werden könnte, es sei denn, die Umweltschützer behielten ein strenges, dauerhaftes Aufsichtsmandat. Und natürlich würden nicht nur die Wildtiere und die Touristen darunter leiden: Für über 40 000 hier ansässige Menschen – vor allem Fischer und Bauern – ist das

Verschiedene lokale Schutzprogramme sind in Kraft. Die meisten Beschäftigten in der Safari-Gemeinschaft sind in der einen oder anderen Weise miteinbezogen.

Sumpfland die Existenzgrundlage, auf die sie angewiesen sind, um zu überleben.
• Das Straßenbauprogramm. Der Transkalahari-Highway wird die nördliche Mitte durchschneiden, insbesondere das an das Zentral-Kalahari-Wildreservat angrenzende Wildschutzgebiet. Die Bohrlöcher, die entlang der Strecke gebohrt werden sollen, werden kostbares Grundwasser anzapfen und die Nutzung als Weidegrund anregen, die das Grasland beanspruchen und schließlich ruinieren wird.
• Schließlich der Tourismus, der 40 Prozent der Arbeitsplätze im nördlichen Botswana stellt und 50 Millionen US-Dollar zum jährlichen Bruttosozialprodukt beiträgt, aber von einem der Parkleiter als „die größte Bedrohung von allen" für die Delta-Region beschrieben wurde. Dies ist jedoch keineswegs eindeutig: Das Delta wird sicherlich ein zunehmend beliebtes Reiseziel werden, und zu Beginn der neunziger Jahre wurden Pläne fertiggestellt, die Zahl der Konzessionsgelände (für einige Safariunternehmen reservierte Landstücke) zu verdreifachen, was die Touristenpräsenz wesentlich verstärken wird, besonders im und um das magische Moremi-Gebiet. Andererseits könnte sich dieser Plan überraschend wohltuend erweisen, denn die neue 15-Jahres-Mietvereinbarung soll private Betreiber ermutigen, die sonst ihren Mietvertrag jedes Jahr erneuern mußten, sich mehr in langfristigen Naturschutzprogrammen zu engagieren. Und natürlich garantiert der Tourismus die so dringend erforderlichen Einnahmen zur Bewahrung des zweifellos größten und zudem empfindlichsten Sumpfgebiets in Afrika.

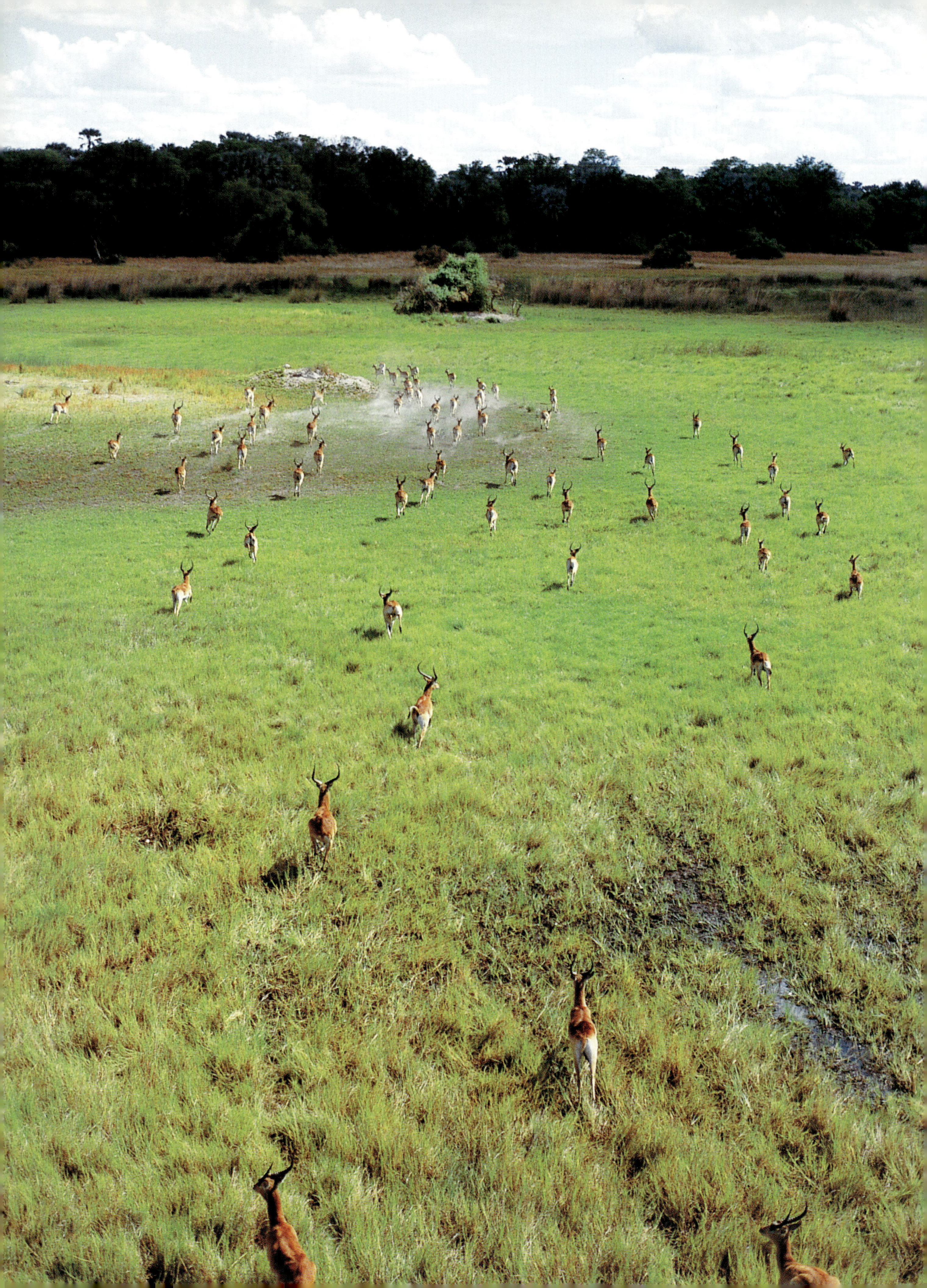

Okawango-Delta

Gegenüber und oben: *Der an das Wasser angepaßte rote Litschi-Wasserbock, den man überall im Sumpfgebiet antrifft.*

Der Okawango ist (nach dem Sambesi und dem Oranje) der drittgrößte Wasserlauf des südlichen Afrika. Er entspringt im angolanischen Hochland, fließt nach Süden, nach Westen und dann wieder in südliche Richtung durch Namibias Caprivi-Zipfel hinein nach Botswana. Am Ende seiner Reise fächert er sich im Kalahari-Sandveld in ein riesiges Binnenlanddelta auf. Das dadurch geschaffene Sumpfland gehört zu den größten Naturwundern Afrikas. Hier gibt es weite, geheimnisvolle Wasserwege, stille Lagunen und palmenbewachsene Inseln, enge Kanäle, von Schilf, Papyrus und einer dichten Decke von Seerosen verstopft, die zu ihrer Zeit wunderschön blühen.

Das Delta hat drei sehr unterschiedliche Regionen. Im Nordwesten, am und um den „Pfannenstiel" herum – den „Griff" des Fächers – fließt ständig Wasser, sind die tiefen, träge dahinziehenden Ströme, die Mäander und waldigen Inseln einer urtümlichen Wildnis, die das ganze Jahr über gleich bleibt. Dann gibt es das untere Delta, dessen Kanäle meistens, aber nicht immer gefüllt sind, sein von Bäumen umgebenes Schwemmland, oft von Grasland bedeckt, das eine große Zahl von Büffeln und anderen Grasfressern anzieht und ernährt. Daran schließen sich die Außenränder des Deltas an, sandige, furchendurchzogene Gebiete, bedeckt von Mopane-Sträuchern und Akazien-Flecken und zahlreichen Salzpfannen. Auch hier versammelt sich das Wild, besonders am Ende der Regenzeit.

Es ist nicht allzu lange her, da waren dieses zauberhafte Sumpfland und seine Peripherie die Heimat einer erstaunlichen Vielzahl von Tieren, sowohl Sumpfland- wie Trockenlandarten. Frühe Reisende berichteten, daß sie Herden von Gnus und Büffel sahen, die nach Zehntausenden zählten, Elefanten und Zebras, Säbel-, Elen-, Pferdeantilopen und eine Schar weiterer Antilopen, begleitet von Raubtieren – Löwen, Leoparden, Geparden, Hyänen und Hyänenhunden.

Die Ausbreitung des Menschen mit seinen Rinderfarmen hat ihr Wanderverhalten gestört, so daß die Bestände heute mehr als bescheiden sind. Aber die meisten Arten, die die Entdecker im 19. Jahrhundert beobachteten, sind immer noch vertreten. Sie sind Bestandteile eines zerbrechlichen Ökosystems, das wohl die unberührteste und schönste Wildnis der Erde bleibt.

Okawango-Delta

Gegenüber: *Kaffernbüffel gehören zu den zahlreichsten Tieren des Deltas, und Ansammlungen von bis zu tausend Tieren sind zu bestimmten Zeiten des Jahres keineswegs ungewöhnlich.*

Oben: *Die Wasserwege des Okawango bergen unerwartete Schätze wie diesen winzigen, gefleckten Schilffrosch, der in einer Seerose Zuflucht gesucht hat.*

Rechts: *Die tagsüber blühenden Seerosen schließen ihre Blüten, wenn die Sonne über dem Boro River bei Xaxaba untergeht. Eine andere Art, die ihre Blüten nachts öffnet und stärker duftet, wird bald erscheinen und in der Dunkelheit Nachtinsekten anziehen.*

Okawango-Delta

Oben: *Hausbau ist in Afrika traditionell Frauensache. Hier decken einige Frauen eine Hütte im Dorf Jedibe im nordöstlichen Okawango mit Dachstroh. Das Haus wird ausschließlich aus vor Ort gesammelten Materialien gebaut.*

Rechts: *Korbflechterei ist das wichtigste Handwerk Botswanas, eine Tradition, die seit Generationen von Mutter zu Tochter weitergegeben wird. Die bei auswärtigen Besuchern begehrten Andenken dienen in den meisten einheimischen Haushalten als normale Gebrauchsgegenstände.*

Oben: *Nach einem Morgen auf einer Insel im „Pfannenstiel" warten Schilfsammler darauf, wieder über den Okawango zu setzen. Das Schilf verwenden sie für eigene Bauzwecke oder verkaufen es gebündelt an andere, die weiter landeinwärts leben und nicht in der Lage sind, selbst zu sammeln.*

Rechts: *Zwei Batswana-Männer auf der Heimfahrt in ihrem traditionellen Einbaum oder mokoro nach einem Ausflug flußabwärts. Die Herstellung der aus einem soliden Baumstamm gehauenen mekoro (Plural von mokoro) ist eine aussterbende Kunst, hauptsächlich weil es immer schwieriger wird, Bäume in der passenden Größe zu finden. Ein guter mokoro hält selten länger als zehn Jahre; wobei ein Baum meist zehnmal so lange braucht, bevor er die für einen mokoro nötige Größe erreicht.*

OKAWANGO-DELTA

Rechts: *Die Bindenfischeule ist einer der seltensten Vögel der Welt, kaum ein Ort bietet wohl die Gelegenheit, diese Art so leicht zu Gesicht zu bekommen, wie das Okawango-Delta. Wie alle anderen Fischeulen fängt sie ihre Beute nachts, indem sie von ihrem hochgelegenen Sitz mit ausgestreckten Fängen ins Wasser stößt.*

Unten: *Der afrikanische Schreiseeadler ist einer der eindrucksvollsten Greifvögel Afrikas, der jeden Safariteilnehmer in seinen Bann schlägt mit seinem schrillen, beschwörenden Ruf und seinen atemberaubenden Sturzflügen, mit denen er aus großer Höhe herabstößt, um Fische unmittelbar unter der Wasseroberfläche zu ergreifen.*

OKAWANGO-DELTA

Links: *Der jährliche Zustrom der Karminspinte im August und September ist ein weiterer Höhepunkt für die Vogelbeobachter im Okawango. Tausende von Vögeln strömen zu den Brutplätzen, um sich tief in die Erde einzugraben, wo sie ihre Eier legen und in den folgenden Wochen ihre Jungen aufziehen. Während sie ihre Höhlen normalerweise in die Uferhänge graben, wie diese Vögel bei Shakawe im Okawango-Pfannenstiel, hat man auch einige Plätze auf ebener Erde gefunden, wo die Nester direkt in die Erde gegraben wurden.*

Unten: *Das afrikanische Jacana oder Blaustirn-Blatthühnchen hat sehr lange, dünne Füße und Zehen, die es ihm ermöglichen, über schwimmende Seerosenblätter zu laufen.*

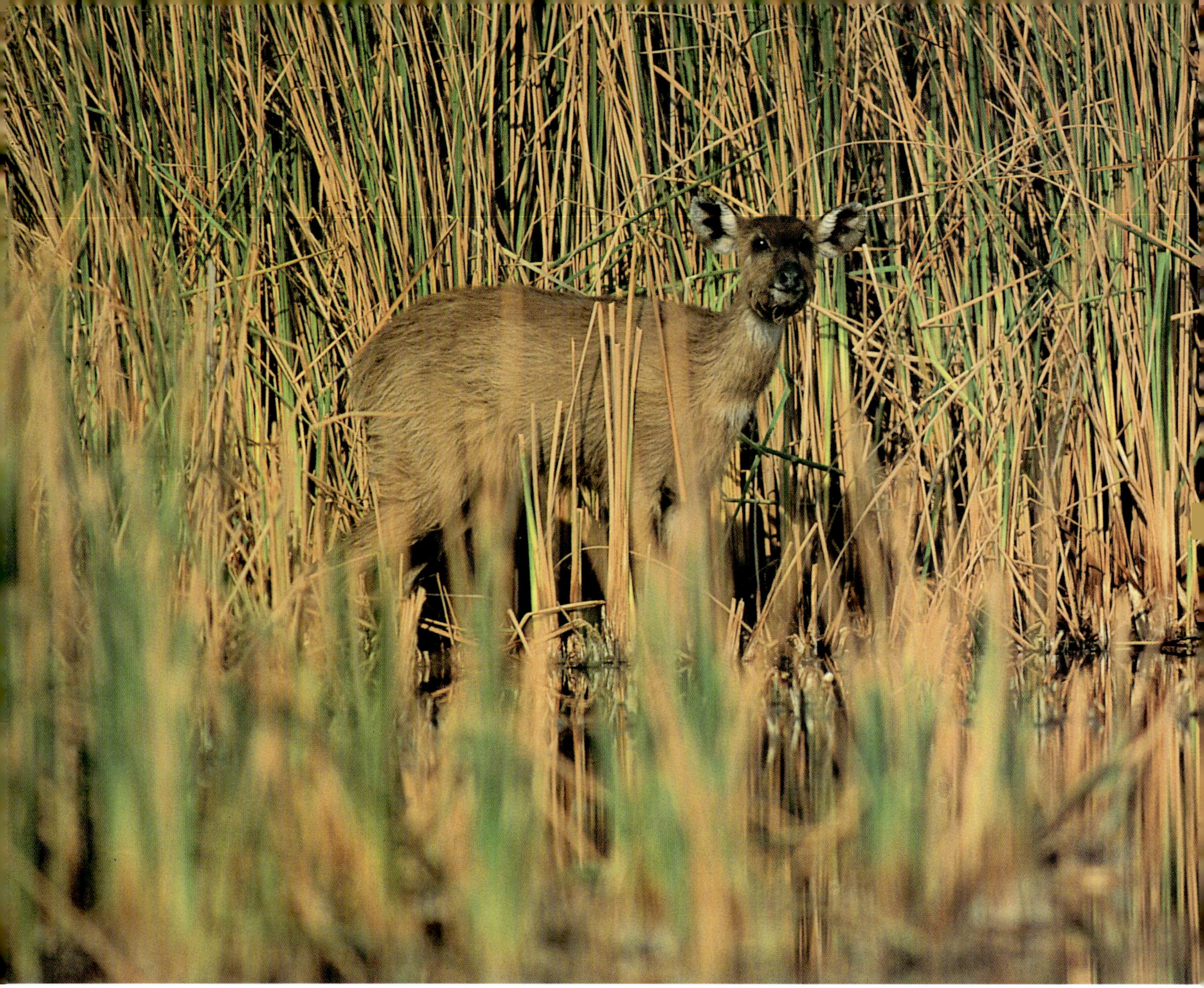

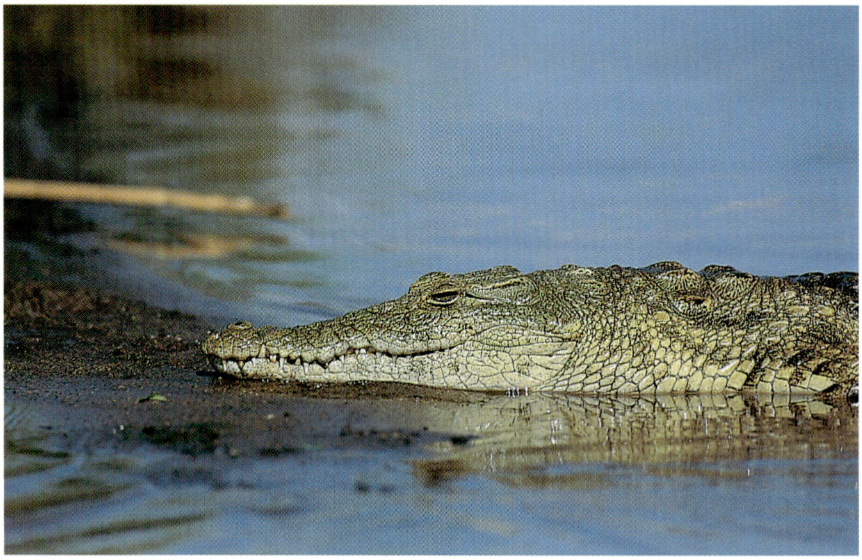

OKAWANGO-DELTA

Gegenüber oben: *Die Sitatunga ist eines der wenigen Tiere, das an Papyrus als Nahrung und Lebensraum angepaßt ist. Die Antilope hat lange, gespreizte Hufe, die es ihr ermöglichen, über schwimmende Schilfbüsche und Sumpfböden zu laufen. Sie ist dafür bekannt, daß sie im Wasser bis auf die Nüstern untertaucht und sich so verborgen hält, wenn sie bedroht oder beunruhigt wird.*

Gegenüber unten: *Krokodile gibt es überall im Okawango; der obere Teil des Pfannenstiels gilt als Heimat der größten Exemplare.*

Oben: *Das Sonnenlicht am späten Nachmittag beleuchtet das Spritzwasser eines aufgetauchten, schnaubenden Flußpferds. Diese massigen Amphibien müssen frische Luft schnappen, können aber den Atem anhalten und bis zu sechs Minuten unter Wasser bleiben.*

Okawango-Delta

OKAWANGO-DELTA

Gegenüber: *Die nach den Eigentümern Jan und Eileen Drotsky benannten Drotsky's Cabins an den Ufern des Okawango bei Shakawe bieten in Zwei- oder Vierbett-Familienappartements Unterkunft. Das Camp ist berühmt für seine Vogel- und Angelexkursionen.*

Oben: *Ein farbenfroher Mittagstisch im Mombo Camp der Okavango Wilderness Safaris im Nordzipfel von Chief's Island, im Herzen des Deltas. In den meisten Safaricamps nimmt man die Mahlzeiten an einem großen Tisch ein, an dem Gäste und Personal gemeinsam speisen, um die Ereignisse des Tages zu besprechen und die Unternehmungen für den nächsten Morgen zu planen.*

Links: *Während der Saison ist der Okawango ein wahres Anglerparadies, in dem zahlreiche Fischarten – wie diese buntgefärbte Brasse ebenso wie der Katzenfisch und der Tigerfisch – beheimatet sind.*

OKAWANGO-DELTA

Links: *Zwei Angler warten auf den ersten Fang, während das Morgenlicht den Horizont zartrosa färbt.*

Unten: *Bootsfahrten zum Beobachten des Sonnenuntergangs sind ein beliebtes Tagesabschlußprogramm. Hier macht „The Crake" aus dem Jedibe Island Camp im Zwielicht kehrt zur Heimfahrt. Das nur mit dem Boot erreichbare Camp ist ein angenehmer Ort mit geräumigen Meru-Zelten im Schatten von Palmen und schönen einheimischen Bäumen.*

OKAWANGO-DELTA

Rechts: *Vor dem Hintergrund des eindrucksvollen Abendhimmels versuchen zwei Angler noch einmal ihr Glück.*

Unten: *Mokoro-Exkursionen sind vermutlich die geeignetste Art, um die unglaubliche Vielzahl von Wasserwegen des Okawango zu erkunden. Auf diese Weise kann man wohl auch am ehesten die im Sumpf lebende scheue Sitatunga-Antilope zu Gesicht bekommen.*

OKAWANGO-DELTA

OKAWANGO-DELTA

Gegenüber oben und oben: *Ein majestätischer Schreiseeadler holt sich sein Abendessen. Diese Adler fangen oft so schwere Beute, daß sie nicht wieder abheben können, aber statt ihren Fang fallen zu lassen, schwimmen sie dann mit dem Fisch fest in den Krallen ans Ufer.*

Gegenüber unten: *Eine Schar von Weißkopf-Ruderenten erhebt sich am Unterlauf des Gomoti River unweit Santa-wani, einer der ältesten Safarilodges Botswanas, in die Luft.*

Rechts: *Der Sattelstorch ist einer der farbenprächtigsten Störche. Seinen Namen verdankt er dem hellgelben „Sattel" und dem Ansatz seines imposanten Schnabels.*

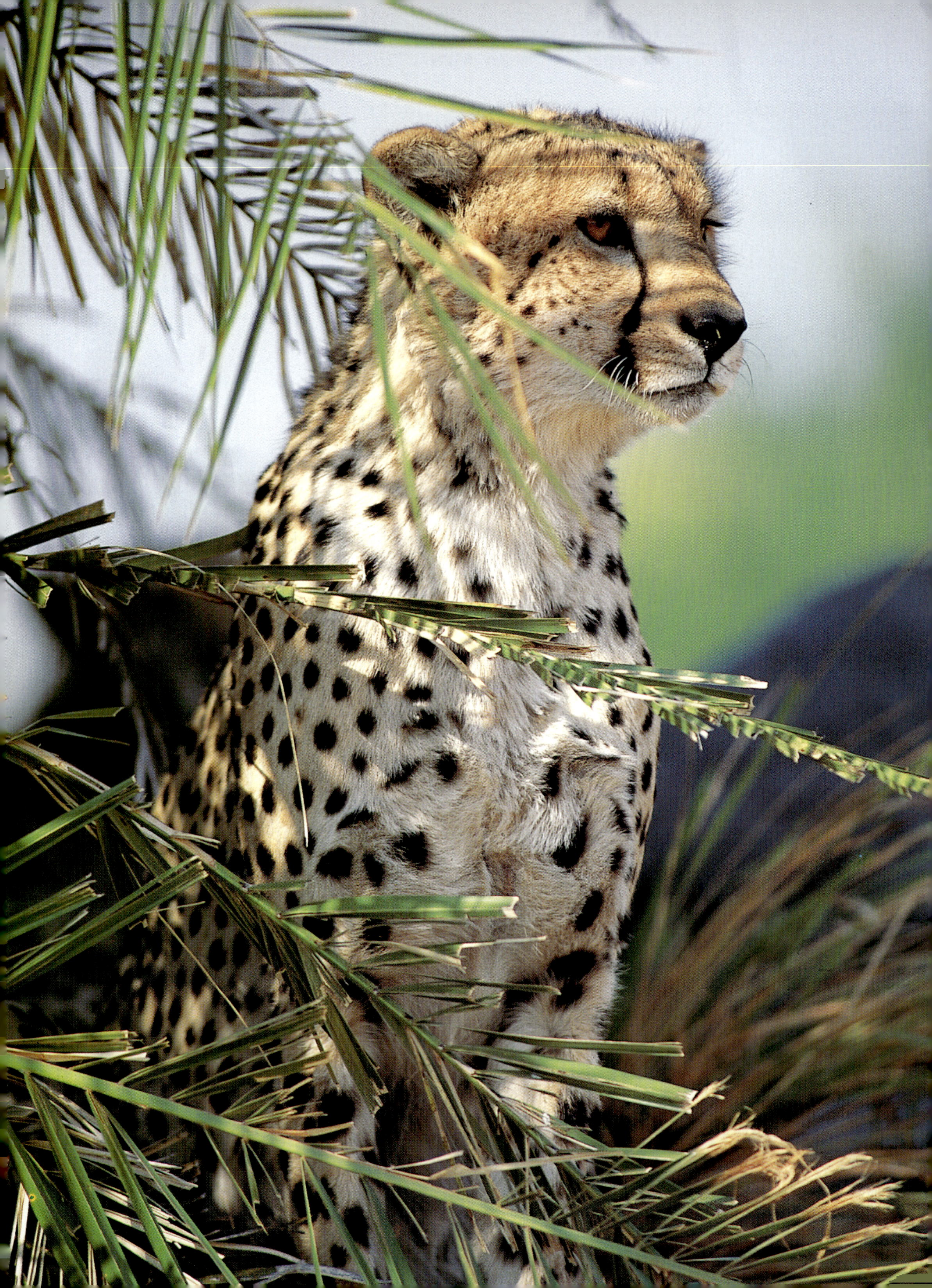

OKAWANGO-DELTA

Gegenüber: *Ein Gepard hält von seinem Versteck am Rand eines Palmenhains Ausschau über das Schwemmland.*

Oben: *Geparde sind normalerweise Einzelgänger; doch bleiben die Jungen bis zur Reife bei der Mutter, damit sie lernen, zu jagen und für sich selbst zu sorgen. Mit einer Geschwindigkeit von etwa 120 km/h auf Kurzstrecken zum Einholen der Beute sind sie die schnellsten Tiere. Verteidigt sich die Beute jedoch, zieht sich die Katze meist zurück.*

Links: *Zwei Löwinnen, die in der Morgensonne vor sich hindösen.*

69

OKAWANGO-DELTA

Oben: *Unerschrockene Reisende und ihre Führer bahnen sich auf dem Boro River im* mokoro *gemächlich den Weg ins Innere des Okawango-Sumpfes. Solche bei jung und alt beliebten Exkursionen kann man in Maun oder in Camps wie dem „Oddballs" selbständig organisieren.*

Links: *„Plastik-mekoro", eine ökologisch sinnvolle Alternative zum traditionellen Einbaum, stehen in Ker & Downey's Pom Pom Camp zur Verfügung. Da die Herstellung der traditionellen* mekoro *alljährlich zur Vernichtung zahlloser großer, alter Bäume führt, fördern sowohl die Regierung als auch die Safariindustrie die Verwendung dieser Imitate aus dem 20. Jahrhundert.*

Gegenüber oben: *Ein erfrischender Drink auf der Veranda der Fish Eagle Bar mit Blick auf die seerosenbedeckte Xaxaba-Lagune beschließt den Tag im Gametracker's Xaxaba Camp.*

Gegenüber unten: *Leere Stühle und eine kalte Feuerstelle warten auf die Rückkehrer von der abendlichen Wildtour im Pom Pom Camp. Später lauschen die Gäste am knisternden Holzfeuer den Geräuschen der afrikanischen Nacht und unterhalten sich mit Safarigeschichten.*

OKAWANGO-DELTA

OKAWANGO-DELTA

Unten: *Wanderungen in Begleitung bewaffneter und erfahrener, lizenzierter Fremdenführer sind eine beliebte Alternative zu motorisierten Bootstouren oder Autofahrten, da sie engeren Kontakt mit dem Land und ihren Bewohnern bringen.*

Rechts: *Die Sassaby-Antilope, die als die schnellste aller Antilopen gilt, ist eines der Tiere, die man im und um das Delta häufiger antrifft. Hier überqueren drei von ihnen das offene Schwemmland, während sich am Horizont die sommerlichen Regenwolken ballen.*

Gegenüber unten: *Baumhörnchen sind die Lieblinge der Gäste von Camps und Lodges, wo die kleinen Nager zahm und zutraulich geworden sind.*

73

OKAWANGO-DELTA

Oben, links und gegenüber: *Die von Ker & Downey's in Verbindung mit Randall J. Moore veranstalteten Elefantensafaris sind einzigartig in Afrika. Sie bieten eine aufregende Art der Wildbeobachtung. Alle dabei eingesetzten Elefanten gehören zur afrikanischen Art. Während einige als Zirkuselefanten in Amerika aufgetreten sind, wurden andere vor der Schlachtung gerettet oder als Waisen in der Wildnis aufgelesen. Die Gäste sind in exklusiven Safari-Zeltlagern untergebracht, von wo sie jeden Tag ausreiten, um alle möglichen Arten von Wildtieren zu beobachten und sich der Gesellschaft dieser trainierten hochintelligenten Tiere zu erfreuen.*

OKAWANGO-DELTA

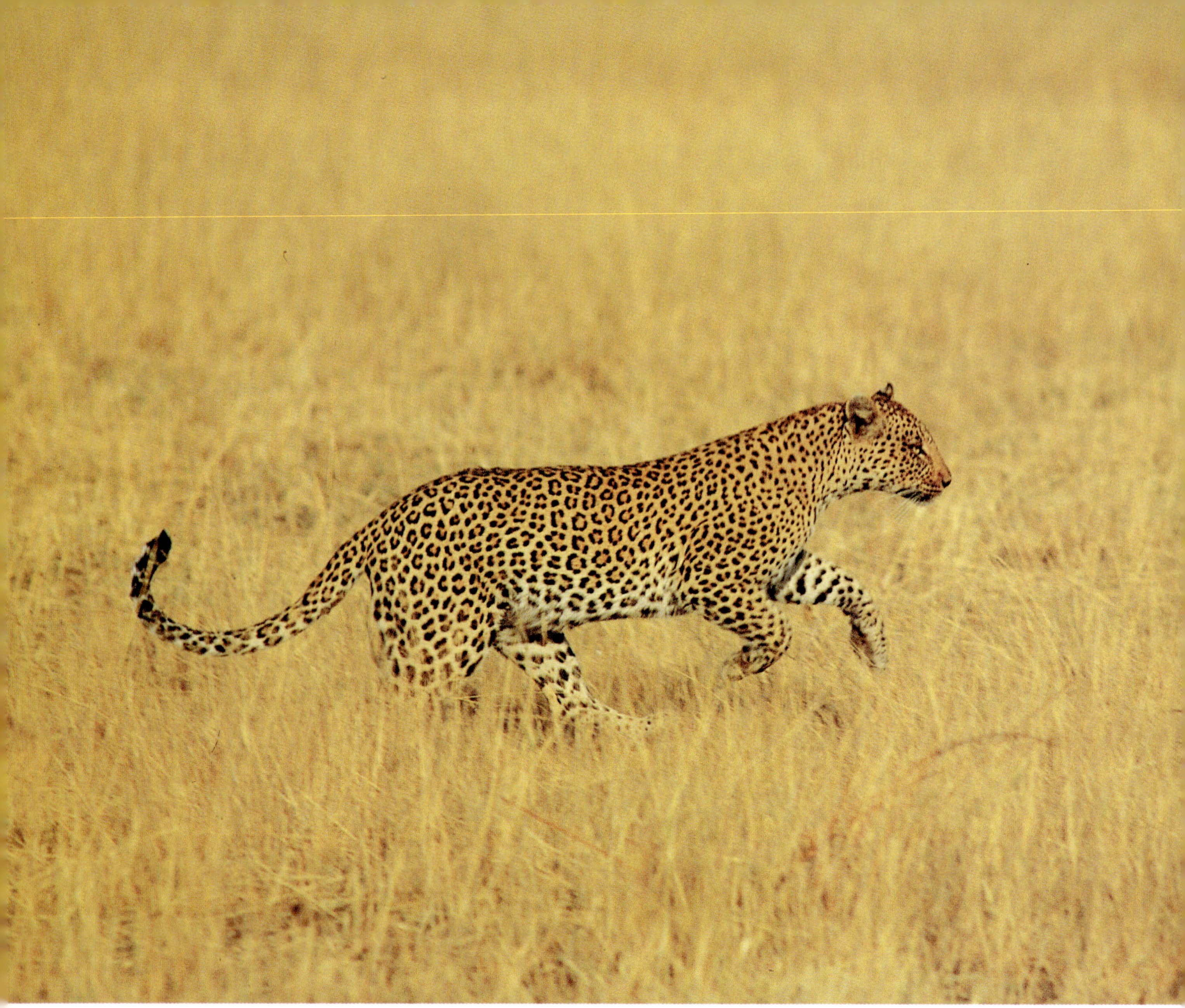

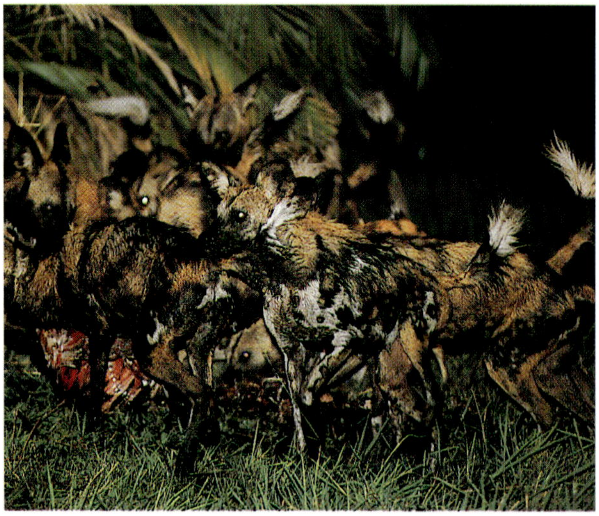

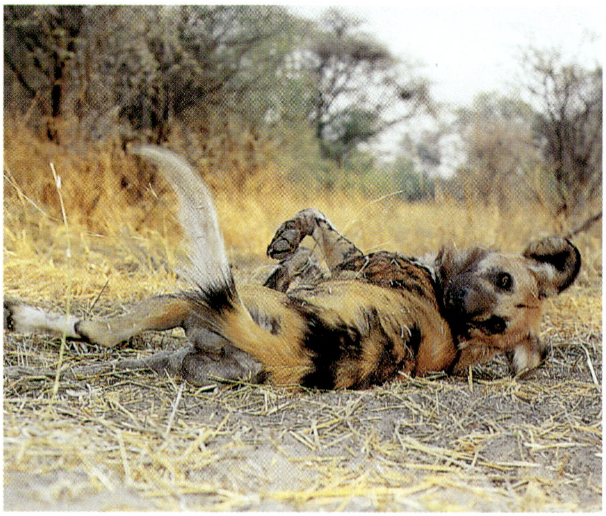

OKAWANGO-DELTA

Links: *Während der Löwe allgemein als König der Tiere gilt, bleibt doch die Begegnung mit einem Leoparden für viele das faszinierendste Ereignis in der Wildnis. Wenige dieser gefleckten Großkatzen sind allerdings in freier Wildbahn wie hier in vollem Lauf zu sehen; meist beschränkt sich die Begegnung auf den flüchtigen Anblick eines gefleckten Fells oder eines zuckenden Schwanzes im dichten Laub eines Baumes.*

Gegenüber ganz links, links und rechts: *Hyänenhunde gehören zu den am stärksten gefährdeten größeren Säugetieren Afrikas. Ihre Zahl verringert sich durch Krankheit, Verlust des Lebensraums und Verfolgung durch den Menschen. Botswana besitzt jedoch noch eine beachtliche Population dieser sehr effizienten Raubtiere, und Mombo Camp gehört wahrscheinlich zu den besten Plätzen in Afrika, wo man sie sehen und fotografieren kann. 1993 gab es in unmittelbarer Nähe drei Rudel.*

77

Oben: *Neugierig und wachsam beobachtet eine Gruppe junger Löwen auf Shindi Island eine in der Ferne grasende Litschi-Wasserbockherde.*

Rechts: *Ein prachtvoller großer Kudu unterbricht sein Grasen, läßt sich von der Gegenwart des Fotografen anscheinend aber nicht stören. Das Tier ist jedoch von Natur aus scheu. Wenn es gestört wird, bringt es ein schrilles Röhren hervor, hebt den Schwanz und sucht schnell Deckung.*

OKAWANGO-DELTA

Oben: *Die Säbelantilope ist eine der majestätischsten Antilopenarten. Sie ist im Norden Botswanas weit verbreitet, wenn auch selten in großer Zahl.*

Links: *Der Riedbock ist ein scheues und zurückhaltendes Tier, das im hohen Gras oder im Schilf oft auf der Stelle erstarrt, um nicht entdeckt zu werden.*

Okawango-Delta

Gegenüber: *Botswana besitzt die wahrscheinlich größte Elefantenpopulation in Afrika. Die Zahl der im Land lebenden Dickhäuter schätzt man auf etwa 50 000 bis 60 000.*

Oben: *Das Schuppentier (Pangolin) ist eines der seltsamsten Geschöpfe des Bushveld. Es ist auch ein sehr seltener Anblick geworden: Stammesaberglaube und ihre Verwendung in* muti *(der traditionellen Medizin) bedroht die Tiere. Sie sind vorrangig nachtaktiv und verschlafen den Tag unter Haufen welker Blätter oder in Bodenlöchern.*

Links: *Ein neugeborenes Gnukalb steht auf wackeligen Beinen neben seiner Mutter und anderen Herdentieren. Auch wenn die Sommerzeit mit ihren klimatischen Bedingungen – Regen und steigende Temperaturen – für Besucher unangenehm sein kann, bietet sie doch Vorzüge, wie das saftige Grün und die Geburt von Jungtieren aller Arten.*

Oben: *Maun hat sich von einem staubigen kleinen Safari-Ausgangspunkt zu einer modernen Stadt mit asphaltierten Straßen, Einkaufszentren und Geschäftsvierteln entwickelt. Noch immer fungiert es als Zentrum des Safarigeschäfts.*

Die Stadt ist das Tor zum Okawango-Sumpfland und dem angrenzenden Moremi-Wildreservat. Wenn auch die Asphaltstraße von Nata die Stadt nun für normale Autos zugänglicher macht, dominieren noch immer Geländewagen.

OKAWANGO-DELTA

Ganz oben: *Während die Ortschaft Maun den Sprung in die Moderne geschafft hat, braucht man nur wenige Kilometer aus der Stadt herauszufahren, um das ländliche Afrika mit seinen alten Sitten und Gebräuchen zu finden.*

Links oben: *Für zahllose Abenteurer und Safari-Enthusiasten sind Riley's Tankstelle mit angeschlossener Werkstatt und das danebenliegende Hotel in der Stadtmitte von Maun schon seit langem eine selbstverständliche Anlaufstelle.*

Rechts oben: *Stolz präsentiert Farmer George McAllister einige frischgeschlüpfte Straußenküken. Neben der Krokodilzucht gehört die Straußenzucht zu den Wachstumsbranchen von Botswanas kleineren Wirtschaftszweigen.*

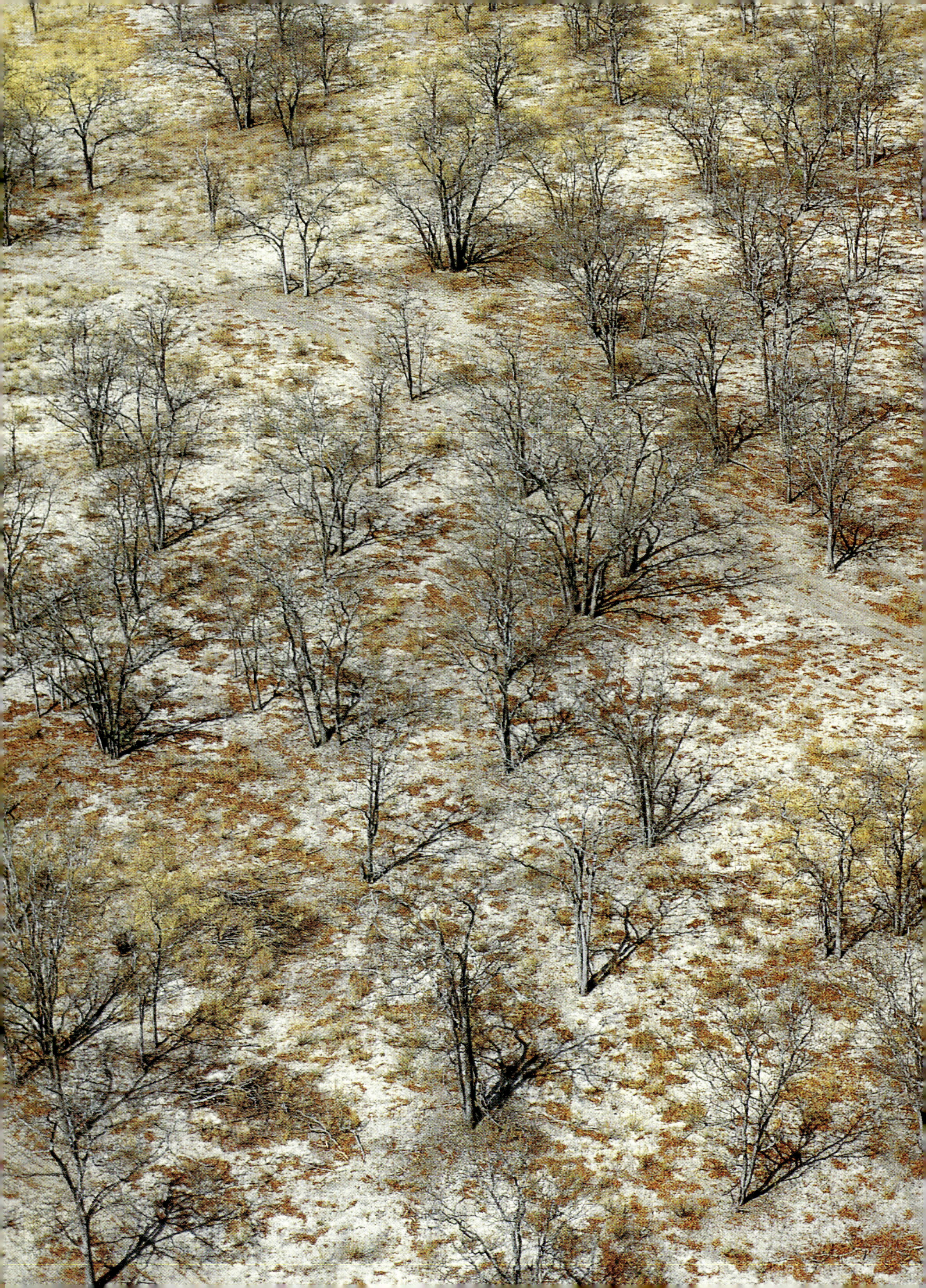

Moremi-Wildreservat

Gegenüber: *Mopane-Waldland im Herbst.*
Oben: *Eine schläfrige Löwin.*

Das durchsichtige Wasser des Okawango-Deltas überschwemmt einen Großteil (aber bei weitem nicht alles Gebiet) der Moremi-Schutzzone, einer nördlich von Maun liegenden 1800 km² großen Fläche aus Wasserläufen und abgeschiedenen Lagunen, bewaldeten Inseln, Schwemmland, Flußuferakazien, Trockenland-Mopanewald und offenem Grasland.

Das Reservat nimmt einen stolzen Rang in den Naturschutzannalen des südlichen Afrika ein. Zu Beginn der sechziger Jahre erklärten die ortsansässigen Tswana, der Bedrohung ihres Stammesgebiets durch Sportjäger und andere Eindringlinge bewußt und darüber zunehmend besorgt, das Gebiet kurzerhand zum Wildreservat – eines der wenigen Beispiele in Afrika, ja in der Welt, daß sich eine Gemeinschaft selbst freiwillig enteignete.

Dies ist Großwildland. Das Reservat umgeben keine Zäune (weiter im Süden sind allerdings Veterinärkordons errichtet worden), die Tiere können frei vom und zum Chobe-Park im Norden wandern. Zeitweilig – besonders in den trockenen Monaten – beherbergt der Moremi-Park die meisten der im Großraum lebenden 70 000 Elefanten. Andere Arten sind ebenfalls reichlich vorhanden, darunter Büffel, Zebra, Impala, Kudu, Sassaby-Antilope sowie in den feuchten Gebieten Ried-, Wasser-, Litschi-Wasserbock und Sitatunga-Antilope, die seltene Pferdeantilope und der Chobe-Buschbock, Affen, vor allem Paviane, Löwe und Leopard, Hyäne, Hyänenhund und andere Raubtiere. Auch die Vogelwelt ist artenreich: am vielfältigsten und farbenprächtigsten im Schwemmland und seiner Umgebung. Es wurden über 400 verschiedene Vogelarten gezählt.

In dem verschiedenartigen Gefüge von Moremi ragt besonders Chief's Island hervor, eine riesige (15 mal 100 km), wildreiche Wald- und Savannenfläche zwischen dem Boro und Santanadibe im Westen, im eigentlichen Delta. Die Insel hat weder Straßen noch feste Camps (allerdings sind in den Randbezirken und in der Nähe rund ein Dutzend in Betrieb). Man sollte sie am besten in Begleitung eines erfahrenen Safariführers erkunden.

Besucher können sich jedoch auch auf eigene Faust auf eine Exkursion um den Ostabschnitt des Reservats begeben, auf sandigen bzw. in der Regenzeit äußerst schlammigen Pfaden. Hier gibt es drei öffentliche Zeltplätze und einige verstreute einladende private Safarihütten.

Moremi-Wildreservat

Rechts: *Eine Giraffenfamilie, die höchstgewachsenen Säugetiere der Erde, flieht in ihrem eigenartigen, schaukelnden Galopp eilig vor dem zudringlichen Hubschrauber des Fotografen.*

Unten: *Der Okawango besteht aus zahllosen winzigen Wasserläufen, Lagunen sowie kleinen und großen Inseln, aber sobald der Okawango den „Pfannenstiel" im Norden verläßt, fächert er sich in größere Wasserläufe auf. Hier fließt der Santantadibe River im Südosten des Deltas aus einer malerischen Lagune hinab in das Moremi-Mopaneveld.*

Rechts unten: *Ein im Sonnenlicht des Nachmittags golden leuchtender Elefant zieht aus dem Schwemmland des Khwai River in das umliegende Waldland.*

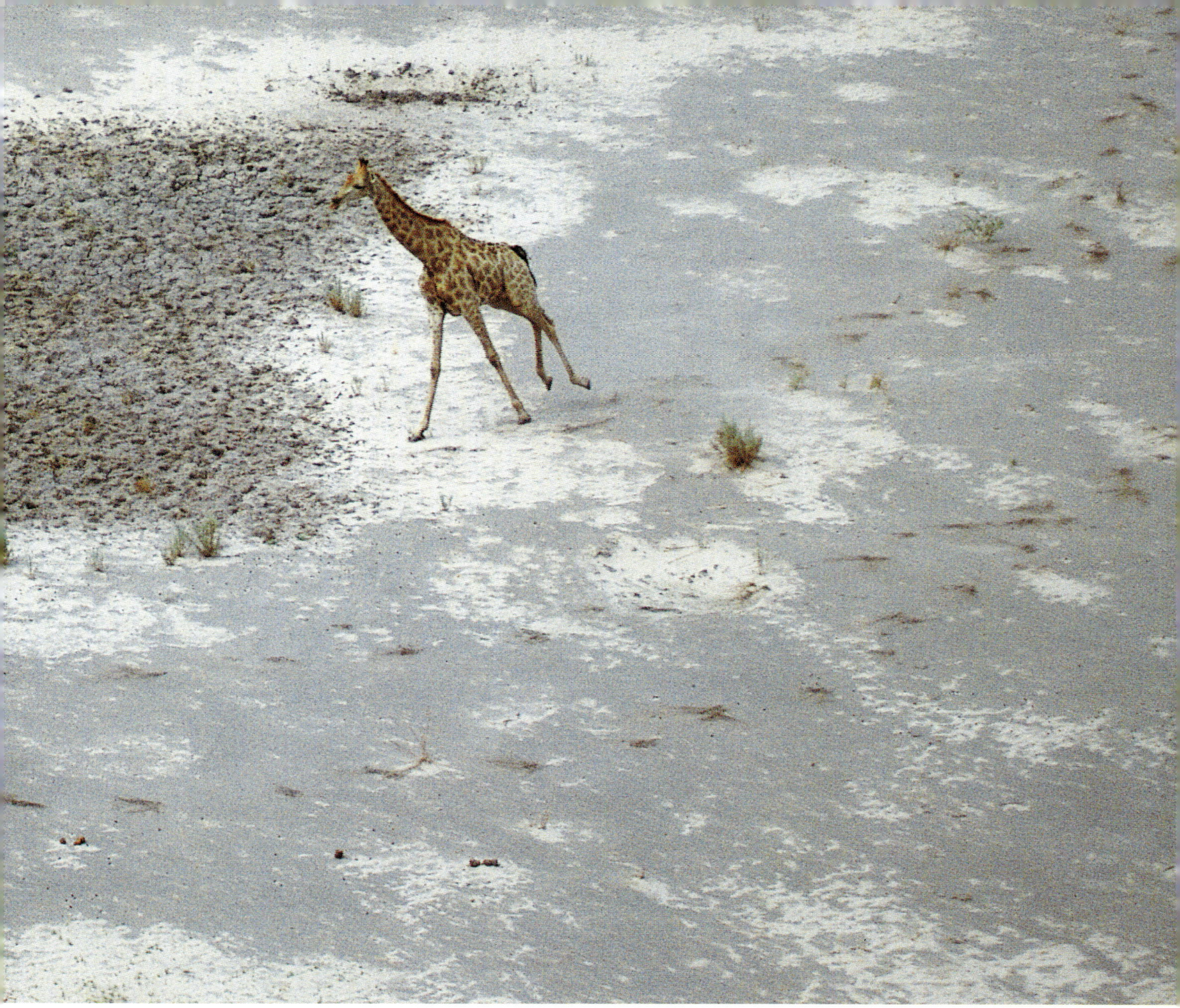

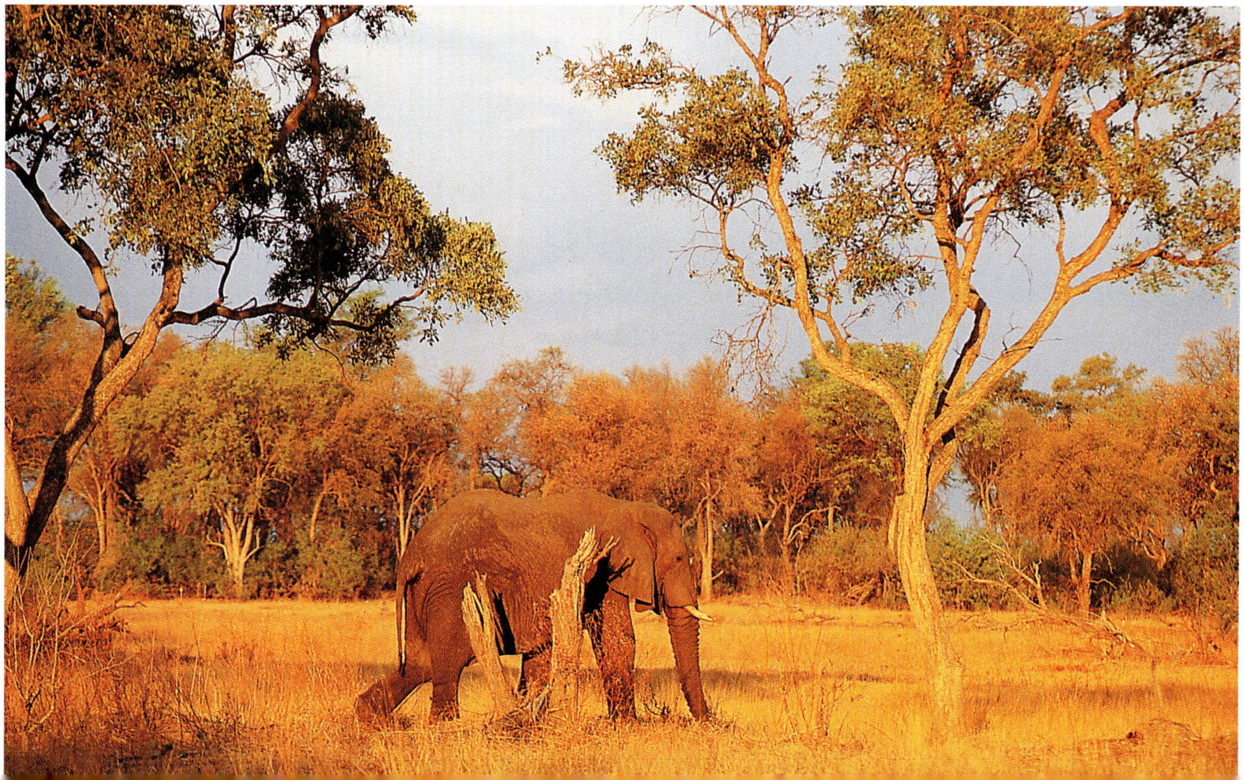

Moremi-Wildreservat

Oben: Ein im turmhohen Mopane- und Lonchocarpus-Wald klein wirkender Elefant versucht in der Nähe des Nordtors des Moremi-Reservats, einen abgerissenen Baumast in „mundgerechte" Stücke zu zerkleinern. Während manche Naturschützer den von Elefanten verursachten „Wildschaden" beklagen, weisen andere darauf hin, daß sie ihren Lebensraum nur „modifizieren", gewöhnlich zum Vorteil anderer Lebewesen.

Rechts: Ein gelungenes Bild: Zwei Wasserböcke posieren in fast perfekter Symmetrie in der Nähe der Khwai River Lodge am Rand des Reservats.

MOREMI-WILDRESERVAT

Oben: *Fliegende Grazie: Zwei Impalas fliehen mit dramatischen Luftsprüngen vor einem realen, vielleicht aber auch nur eingebildeten Feind.*

Links: *Obwohl das Chamäleon für Menschen ungefährlich ist, fürchten viele abergläubische Afrikaner auf dem Land es als Symbol des Bösen. Chamäleons, die zu den seltsamsten Reptilien gehören, können ihre Augen unabhängig voneinander bewegen, aber wenn sie eine Beute anvisieren, fixieren beide Augen sie wie ein Stereoskop.*

Moremi-Wildreservat

Oben: Wie Krokodile müssen auch Elefanten ihre Körpertemperatur kontrollieren. An heißen Tagen scheinen sie sich damit zu vergnügen, in Flüssen und Wasserlöchern zu planschen. Diese Bullen genießen ein Bad im Khwai River.

Rechts: Eine Mohrenralle stolziert am Rand des Sumpfgebiets im Moremi über ein Stück schwimmendes Treibholz auf der Suche nach Insekten, Früchten und Samen als Mittagsmahl.

MOREMI-WILDRESERVAT

Links: *Krokodile regulieren mit Hilfe der Sonne ihre Körpertemperatur. An kühlen Morgen und an Wintertagen kann man sehen, wie sie sich auf Sandbänken und an Flußufern und Lagunen sonnen.*

91

Oben: *Ein Schwarm von Blutschnabelwebern kreist und wirbelt in geordnetem Durcheinander umher. Die nicht zufällig „Heuschreckenvögel" genannten Tiere schwärmen zu Millionen aus und verursachen in ganz Afrika beträchtlichen Schaden an Getreidepflanzen.*

Links: *Ein Kampfläufer durchstreift sein Revier am Wasserrand auf der Suche nach Krebsen, Insekten und Würmern, die den Hauptteil seiner Nahrung bilden, obwohl er auch Pflanzen und kleine Weichtiere nicht verschmäht.*

MOREMI-WILDRESERVAT

Oben: *Die Reiherkolonie in der Gadikwe-Lagune, mehrere Stunden Bootsfahrt vom Xaxanaka-Zeltplatz im Moremi oder eine halbe Stunde vom günstig gelegenen Shindi Island Camp entfernt, bietet Nistplätze für Tausende von Vögeln, wie zum Beispiel für diesen Marabu. Zu den hier lebenden Vögeln gehören auch Klaffschnabel und Nimmersattstörche, Pelikane, Kormorane, Schlangenhalsvögel und verschiedene Reiher.*

Links: *Scheu, zurückhaltend und tagsüber selten zu sehen ist der Weißrücken-Nachtreiher, der jeden passionierten Vogelbeobachter in Verzücken versetzt. Er lebt an dichtbewachsenen Wasserläufen.*

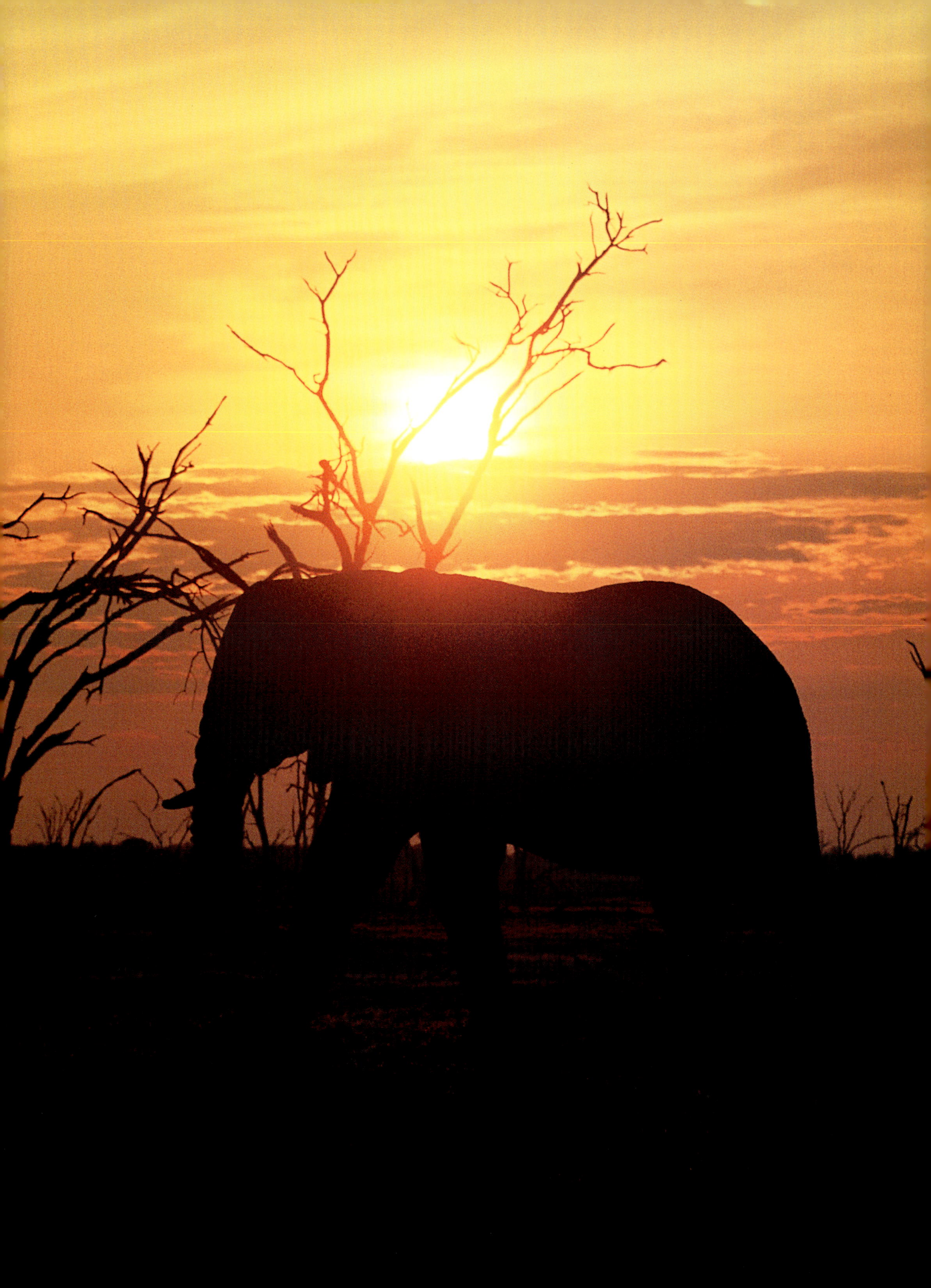

CHOBE

Gegenüber: *Ein Elefant im Savute-Sumpf.*
Oben: *Das große Gähnen.*

Der Chobe-Park ist eines der schönsten Wildreservate Afrikas und seinem Rang nach mit Südafrikas Krügerpark, Simbabwes Hwange und Kenias Masai Mara zu vergleichen. Er erstreckt sich über 12 000 km² flaches, sonnenversengtes Grasland, Mopane- und Akaziengelände im äußersten Norden von Botswana und ist die Heimat einer atemberaubenden Fülle und Vielfalt von Tieren und Vögeln.

Die Landschaft innerhalb des Parks ist eher konturlos, aber gegen Osten unterbrechen die bescheidenen Hügel von Gcoha und Gubatsaa den Horizont. Südlich von ihnen liegt das große, flache Becken der Mababe-Senke, das heute ausgetrocknete Bett eines ehemaligen Sees. In der Nähe befindet sich der Savute-Sumpf – ein etwas irreführender Name, da er heute selten überschwemmt wird, obwohl gelegentlich ein kleiner Teil des Okawango-Flutwassers entlang der Magwegqana-Verwerfung den Weg in den Savute-Kanal findet, wenn der Regen im Hochland des weit entfernten Angola besonders reichlich ausfällt.

Die meiste Zeit des Jahres bleibt der Savute-„Sumpf" eine weite, knochentrockene, baumlose Ebene, in der nur die widerstandsfähigsten Lebensformen gedeihen. Aber mit den ersten Niederschlägen der Regenzeit (normalerweise etwa Mitte November) belebt sich die scheinbar unfruchtbare Erde, und ihr reiches, frisches Gras wirkt wie ein Magnet auf Elefant und Büffel, Giraffe, Gnu, Impala, Sassaby- und andere Antilopen und auf die großen Zebraherden. Das Wild der Ebene zieht wiederum ein Aufgebot großer Raubtiere an – Löwe und Leopard, Gepard, Hyäne, Hyänenhund. Savute ist in der Tat für seine Raubtiere berühmt.

Eine beständigere Wasserquelle, die wahre Lebensader des Parks, ist das üppige, schöne Flußsystem des Linyanti-Chobe, das die Nordgrenze bildet. Die beiden Flüsse (die eigentlich Abschnitte desselben Wasserlaufs darstellen) sind der Lebensraum von Krokodil und Flußpferd, der Chobe-Schirrantilope, des roten Litschi-Wasserbocks und der seltenen Puku-Antilope. In der Trockenzeit ist das Wild hier dicht gedrängt und gut zu sehen – am Ende der Regenzeit im März und April wandern Büffel und etwa 35 000 Elefanten und andere Savannentiere nach Norden, um sich zu Tausenden im fruchtbaren Schwemmland zu versammeln.

Chobe

Oben: In staubgeschwärzter Luft nimmt ein Kaffernbüffel prüfend Witterung auf und ist bereit, jeden Angreifer herauszufordern. Obwohl sie so zahm wie Hausvieh aussehen, zählen diese riesigen Tiere zu den gefährlichsten Afrikas, wenn sie verwundet, in die Enge getrieben oder bedroht werden.

Links: Savute ist Elefantenland, und kaum ein anderer Ort auf der Welt ist im Sommer so gut geeignet wie die Pump Pan, um die Ungetüme beim Rasten und Spielen zu beobachten. Ein Bulle besprüht sich selbst mit dem kühlen Naß. Andere trinken, während sich im Hintergrund eine Impala-Herde zögerlich nähert.

Folgende Doppelseite: Eine Elefantenherde mit Kühen und Kälbern zieht durch das offene Gelände des Savute-Sumpfes, das infolge des Austrocknens des Savute-Kanals zu Beginn der achtziger Jahre zum Grasland verkam.

Rechts: Hautnahe Begegnungen mit Elefanten sind im Savute-Marschland leichter möglich als anderswo in Botswana, da die Tiere sich hier an Fahrzeuge gewöhnt haben und ganz nahe an die Kameras herankommen.

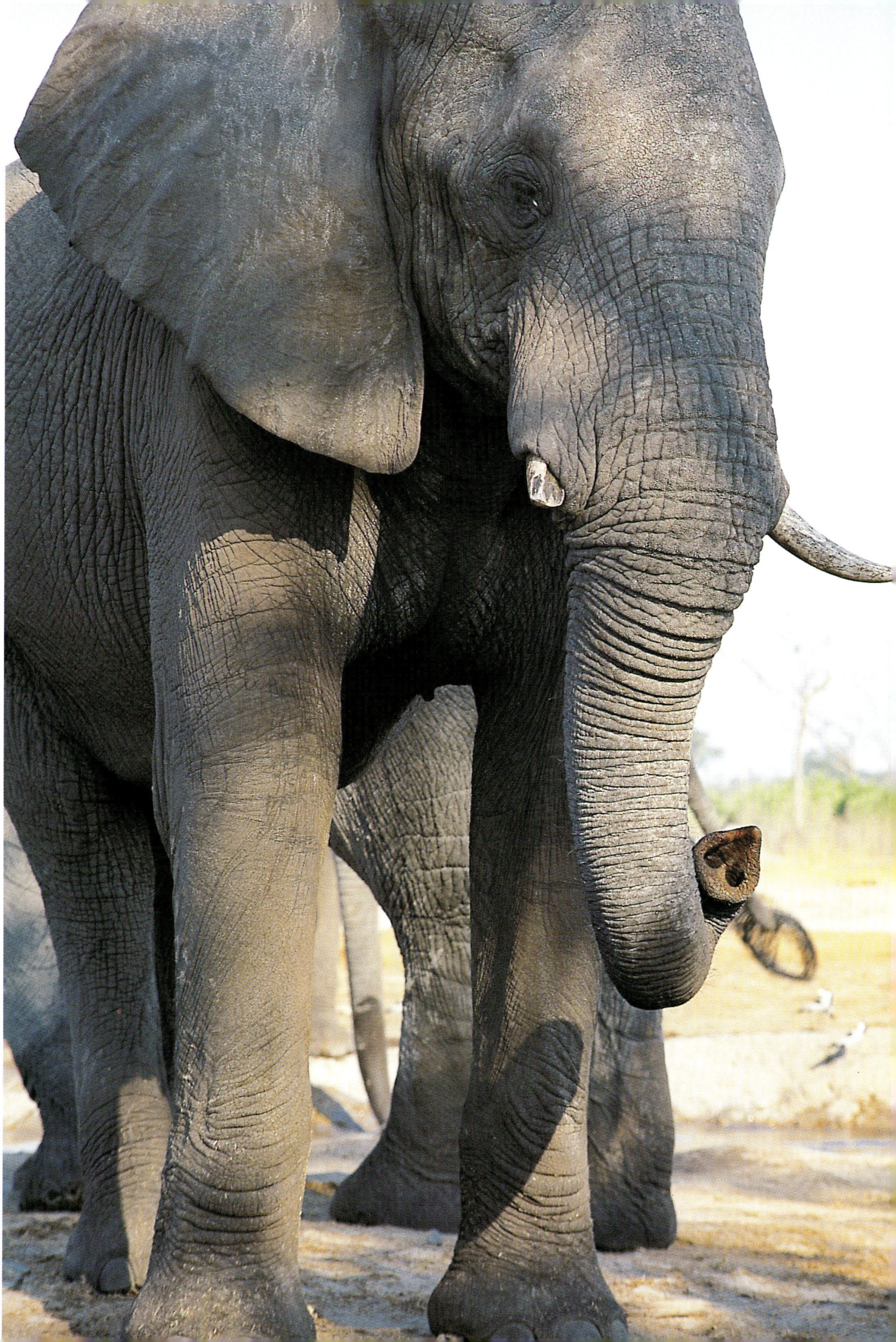

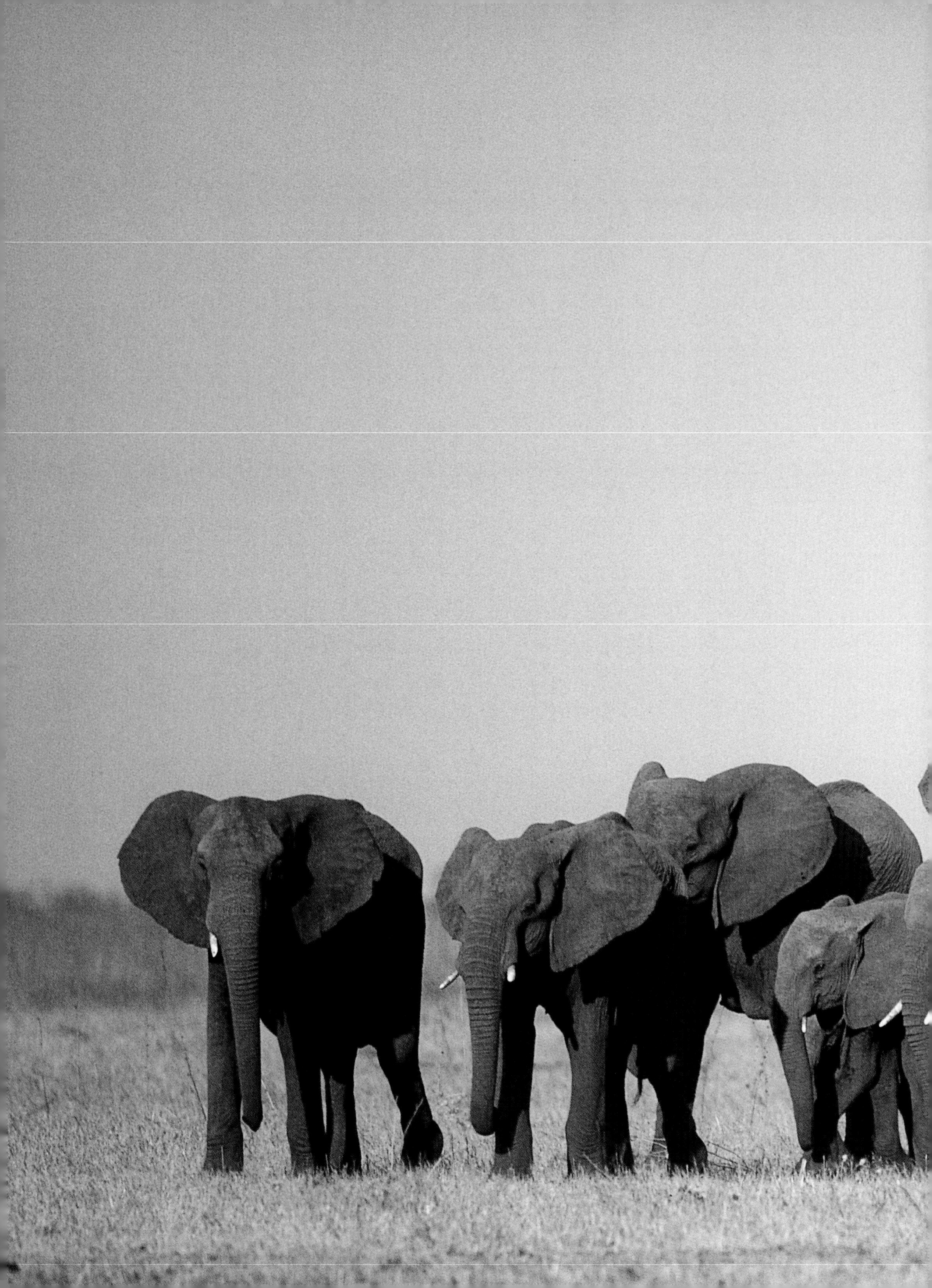

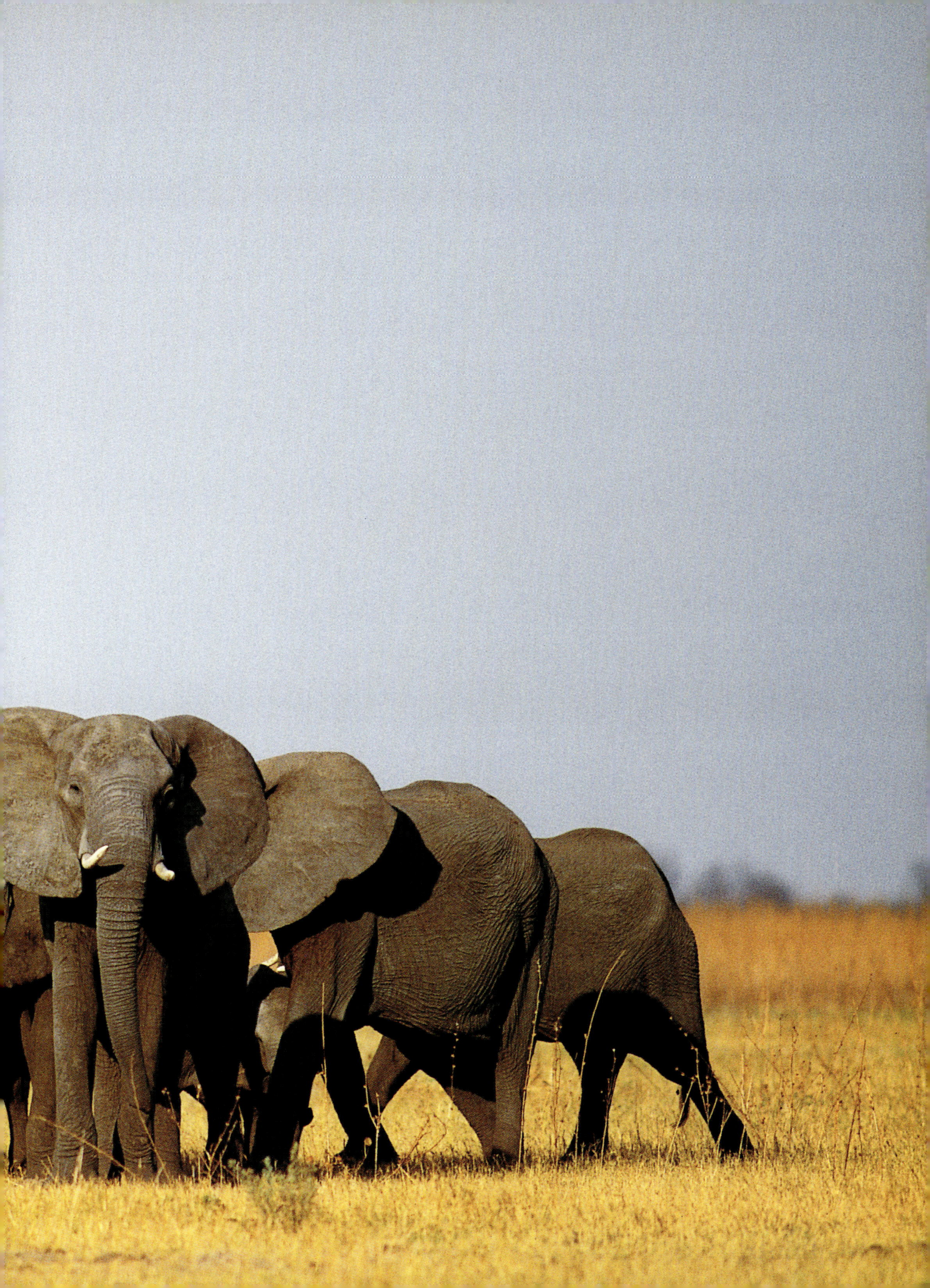

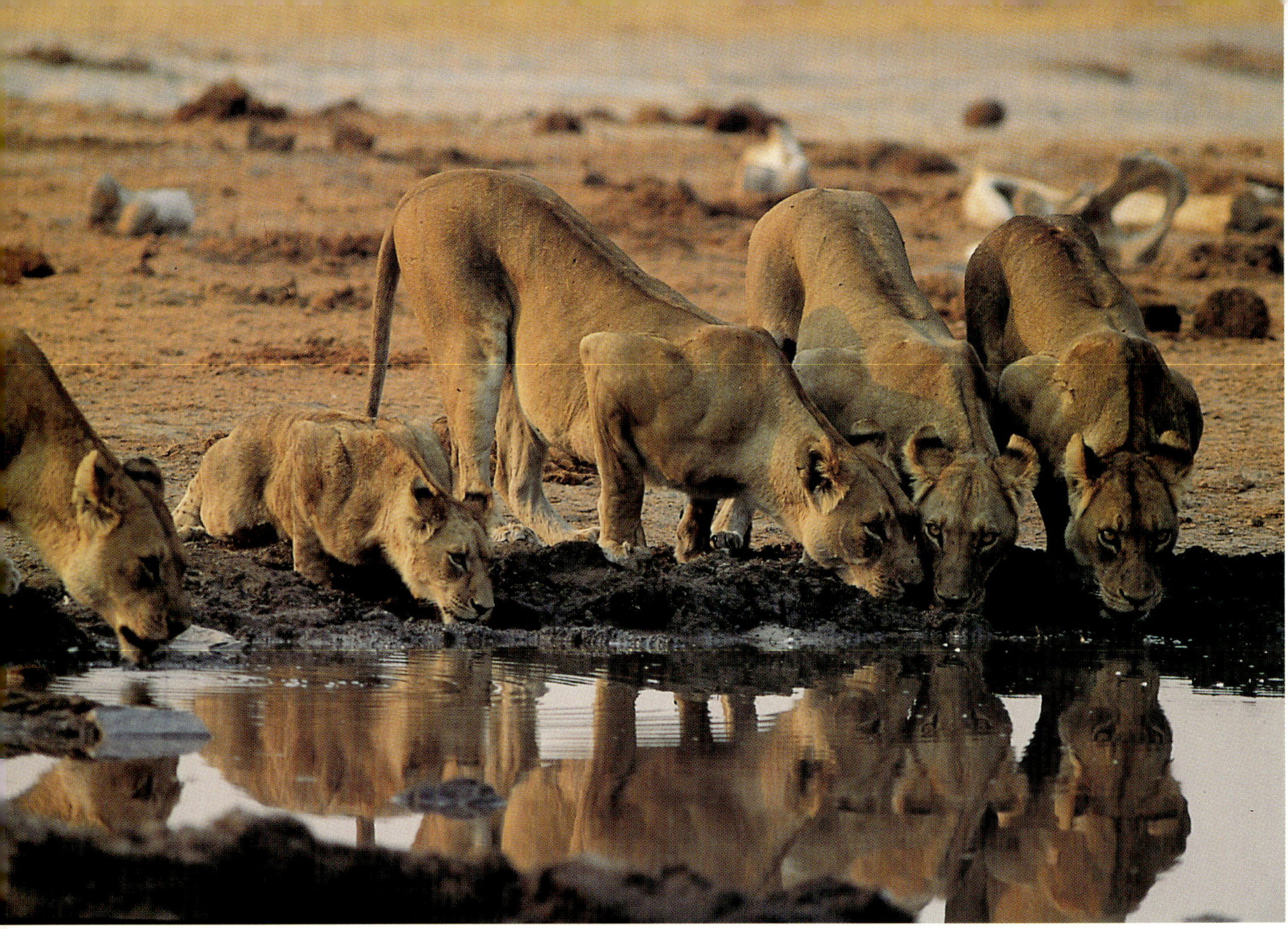

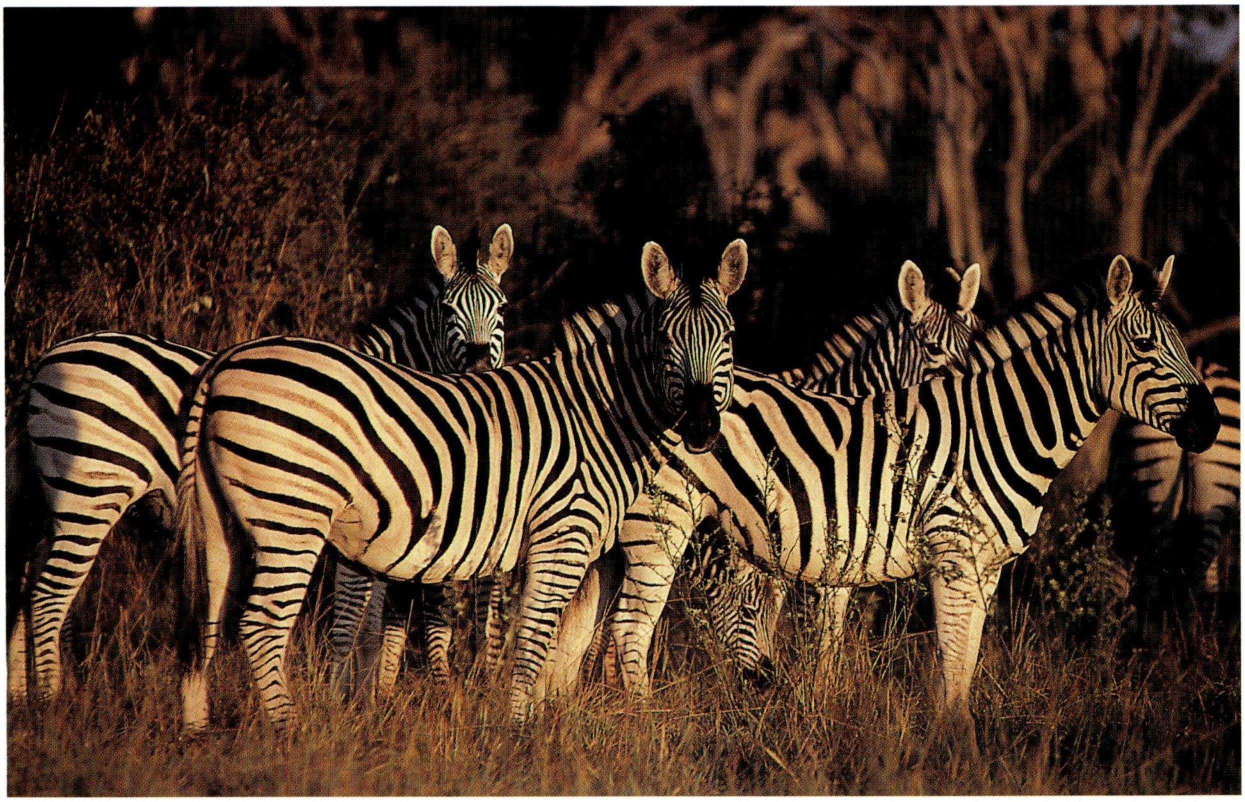

Gegenüber oben: *Die Löwen von Savute sind fast so berühmt wie die Elefanten; die örtlichen Safariführer kennen die Rudel und sogar die Einzeltiere mit Namen. Hier stattet ein Rudel nach dem nächtlichen Streifzug dem Wasserloch einen Besuch ab, bevor es sich einen schattigen Ruheplatz sucht.*

Gegenüber links: *Das Zebra ist das Wappentier Botswanas. Der Bestand hat jedoch durch Dürre, exzessive Jagd und durch Veterinärkordonzäune, die die Wanderwege und den Zugang der Tiere zum Wasser abgeschnitten haben, bedenklich abgenommen.*

Oben: *Die scheue Impala ist eine der hübschesten Antilopen, wird aber von den meisten Safariteilnehmern nicht besonders beachtet, weil sie so häufig anzutreffen ist. Diese wendigen Tiere spielen in der Ökologie des Buschlands eine wichtige Rolle. Es ist erstaunlich, wie gut sie sich an überweidete oder zertrampelte Gelände anpassen.*

CHOBE

Chobe

Gegenüber: *Eine große Büffelherde zieht durch das Schwemmland des Chobe River und wird sich bald während der Hitze des Tages in das nahe gelegene Waldland zurückziehen. Gegen Ende der Trockenzeit sind nach Tausenden zählende Büffelherden an den Flußufern nichts Ungewöhnliches.*

Ganz oben: *Im allgemeinen ist Nordbotswana flach und konturlos, doch lockern mehrere felsige Inselberge die Eintönigkeit der Landschaft auf. Hier entfernt sich ein Elefant vom Gubatsaa-Schichtenkopf, nachdem er sich an der reichen Vegetation an seinen unteren Abhängen satt gefressen hat.*

Oben: *Eine Sassaby-Herde sucht im Schatten einer eindrucksvollen Akazie im Herzen des Savute Schutz vor der prallen Mittagssonne.*

Chobe

Links: Durch das Austrocknen des Unterlaufs des Savute-Kanals zu Beginn der achtziger Jahre gingen zahllose Tiere zugrunde, darunter viele Krokodile und Flußpferde. Im Savute-Gebiet gibt es heute keines dieser Wassertiere mehr. Doch wo der Oberlauf des Kanals aus dem Linyanti-Sumpf austritt und das ganze Jahr über Wasser führt, ist er nach wie vor ein Zufluchtsort für sie.

Unten: Eine Gruppe von Elefantenbullen versammelt sich an einer Salzpfanne in Savute um das Wasser. Es herrscht eine strenge Rangfolge. Mitglieder mit niedrigem Rang müssen lange warten, bevor sie zum Trinken kommen.

Gegenüber: Ein Impala-Bock beugt sich zum Trinken herab, während ein auf seiner Schulter sitzender Gelbschnabelmadenhacker Wache hält. Die Beziehung lohnt sich für beide – der Vogel ernährt sich von den Zecken und anderen Parasiten, die im Fell der Impala sitzen.

CHOBE

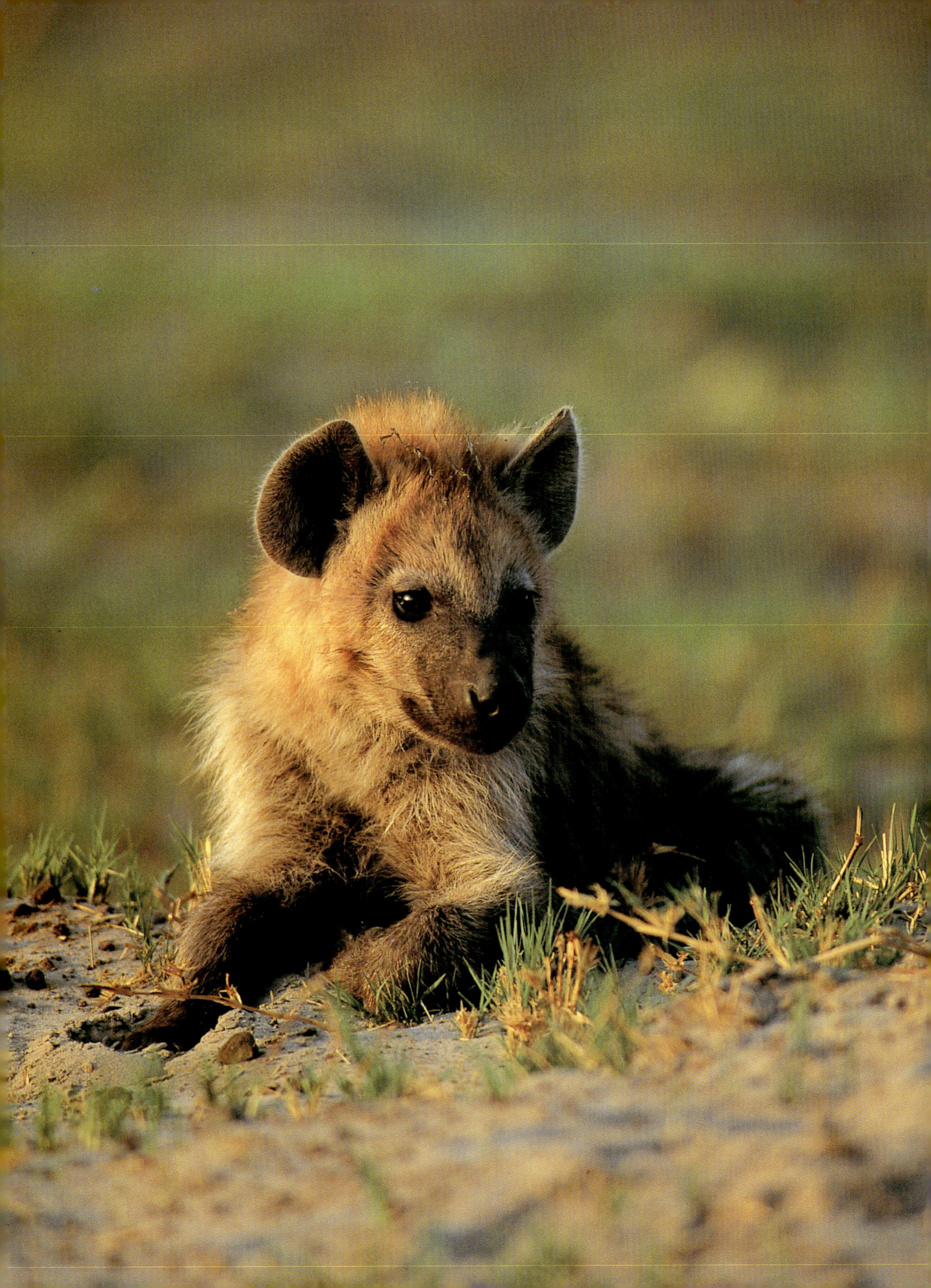

Gegenüber: *Eine junge Tüpfelhyäne hält nahe ihrer Höhle Wacht und wartet vielleicht auf die Rückkehr des Rudels von der nächtlichen Futtersuche.*

Oben: *Kudu, Impala und Helmperlhühner löschen ihren Durst an einem Wasserloch und versuchen dabei Nutzen aus der Gegenwart des anderen zu ziehen. Die meisten Beutetiere der Wildnis sind beim Trinken besonders verwundbar, die nervöse Spannung ist fast greifbar.*

Rechts oben: *Der Raubvogel, der wohl am zahlreichsten während der Sommermonate in Botswana auftaucht, ist der Gelbschnabel-Schwarzmilan.*

Rechts: *Das Warzenschwein verdankt seinen Namen den warzenähnlichen Höckern auf dem Gesicht. Weibchen haben ein Paar Warzen, Männchen zwei. Die Tiere sind gewöhnlich in engen Familienverbänden anzutreffen. Nachts suchen sie in ihrem Bau Schutz, in den sie sich mit dem Hinterteil voran zurückziehen.*

Folgende Doppelseite: *Die Savute-Löwen sind berühmt für ihr Jagdgeschick. Immer wieder kommt es vor, daß sie so große Tiere wie ausgewachsene Giraffen erlegen, auch wenn diese in der Lage sind, sich heftig zu wehren: Ihr Tritt kann tödlich sein; es sind mehrere Fälle bezeugt, daß angreifende Löwen dadurch getötet wurden.*

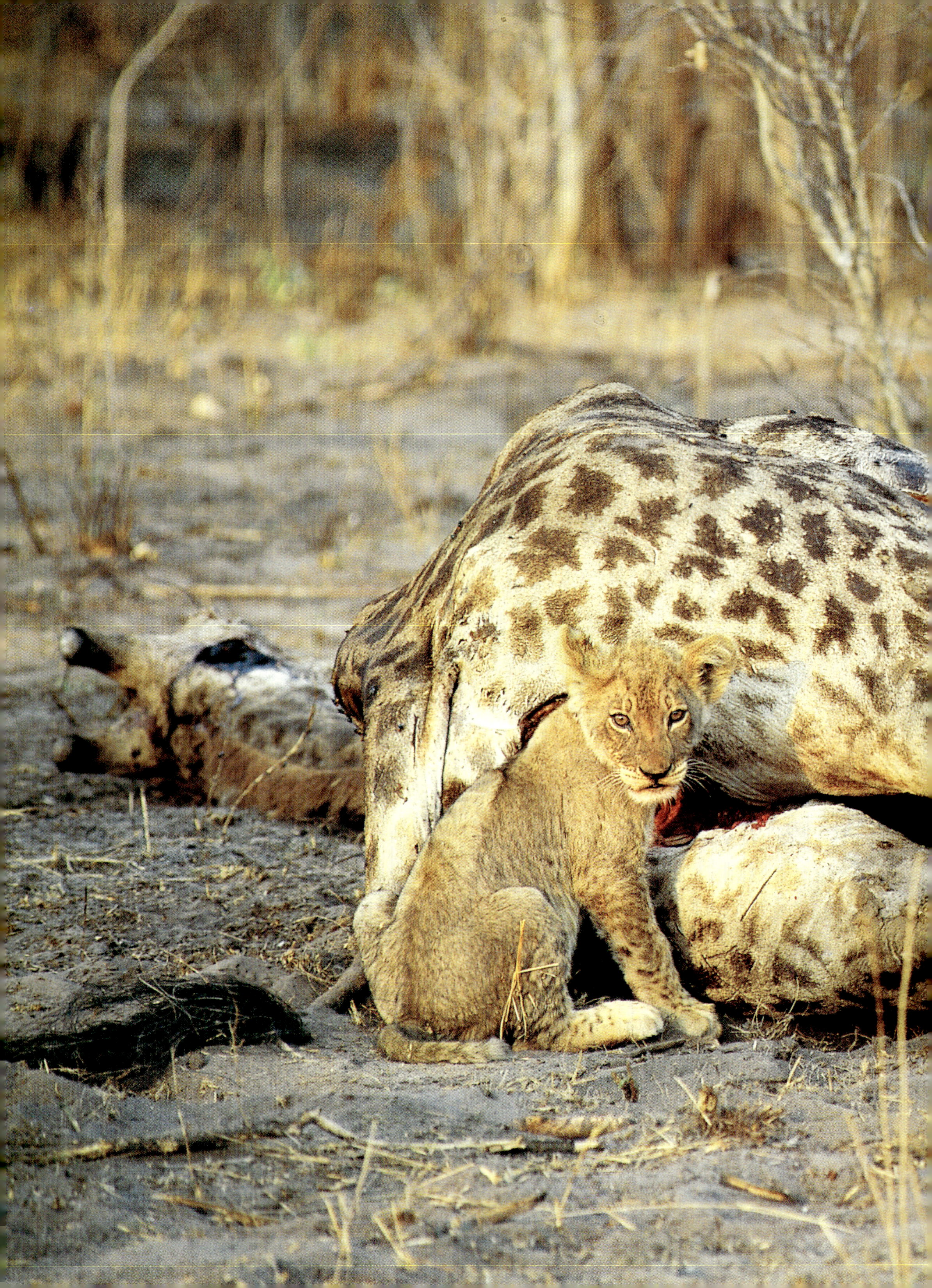

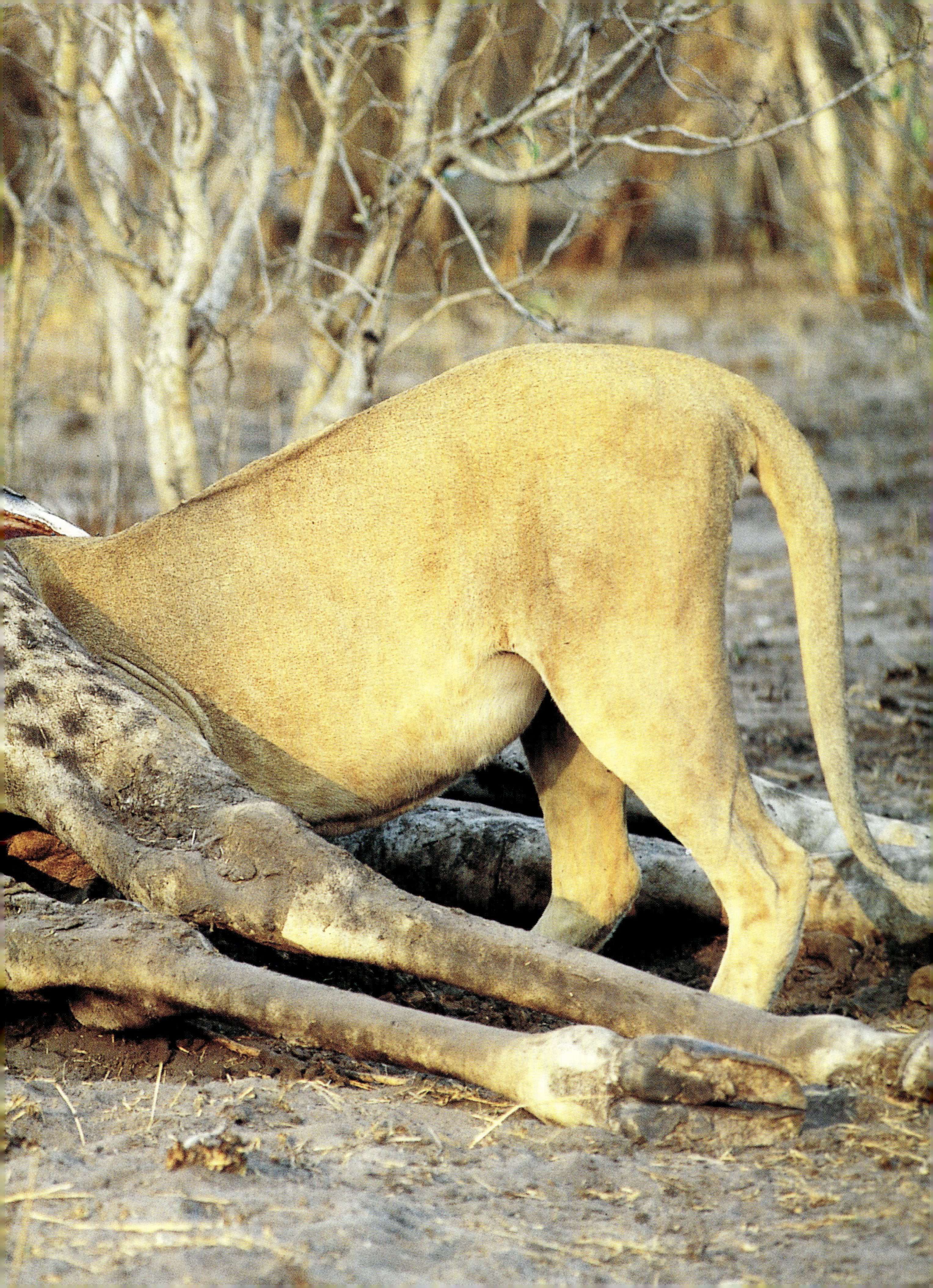

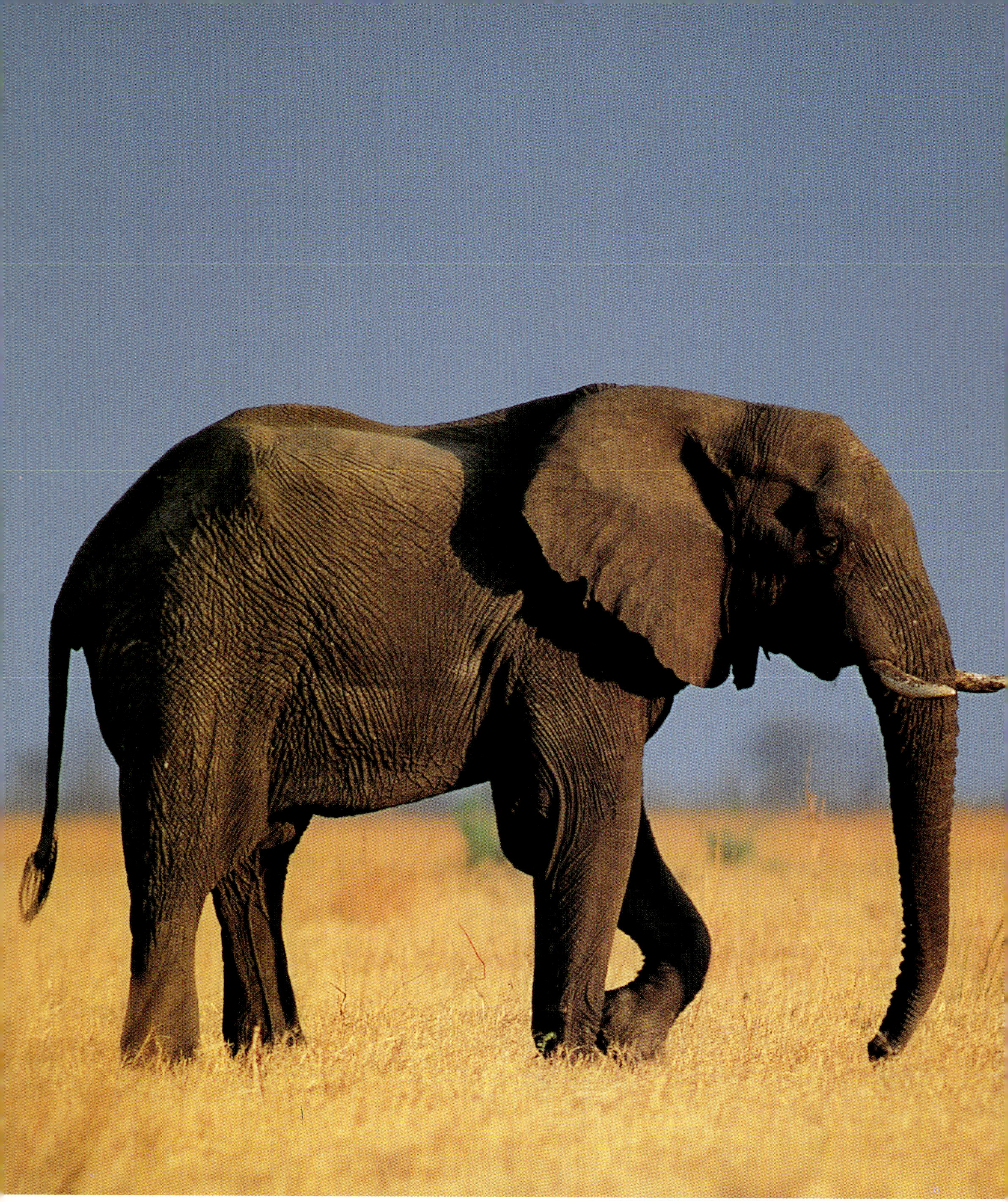

Gegenüber: *Elefanten verzehren bis zu 180 kg Futter am Tag. Normalerweise variieren sie ihre Nahrung und nehmen alles zu sich, von Gras und Blättern bis zu Grobfutter wie Baumrinde, Wurzeln und Zweigen. Sie fressen fast andauernd, tagsüber und in der Nacht, und ruhen sich nur kurzfristig aus. In den frühen Morgenstunden liegen sie zum Schlafen jedoch flach auf der Seite.*

Rechts: *Von Elefanten eingerahmt nähern sich Impala und Kudu der Pump Pan im Savute, in der Hoffnung, daß die Löwen in Anwesenheit der Dickhäuter keinen Angriff auf sie unternehmen.*

Links und rechts unten: *Ein Glockenreiher breitet beim Fischen im Selinda-Abflußkanal seine Flügel schirmförmig aus. Warum er das tut, ist nicht genau bekannt. Manche Wissenschaftler glauben, der Vogel locke seine Beute – kleine Fische – in das Dunkel unter seiner Federkuppel, wo er sie dann leicht fangen kann. Andere meinen, daß er seine Schwingen ausbreite, um die Spiegelung des Wassers abzuschirmen, wodurch er seine Beute besser unter der Wasseroberfläche erspähen kann.*

112

Chobe

Links: *Eine Flußpferdgruppe am Oberlauf des Savute-Kanals geht ins tiefere Wasser, während die Abendsonne eine sich nähernde Gewitterfront vergoldet.*

Gegenüber unten: *Ein seltener Weißschwanzichneumon steht wie angewurzelt im Scheinwerferlicht einer nächtlichen Exkursionsgruppe aus Selinda, einem kleinen und exklusiven Camp im Photo-Africa-Verbund.*

Unten: *Großwild-Fotosafari mit dem Komfort eines luxuriös ausgestatteten Hausboots ist nur eine der vielen Attraktionen des Chobe-Nationalparks.*

CHOBE

Links: *Die eindrucksvolle Cresta Mowana Safari Lodge bei Kasane bietet den absoluten Safari-Luxus. Die Lodge ist in anmutigem Bogen um einen turmhohen Baobab (oder Mowana) herumgebaut. Der ursprüngliche Baum wurde kurz vor der offiziellen Eröffnung zusammen mit dem Hauptgebäude der Lodge vom Blitz zerstört; das Hotel wurde jedoch wiederaufgebaut und ein anderer ausgewachsener Affenbrotbaum (Baobab) wurde eingepflanzt.*

Unten: *Chobe Chilwero ist unter anderem wegen seiner attraktiven, A-förmigen, strohgedeckten Hütten beliebt – und wegen seiner Führer, die zu den besten des Landes zählen.*

Ganz oben links: *Linyanti Camp, am Ufer des Linyanti River unter hochragenden Ebenholzbäumen gelegen, bietet Unterkunft in Zelten im traditionellen ostafrikanischen Stil, die von einem dichten Baldachin von Knopfdornbäumen beschattet werden.*

Ganz oben rechts: *Chobe Game Lodge ist für den hohen Standard von Unterbringung und Küche bekannt, die schon mancher Prominente zu schätzen gelernt hat. Elizabeth Taylor und Richard Burton verbrachten ihre zweiten Flitterwochen in dieser Suite mit eigenem Swimmingpool.*

Oben: *Gäste lassen sich den „Brunch" am späten Morgen im Lloyd's Camp in Savute schmecken, bevor sie sich zu einem Mittagsschläfchen zurückziehen und sich dann in der Kühle des späten Nachmittags wieder auf die Suche nach Vögeln und Wildtieren begeben.*

Chobe

Links ganz oben: *Die Ruhe dieses jungen Bärenpavians, der gemütlich in der Morgensonne sitzt, läßt nichts von dem Übermut ahnen, der ihn und seine jungen Rudelgenossen wahrscheinlich im weiteren Lauf des Tages befällt.*

Links unten: *Ein Buschbock – auch Schirrantilope genannt – steht wachsam auf der Uferböschung des Chobe River. Der Chobe-Buschbock kommt nur im flußnahen Waldland entlang dem Chobe und dem Linyanti vor.*

Oben: *Wenn die Sonne im Westen versinkt, erwacht das Löwenrudel und bereitet sich auf die bevorstehende nächtliche Jagd vor. Löwen schlafen über 20 Stunden pro Tag und jagen hauptsächlich in der Dunkelheit.*

Chobe

Unten: *Gäste aus der Chobe Game Lodge sehen einer Löwin aus nächster Nähe beim Verzehr ihrer Beute zu.*

Ganz unten: *Eine Warzenschweinsau und ihre Jungen gehen in die Knie, um das frische Grün nach dem Einsetzen des Sommerregens zu genießen.*

Chobe

CHOBE

Links: *Die Fahrt zum Betrachten des Sonnenuntergangs an Bord eines Hausboots, das mit einer gutversorgten Bar ausgestattet ist und heiße und kalte Appetithappen bietet, läßt den afrikanischen Tag romantisch ausklingen. Sogenannte Sundowner Cruises gehören zu den beliebtesten Exkursionen, die die meisten Lodges im Chobe anbieten.*

Unten: *Die Puku-Antilope ist mit dem Litschi-Wasserbock eng verwandt, zählt aber zu den seltensten Antilopen des Landes. Es ist kaum wahrscheinlich, daß man sie in Botswana noch anderswo als am Lauf des Chobe River sieht.*

Chobe

CHOBE

Gegenüber: *Kaffernbüffel sind ausgesprochene Herdentiere, und trotz ihrer Gefährlichkeit für Menschen sind sie in ihren Beziehungen untereinander sanftmütig. Die Harmonie innerhalb der Herde wird durch eine Rangordnung gesichert, die auf dem Alter beruht.*

Links: *Ein Rotschnabel-Madenhacker untersucht den Winkel eines zwinkernden Büffelauges. In Botswana sind sowohl Rotschnabel- als auch Gelbschnabel-Madenhacker vertreten.*

Unten: *Zwei junge Löwen blicken neugierig zum Wagen des Fotografen. Jungtiere in diesem Alter sind, wenn sie von ihren Müttern allein gelassen werden, um auf die Jagd zu gehen, eine besonders leichte Beute für andere Raubtiere wie Hyänen und Leoparden. Es kommt sogar vor, daß sie anderen Löwenrudeln zum Opfer fallen.*

Oben: *Ein Nimmersatt watet auf Futtersuche durch das überschwemmte Grasland. Dazu läuft er mit halbgeöffnetem und ins Wasser getauchtem Schnabel umher und wühlt den Grund mit seinen Füßen auf. Auf diese Weise bekommt er die kleinen Fische, Larven und Krebse zu fassen, von denen er sich ernährt.*

Links: *Ein Zwergblatthühnchen stolziert über ein seerosenbedecktes Stauwasser am Chobe River. Wie das große Afrikanische Blatthuhn hat es sehr lange Füße und Zehen, die es dem Leichtgewicht ermöglichen, über schwimmende Seerosenblätter zu laufen.*

CHOBE

Links: *Ein noch nicht ausgewachsener Gabar-Habicht starrt unverwandt auf einen Schwarm von Blutschnabelwebern, die in der Nähe trinken.*

Unten: *Der Afrikanische Scherenschnabel fischt seine Beute im Flug, indem er mit offenem Schnabel über die Wasseroberfläche gleitet und dabei den längeren Unterschnabel durch das Wasser zieht. Sobald er mit einem Fisch in Berührung kommt, klappt er den Schnabel zu und schnappt seine Beute. Der Scherenschnabel-Bestand hat in den letzten Jahren besorgniserregend abgenommen, was auf die wachsende Zahl von Motorbooten zurückgeführt wird, die in ihren Nistgebieten umherfahren.*

Oben: *Wolken ballen sich bei Tagesanbruch über dem Chobe-Schwemmland, was Regen im Lauf des Tages verspricht. Die von rollendem Donner und gleißenden Blitzen begleiteten Sommerstürme sind äußerst spektakulär – aber auch sehr gefürchtet.*

Links: *Die reizvolle, allgegenwärtige Gabelracke ist jedem Besucher des afrikanischen Kontinents vertraut.*

Gegenüber: *Der Chobe ist einer der schönsten Flüsse des südlichen Afrika. An seinem Unterlauf vereinigt er sich mit dem mächtigen Sambesi und fließt durch Simbabwe und Moçambique ins Meer. Am Oberlauf heißt er Linyanti und bildet die Grenze zwischen Botswana und dem namibischen Caprivi-Zipfel.*

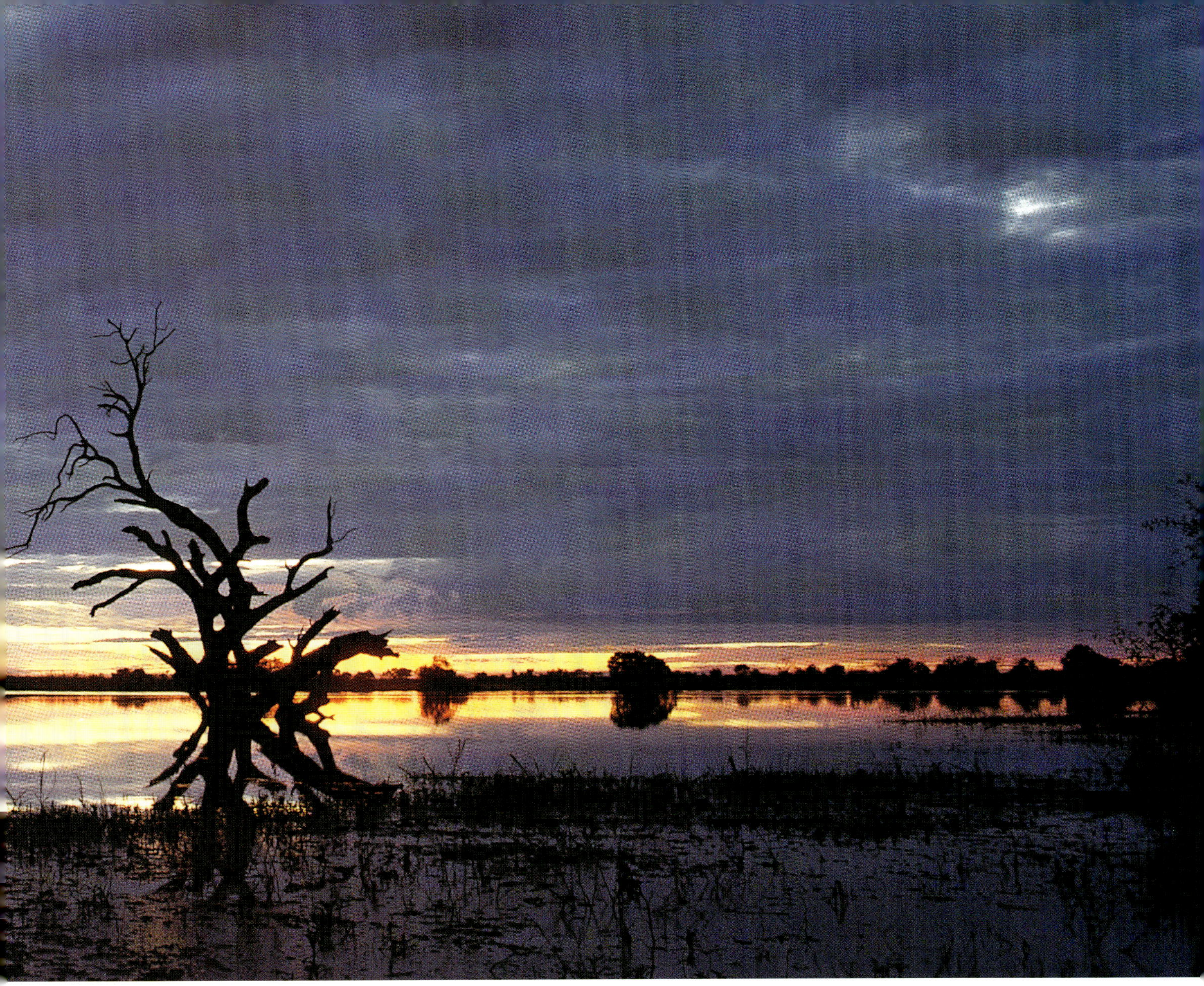

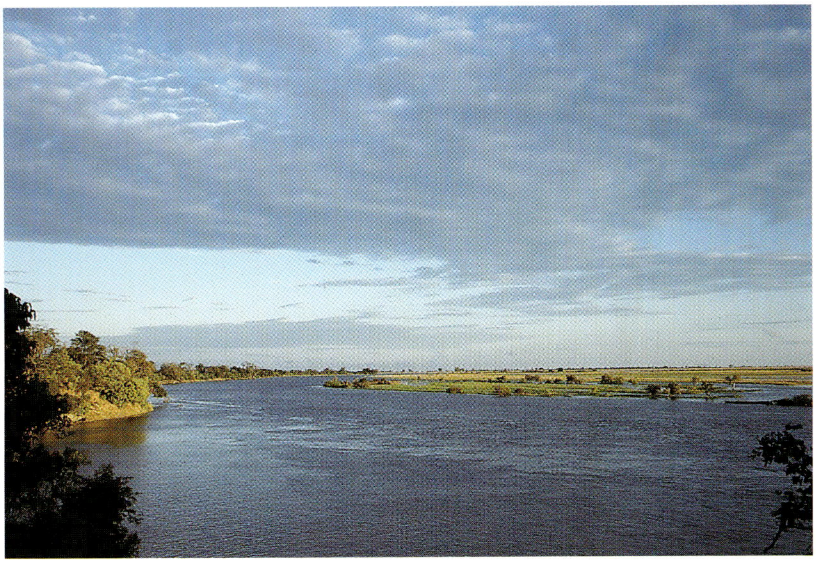

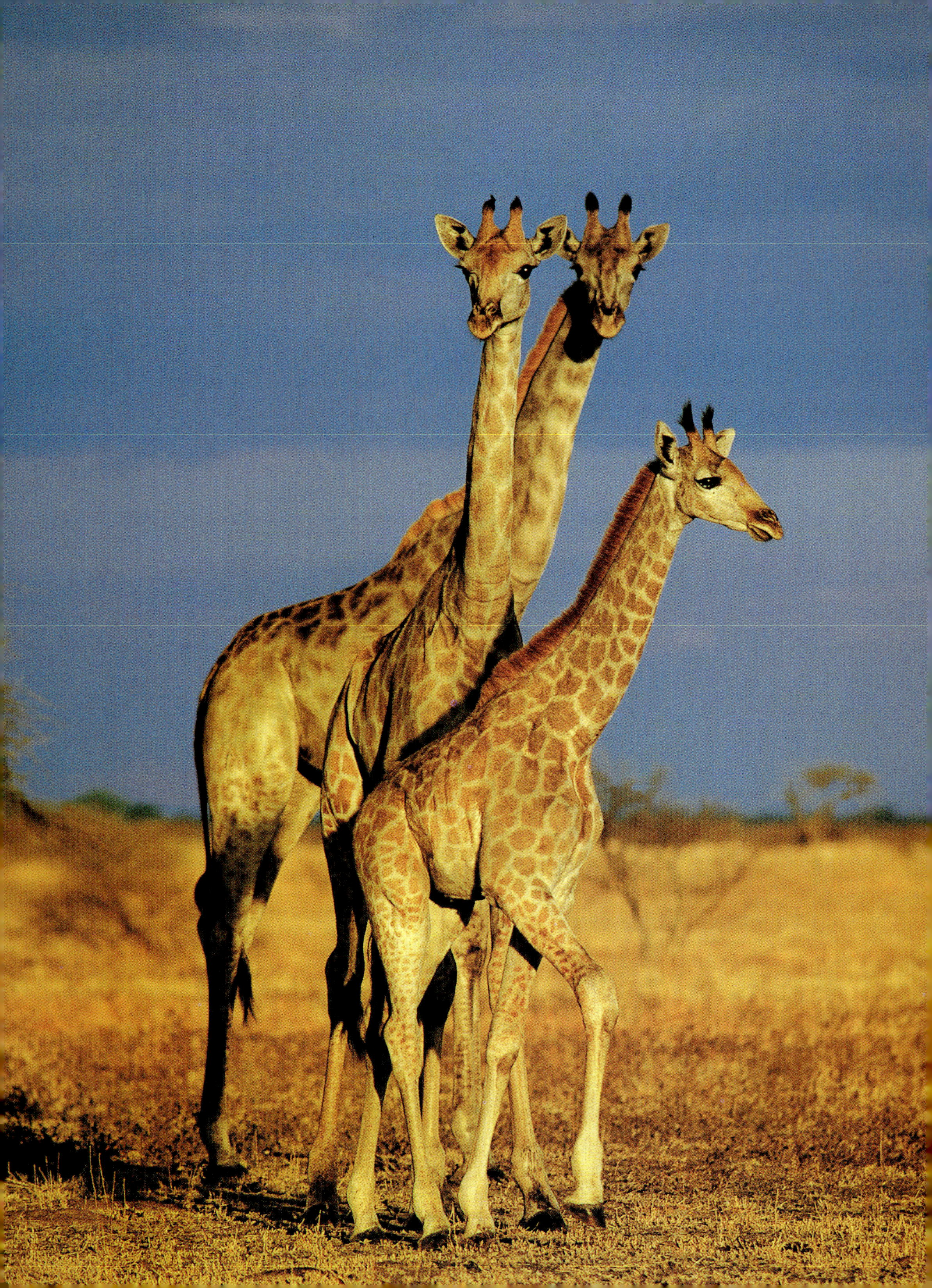

MAKARIKARI UND NXAI

Gegenüber: *Giraffen in der Nxai Pan.*
Oben: *Der bizarre Affenbrotbaum.*

Die Salzpfannen der östlichen Mitte zählen zu den auffälligsten geographischen Eigenheiten Botswanas und stehen in ihrem Bekanntheitsgrad vielleicht an zweiter Stelle nach dem Okawango-Delta. Zwei davon – die Ntwetwe und die Sowa Pan – sind die größten ihrer Art auf der Erde: große, pfannkuchengleiche Flächen sonnenversengten Geländes, gesäumt von den bewachsenen „Inseln" und „Halbinseln" eines Binnenmeers, das vor undenklichen Zeiten vom Sambesi, Kwando und Okawango gespeist wurde. Nun sind sie die meiste Zeit des Jahres über eine staubtrockene Einöde von hartem, blendendweißem Salzsand und in der heißen Luft flimmernden Luftspiegelungen.

Aber wenn der Sommerregen fällt, verwandelt sich die Salzwüste. Zahllose Wasservögel werden dann von den Tümpeln und seichten Wasserflächen angezogen, die die krustige Oberfläche bedecken, darunter Pelikane und riesige Flamingoschwärme. In regenarmen Zeiten liefern sich diese einen Wettlauf auf Leben und Tod gegen die Zeit, wenn ihre zu spät ausgebrüteten Küken darum kämpfen, das Fliegen zu erlernen, bevor das letzte Wasser verdunstet und die Raubtiere eindringen.

Die mineralienreichen Salzpfannen locken auch eine eindrucksvolle Zahl von Tieren an. Tatsächlich erhält die Großregion trotz ihrer unwirtlichen Erscheinung eine große Zahl von Savannentieren am Leben, obwohl die Populationen beständig abnehmen, da das Farmland in die Weiden vordringt und die Zäune der Veterinärkordons die Wanderrouten der Wildtiere blockieren. Während der Trockenmonate versammeln sich die Herden im offenen Grasland um den Boteti River im Westen und wandern dann zu Beginn der Regenzeit auf der Suche nach Futter nach Norden zu einer Reihe anderer Salzpfannen.

Unter diesen ist Nxai die größte. Auch sie war einst Teil eines Seenkomplexes, unterscheidet sich aber deutlich von Ntwetwe und Sowa: Hier gibt es anstelle einer salzigen Einöde weite Flächen Gras und gelegentliche „Bauminseln", all das umgeben von Savannenwaldland.

Die Tierwelt der Nxai Pan gleicht der ihrer südlichen Nachbarn. Doch in den meisten Jahren kommen noch große (bis zu 60 Exemplare starke) Giraffengruppen dazu und kleine Elefantentrupps, die zu Beginn der Regenzeit von Norden her einsickern.

Makarikari und Nxai

Makarikari und Nxai

Kubu Island **(links)**, *eine felsige Erhebung, über die sich groteske Affenbrotbäume* **(unten)** *und alte Steinmauern unbekannten Ursprungs verteilen* **(gegenüber unten)**, *erhebt sich unerwartet und ein wenig mysteriös aus den konturlosen Salzflächen der Makarikari-Pfannen. Die Salzpfannen bildeten einst das Bett eines großen Binnenmeers. Hier läßt sich noch die alte Küstenlinie verfolgen und über kieselgewaschene Strände schlendern, die vor undenklichen Zeiten entstanden. Wenn der Wind nachts durch die verkrümmten Äste der Affenbrotbäume der Insel heult, kann man sich leicht einbilden, dem Geflüster der Geister einer vergessenen alten Kultur zu lauschen.*

Makarikari und Nxai

MAKARIKARI UND NXAI

Gegenüber: *Die Kalahari-Löwen gehören nach allgemeiner Auffassung zu den größten Afrikas und sind bekannt für ihre prachtvollen schwarzen Mähnen.*

Links: *Wenn der Regen fällt und sich die Kalahari-Salzpfannen füllen, tauchen Geschöpfe wie diese Pantherschildkröte auf, um die allzu kurze Saison auszunutzen. Bald werden sich hier Wasservögel aus dem gesamten Kontinent einfinden.*

Unten: *Die meiste Zeit des Jahres ist die Nxai Pan unfruchtbar und leblos, da der Großteil des Wildes in angenehmere Zonen abgewandert ist. Sobald jedoch erst einmal die Regenzeit beginnt und das Gras der Ebene üppig und saftig sprießt, versammeln sich hier Springbock, Säbelantilope (Oryx), Zebra und eine ganze Reihe anderer Pflanzenfresser.*

Makarikari und Nxai

Oben: *Flamingos kommen zu Zehntausenden, um in den Makarikari Pans zu brüten, wenn sie zu Zeiten reichlichen Sommerregens überschwemmt sind. In manchen Jahren trocknen die Pfannen jedoch aus, bevor die Küken flugfähig sind, die dann verhungern und verdursten.*

Links: *Ein einsamer Stelzenläufer pickt sich durch die Untiefen einer unter Wasser stehenden Salzpfanne, die die untergehende Sonne in flüssiges Gold verwandelt hat.*

Gegenüber: *Eine Jeepspur durchzieht die scheinbar leere Einöde in einem abgelegenen Winkel der Nxai Pan.*

Folgende Doppelseite: *Die sogenannten Baines' Baobabs sind insofern ungewöhnlich, als diese Bäume sonst selten so eng beieinander wachsen. Hier befand sich einst ein beliebter Zeltplatz für Besucher dieser Gegend, aber seit Erweiterung des Nationalparks 1993 ist das Campen hier nicht mehr erlaubt.*

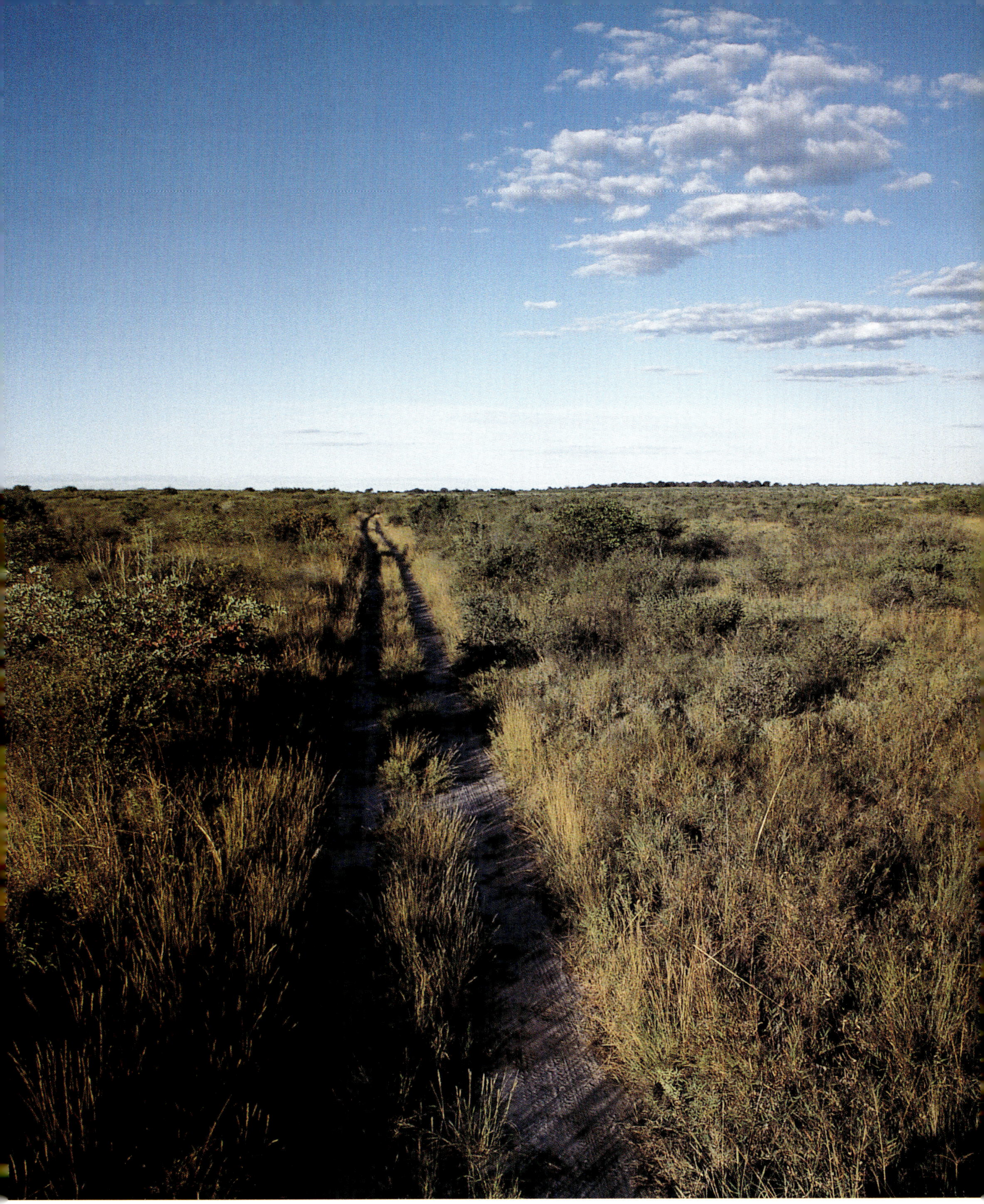

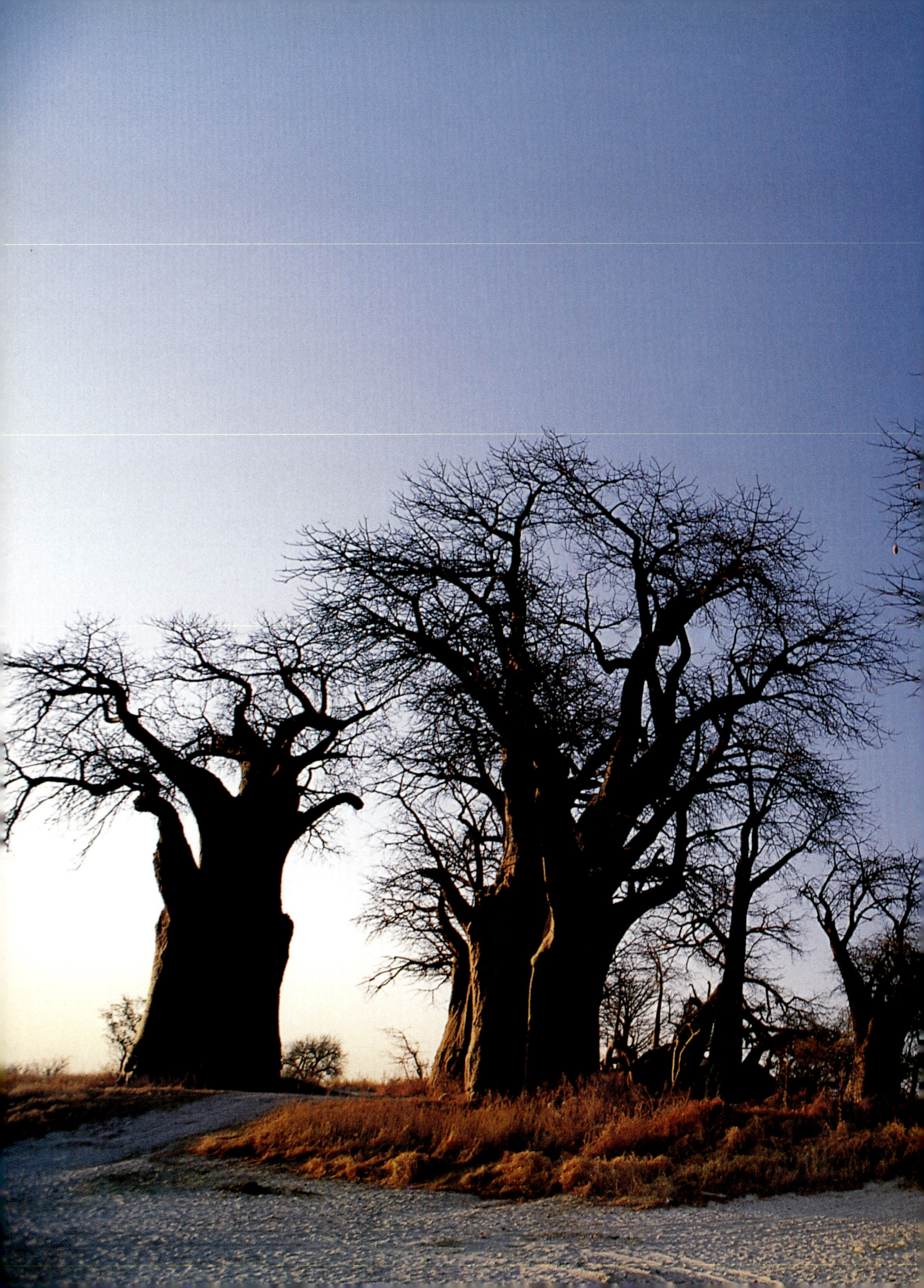

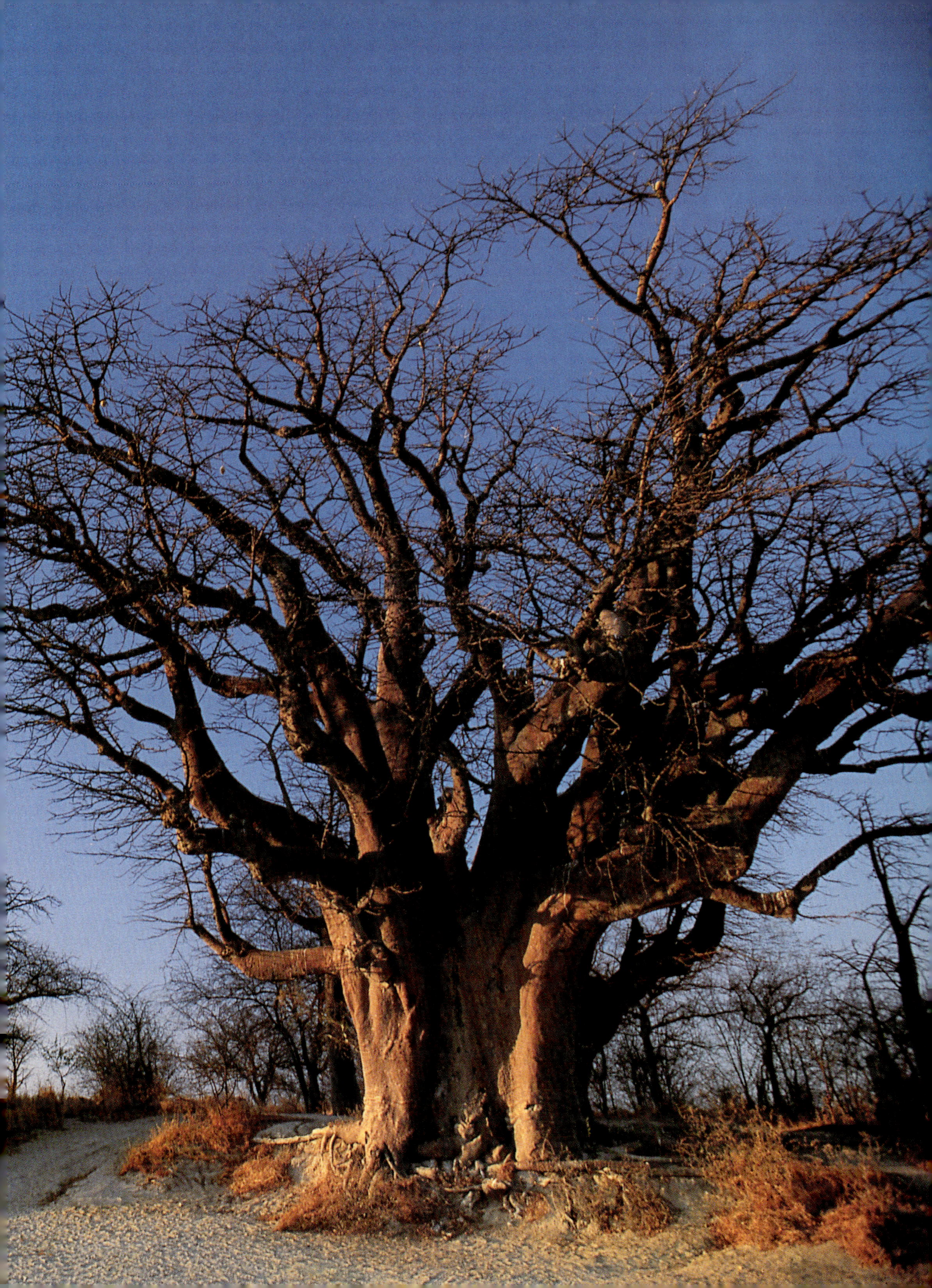

Oben: *Tauben und Flughühner kreisen am Himmel über einer Springbockherde, die von einem Wasserloch in einer der Nxai-Salzpfannen angezogen wird. Das Ministerium für Wildnis und Nationalparks hat ein Programm zur Einrichtung ständiger Wasserlöcher in den trockeneren Regionen – Nxai Pan, Makarikari und Zentral-Kalahari – in Angriff genommen, in dem Bemühen, damit den Auswirkungen der Veterinärkordons zu begegnen, von denen viele die angestammten Trockenzeitrouten der Wildtiere zum Wasser blockieren.*

Rechts: *Eine Schabrackenschakalmutter und ihre Jungen beschnuppern sich bei ihrer Rückkehr von einem Beutezug.*

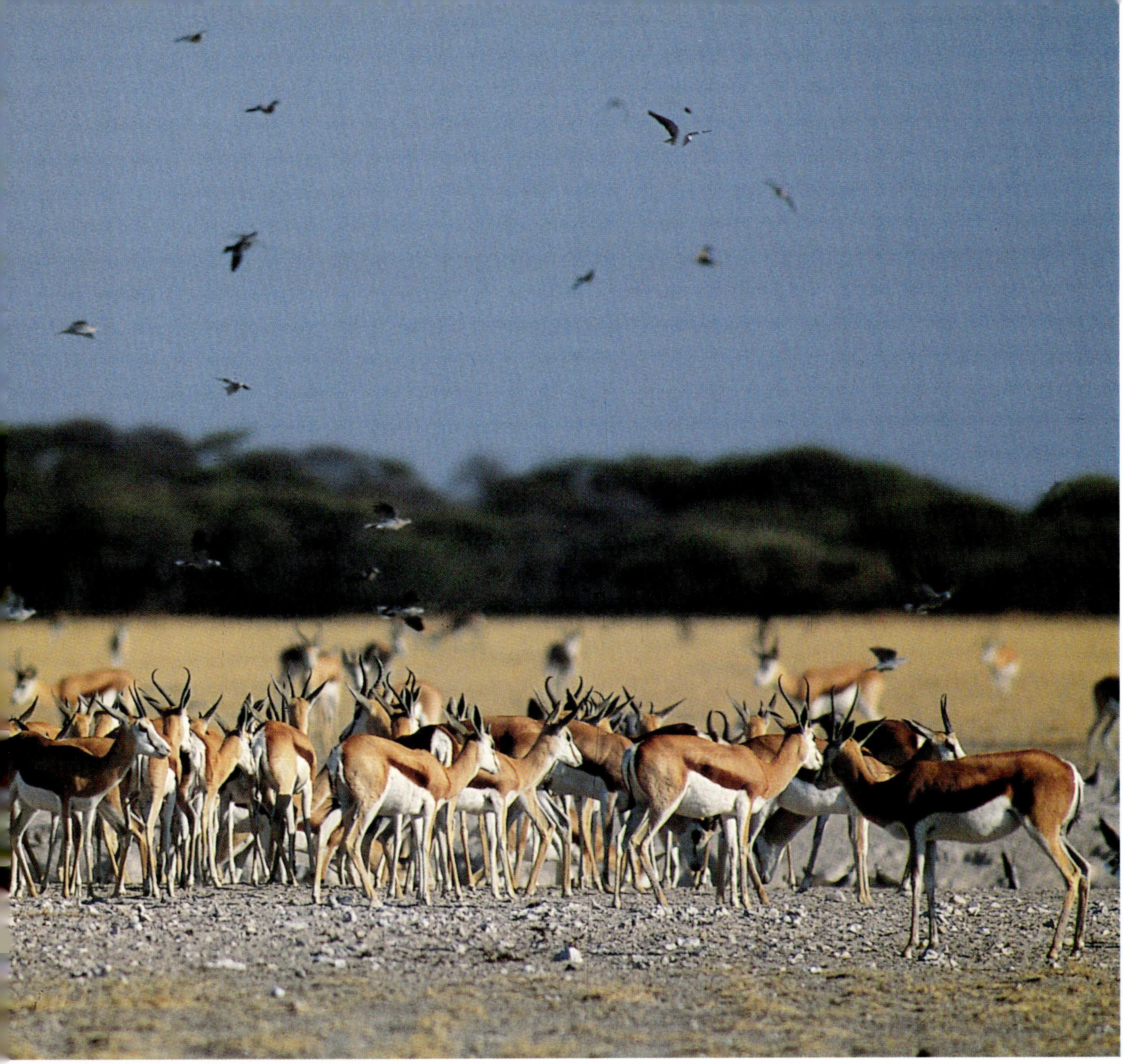

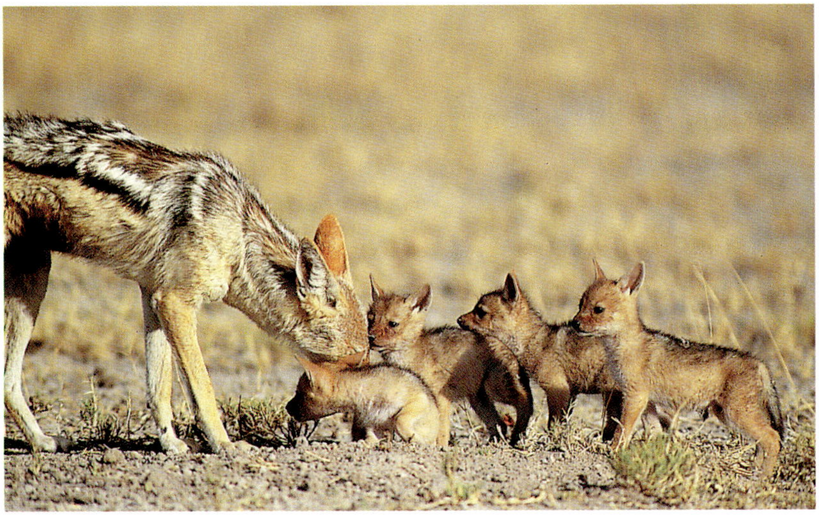

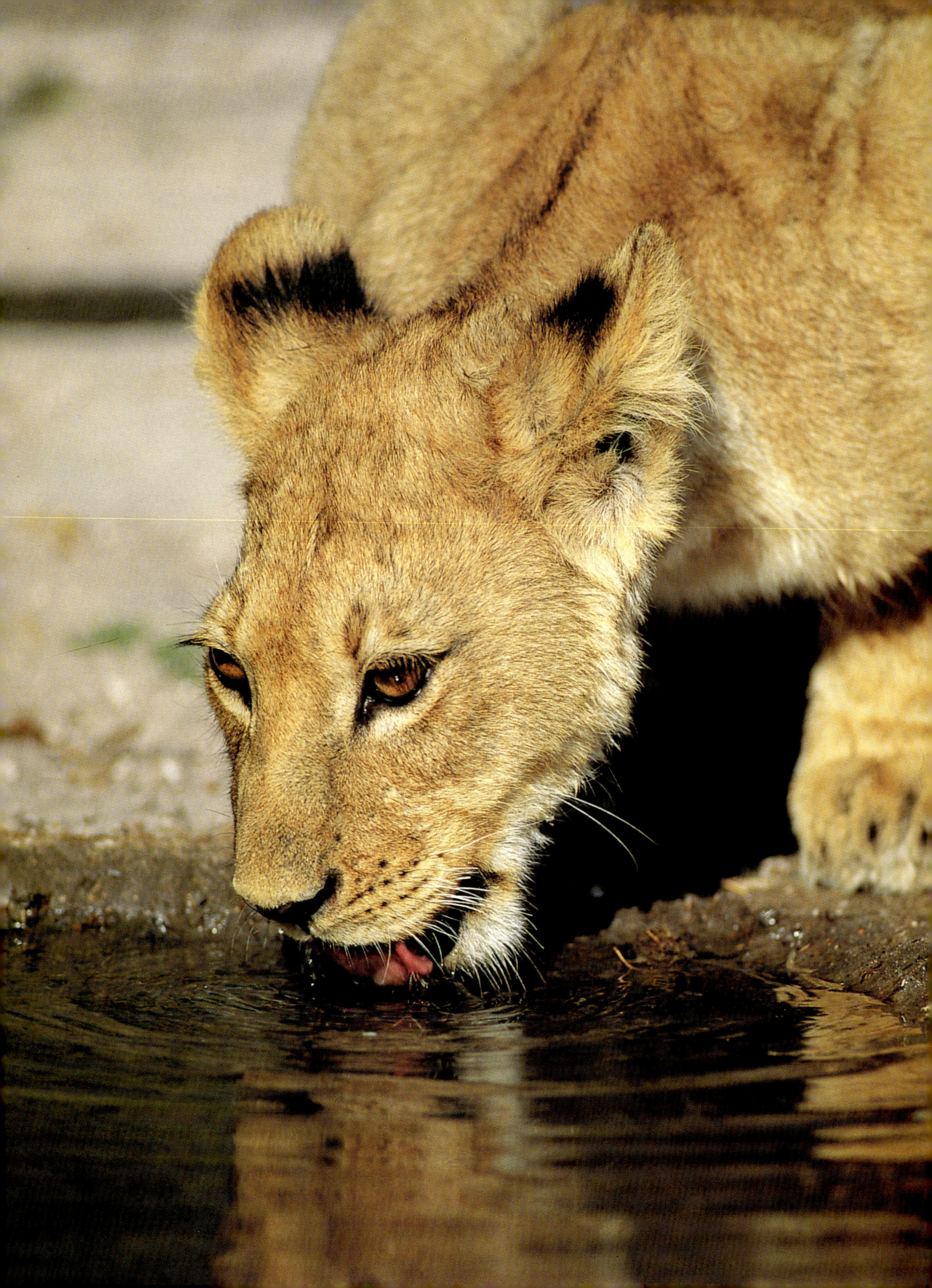

MAKARIKARI UND NXAI

Gegenüber: *Ein junger Löwe löscht seinen Durst an einer frischen Regenpfütze. Löwen können lange Zeit ohne Wasser auskommen, da sie die erforderliche Flüssigkeit aus den Körpersäften ihrer Beute gewinnen. Wenn Wasser zur Verfügung steht, trinken sie jedoch reichlich.*

Oben: *Während sie zielstrebig über die Ebene schreiten, schimmern zwei Giraffen golden in der frühen Abendsonne. Das Fellmuster der Giraffen unterscheidet sich beträchtlich, und ihre Farben bekommen mit dem Alter einen merklich dunkleren Ton.*

Rechts: *Erdhörnchen findet man nur in den trockeneren Regionen Botswanas, wo sie von Wurzeln, Samen, Zwiebeln und Knollen leben. Sie benutzen ihre buschigen Schwänze in der Hitze des Tages als Sonnenschirme, indem sie sie über den Rücken ausbreiten.*

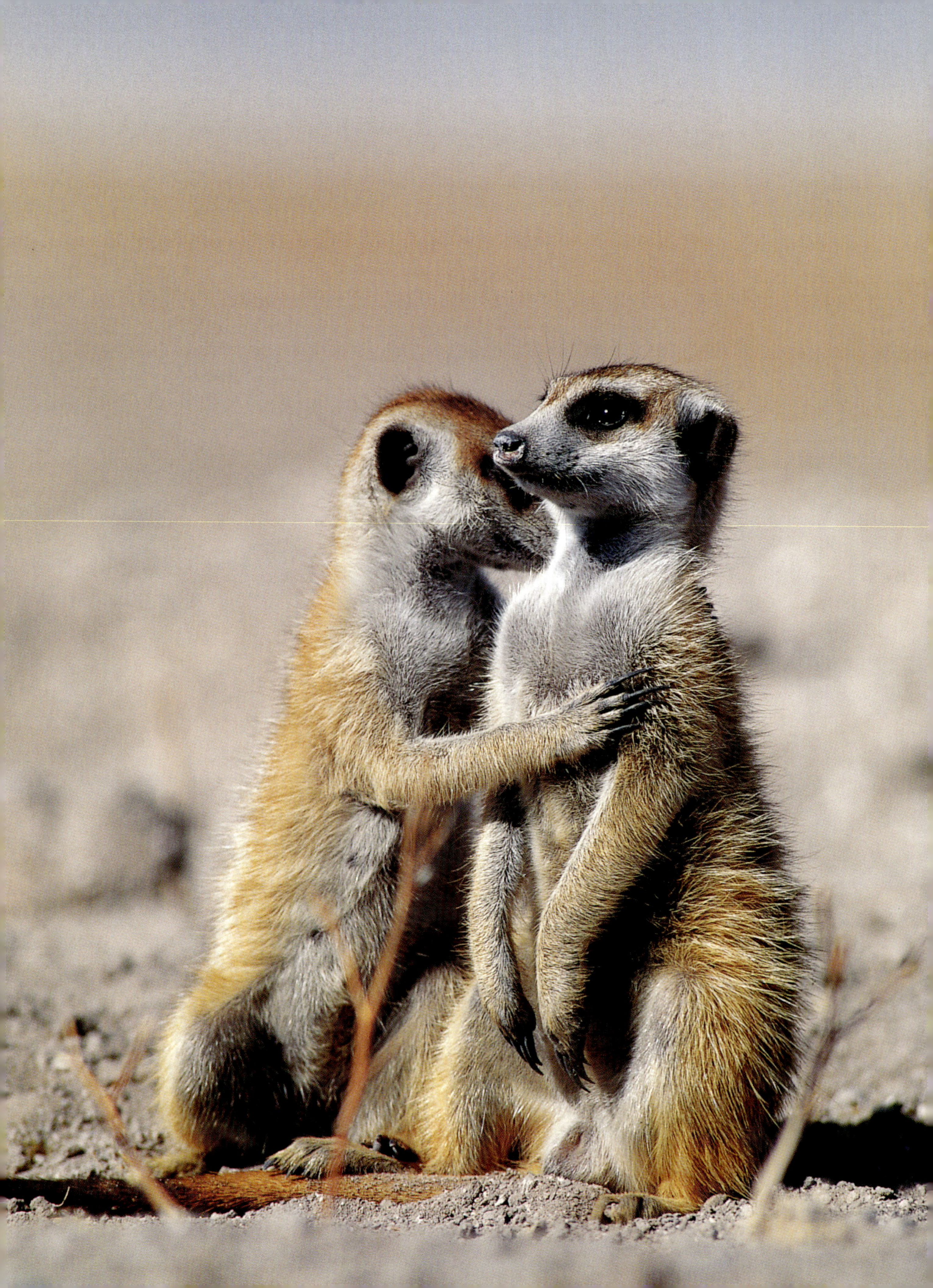

KALAHARI

Gegenüber: *Die zärtlichen Erdmännchen.*
Oben: *Ein Löwe im Deception Valley, dem Tal der Enttäuschung.*

Der Großteil Botswanas ist bedeckt vom Sand der Kalahari-Wüste, die so heißt, weil der Boden, abgesehen von wenigen ständigen Wasserquellen, karg ist und die Landschaft trocken: Es gibt kein Oberflächenwasser, nur selten fällt kostbarer Regen.

Dennoch ist sie keine echte Wüste, sondern eher eine Savanne – ihre weiten, überwiegend konturlosen Ebenen sind, wenn auch spärlich, von süßen Gräsern und Ansammlungen von Kameldorn, Schwarzdorn und anderen Akazien bedeckt.

Diese trostlosen, abweisenden Gegenden bieten auch Lebensraum für ihre Tierwelt, eine erstaunliche Vielfalt an Tieren – unter ihnen Springbock und Säbelantilope, Weißbartgnus, Elen-, rote Kuhantilope –, die sich hervorragend an die staubtrockenen Lebensbedingungen angepaßt haben. Viele von ihnen holen sich ihr Wasser aus so ungewöhnlichen Quellen wie den taubedeckten Nachtpflanzen, aus den tiefen Sukkulentenwurzeln und der wasserhaltigen Wildgurke und Tsamma-Melone. Andere – Raubtiere wie Löwe, Leopard, Hyäne und Hyänenhund – löschen ihren Durst mit dem Blut ihrer Beute.

Die Kalahari ist außerdem noch heute Lebensraum eines zähen Menschenschlags: Sie ist die Heimat der letzten „traditionellen" San- (oder Buschmänner-) Gemeinschaften, der Nachfahren der einst dominierenden, halbnomadischen Jäger-und-Sammler-Wüstenbewohner. Der Druck der westlichen Kultur erwies sich jedoch als stärker, und nur wenige Angehörige dieses Volkes folgen heute noch vollständig den Sitten ihrer Ahnen.

Weite Teile der Kalahari-Wildnis – insgesamt rund 75 000 km^2 wurden als Schutzgebiete ausgewiesen, die zu den abgelegensten und wildesten der Welt gehören. Das ausgedehnteste ist das Zentral-Kalahari-Wildreservat, an dessen südlicher Grenze das kleinere und leichter zugängliche Khutse-Schutzgebiet liegt. Das Mabuasehube-Wildreservat und der Gemsbok-Nationalpark befinden sich weiter südlich. Keines dieser Gebiete wurde bislang für den Tourismus erschlossen – die Straßen (falls vorhanden) sind primitiv und abenteuerlich, es gibt nur wenige Unterkünfte –, wer die Einsamkeit sucht und sich zu einer unermeßlich weiten Landschaft hingezogen fühlt, wird hier eine Erfahrung machen, die noch lange im Gedächtnis bleibt.

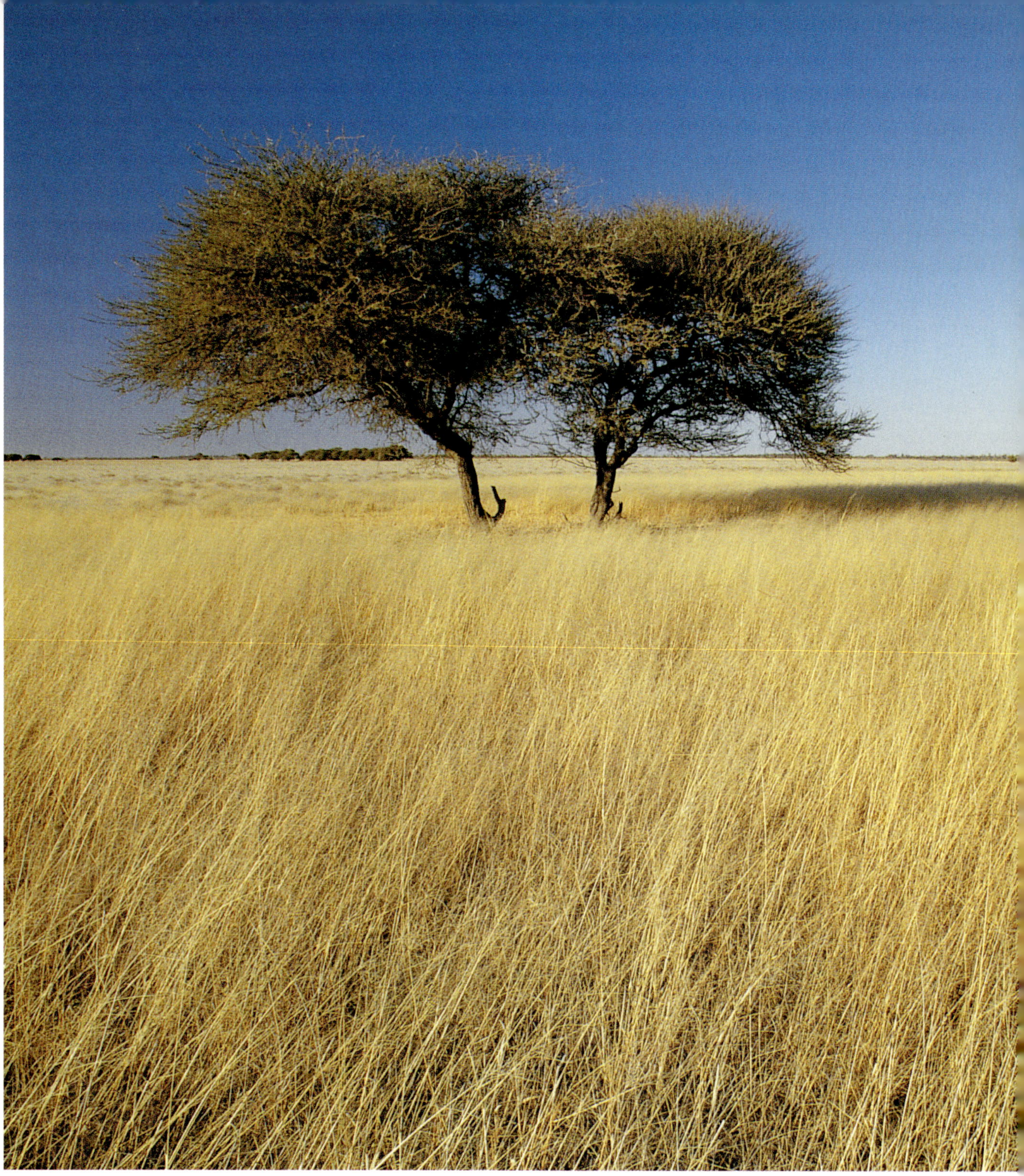

Kalahari

Gegenüber: *Obwohl die Kalahari wegen ihrer niedrigen jährlichen Regenmenge und des völlig fehlenden Oberflächenwassers als Wüste gilt, ist sie in Wirklichkeit durchaus bewachsen, und mit den in letzter Zeit von Menschen eingerichteten Wasserlöchern kann der Wildbestand in angemessener Zeit vielleicht durchaus seine frühere Pracht erreichen.*

Unten: *Ein vorbeiziehendes Eselsgespann unterstreicht den auffallenden Kontrast zwischen den traditionellen Lehmhütten des Dorfs Lethlakane und der an ihm vorbeiführenden modernen Straße.*

Ganz unten: *Das Auftanken geschieht im Kalahari-Dorf Rakops noch mit einer alten, handbetriebenen Zapfpumpe.*

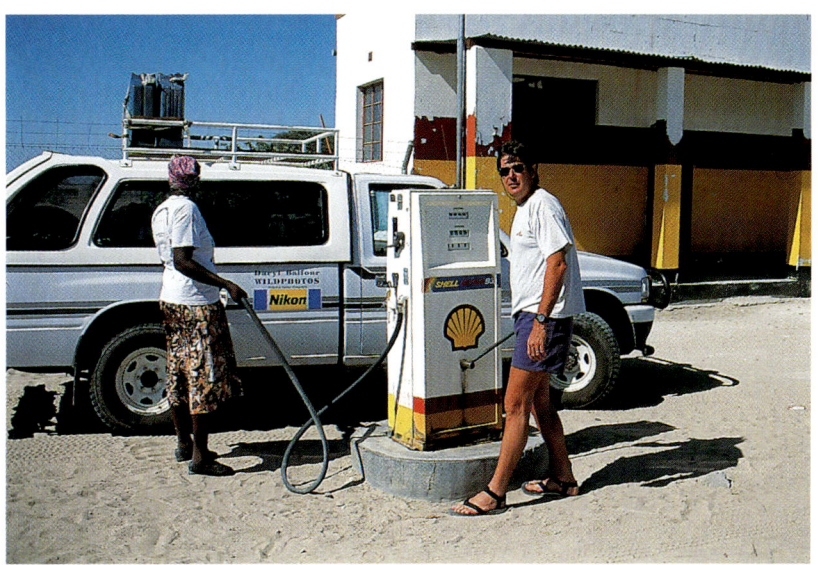

Kalahari

Oben: *Das Zentral-Kalahari-Wildreservat, das lange für alle Besucher außer den dort lebenden San sowie einzelnen Wissenschaftlern gesperrt war, wurde in den letzten Jahren für Fremde geöffnet, die sich aber vollständig selbst versorgen müssen, da es noch keine touristischen Einrichtungen gibt. Die meisten Pfade, wie dieser durch das Deception Valley, sind in gutem Zustand, dennoch ist Allradantrieb unbedingt angezeigt.*

Rechts: *Die kugelrunden Blüten der Wasserakazie, Acacia nebrownii, hellen die Kalahari-Landschaft am Ende der langen, trockenen Wintermonate auf. Die bezaubernden Blüten gehören zu den ersten Frühlingsboten.*

Gegenüber: *Botswana ist berühmt für seine eindrucksvollen Sonnenuntergänge, besonders in der Trockenzeit, wenn Staub und der Rauch von Buschfeuern den Abendhimmel färben.*

KALAHARI

Gegenüber: *Eine Löwin späht durch die Gabel eines kleinen Kalaharibaums.*

Oben: *Säbel- oder Oryxantilopen haben sich den extremen Verhältnissen angepaßt und können in Wüstenregionen ohne Wasser überleben. Sie durchstreifen riesige Gebiete, fressen hauptsächlich Gras, graben aber auch Wurzeln und Zwiebeln aus und suchen nach wilden Melonen, die ihnen Feuchtigkeit liefern.*

Rechts: *Löwen leben als einzige Katzen in Rudeln, in denen es aber nicht immer friedlich zugeht. Es kommt nicht nur zu Drohgebärden, sondern auch zu Kämpfen.*

KALAHARI

Rechts: *Nachdem er den größten Teil des Tages in der Gesellschaft dieser Löwen verbracht hatte, robbte der Fotograf sich auf dem Bauch bis auf 2 m an sie heran, ohne mehr als freundliche Neugier zu ernten, während er diese Nahaufnahme schoß.*

Links unten: *Löffelhunde machen mit ihrem außergewöhnlichen Gehör unterirdische Beutetiere wie Termiten und andere Insekten ausfindig. Sie fressen auch kleine Reptilien und Nagetiere.*

Rechts unten: *Ein Erdhörnchen inspiziert sein Revier, bevor es sich von seiner schützenden Höhle fortwagt. Diese Tiere sind eine leichte Beute für Singhabichte und andere Greifvögel.*

Gegenüber unten: *Die in Farmgebieten als Viehmörder verfolgten Schabrackenschakale zählen zu den anpassungsfähigsten Fleischfressern und kommen in allen Lebensräumen vor, ausgenommen im Wald. Sie sind Allesfresser, das heißt sie ernähren sich von dem, was sie zu fassen bekommen – von Aas, kleineren Säugetieren, Nagetieren, Reptilien und Insekten bis zu Wildfrüchten.*

Kalahari

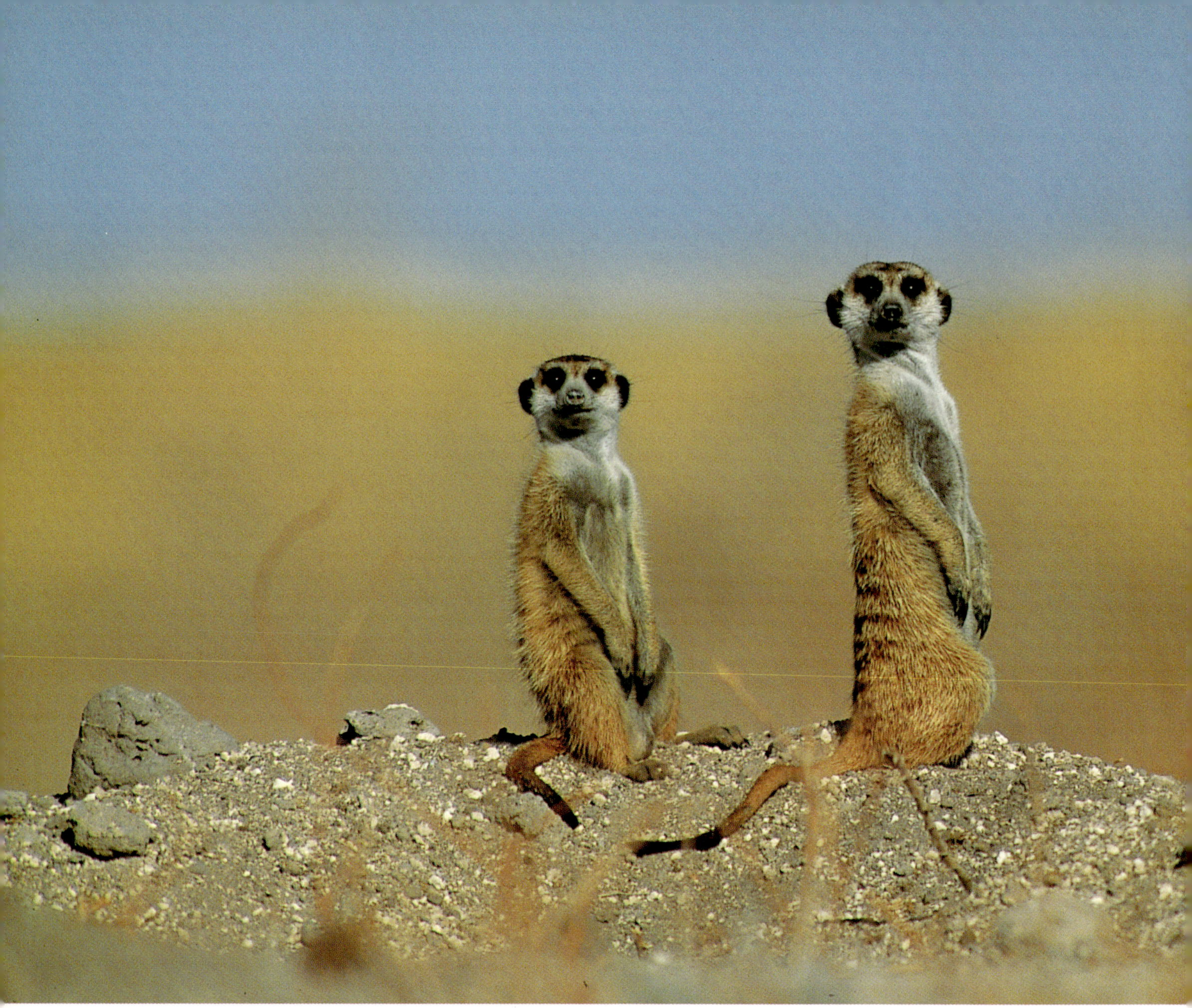

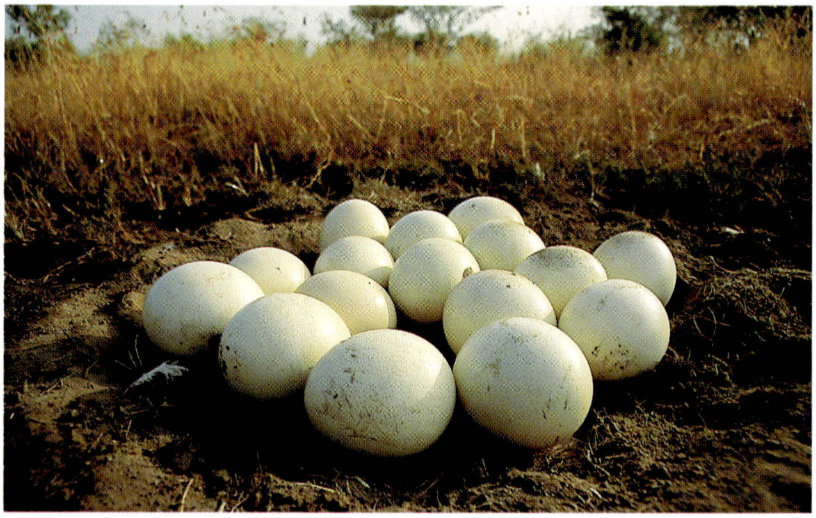

KALAHARI

Links: *Zwei Erdmännchen, die als Babysitter zurückgelassen wurden, während die übrige Familie auf die Jagd ging, überwachen ihr Revier von einem Sandhügel aus, der beim Bau ihres komplizierten Höhlensystems entstand.*

Gegenüber unten: *Ein Gelege Straußeneier brütet in der frühen Morgensonne. Oft benutzen mehrere Straußenhennen dasselbe Nest. Die Eier werden dann vom Hahn und der älteren Henne ausgebrütet und aufgezogen.*

Unten links: *Die Kalahari ist eine Region für Vogelspezialisten und Heimat einer geradezu verwirrenden Palette von kleinen, braunen Vögeln, darunter auch der Sabota-Lerche.*

Unten rechts: *Ein Gelbichneumon wagt sich aus seinem Bau, den er oft mit Erdmännchen und Erdhörnchen teilt.*

Kalahari

Oben links: *Die rote Kuhantilope ist eine kräftig gebaute, äußerst nomadische Antilope, die auf der Suche nach frischem Gras weite Strecken zurücklegt. Man findet sie kaum außerhalb der mittleren und südlichen Kalahari.*

Links: *Dieser Maskenweber hat sich für den Bau seines Nests einen guten Platz gewählt, in das er nach Fertigstellung ein Weibchen zu locken versucht.*

Oben: *Die grüne Jahreszeit in der Kalahari ist kurz und mild. Das frische neue Blattwerk zieht viele Pflanzenfresser, wie diesen Springbock, an.*

Links: *Die Kapohreule findet man häufig im Grasland der riesigen Zentral-Kalahari, wo sie nachtaktive Nagetiere wie Ratten und Mäuse jagt.*

Kalahari

Trotz der langen Anreise lohnt sich eine Autofahrt zu den Tsodilo Hills. Bequemer geht es mit dem Flugzeug, das in der Nähe landen kann. Von dort führt ein langer Wanderweg **(ganz rechts)** *zu den Hügeln, die den Rang eines nationalen Naturdenkmals haben* **(rechts)** *und Stätte von über 3500 jahrtausendealten Felsmalereien sind. Die Zeichnungen sind leicht zugänglich und liegen in einem Gebiet, das noch immer von khoi-sansprechenden Völkern bewohnt wird. Der vielleicht eindrucksvollste Felsen ist der als Van der Post's Panel bekannte bemalte Schichtenkopf* **(unten)**, *der nach dem Anthropologen Sir Laurens van der Post benannt ist.*

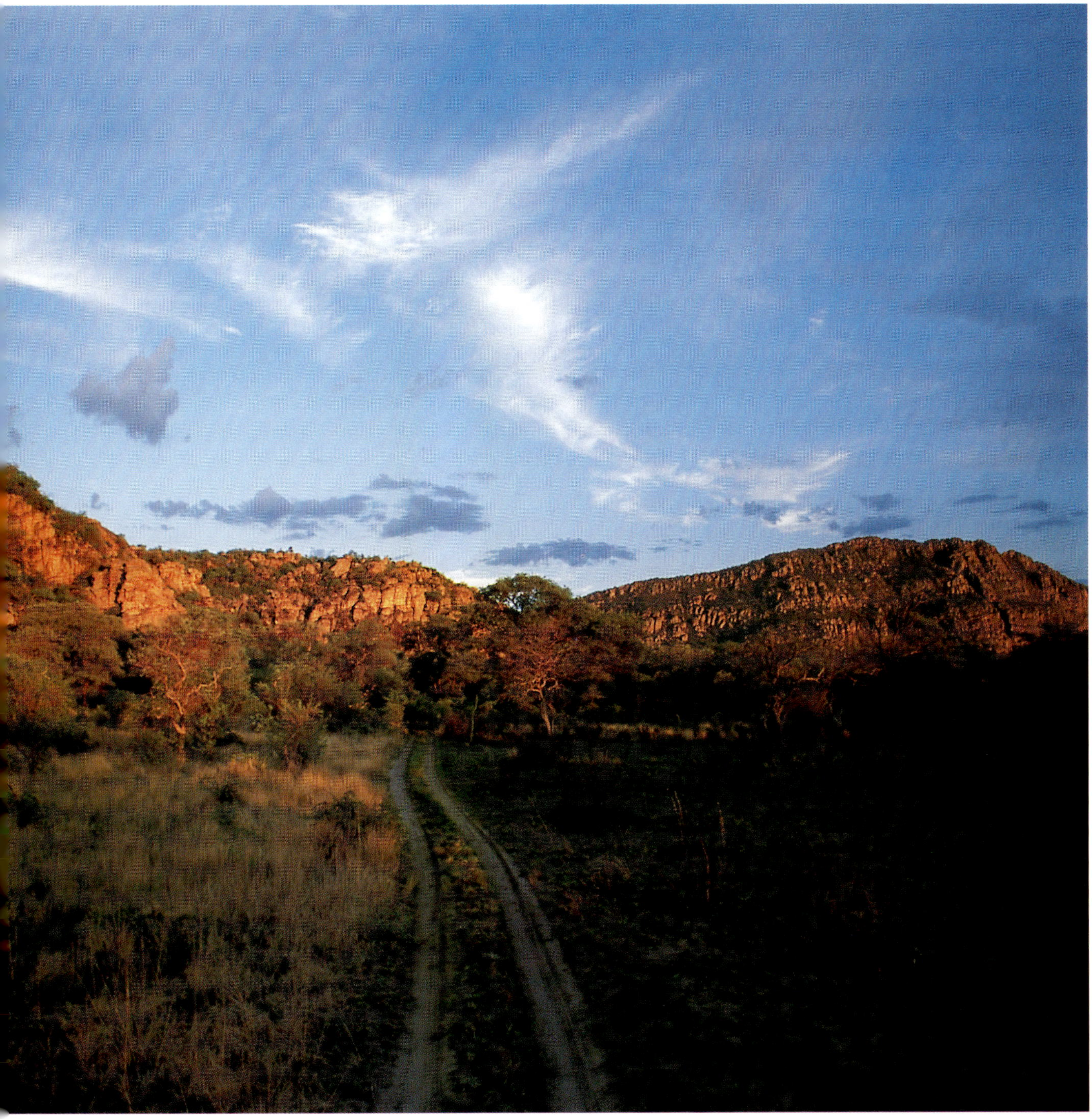

Oben: *Ein eindrucksvoller Sonnenuntergang unterstreicht die konturlose Landschaft rings um die felsigen Kuppen der Tsodilo Hills. Der höchste Hügel erhebt sich etwa 400 m über die flache, sandige Umgebung.*

Links: *Die stilisierten Zeichnungen eines Pinguins und von Walen deuten darauf hin, daß der frühe Künstler wahrscheinlich wenigstens einmal im Leben das über 1000 km westlich von Tsodilo gelegene Meer gesehen hat. Menschliche und tierische Überreste in der Höhle lassen darauf schließen, daß die Hügel schon vor 19 000 Jahren bewohnt waren.*

KALAHARI

Ganz oben: *Nashörner sind im heutigen Botswana praktisch ausgerottet. Diese Malereien dienen als eindringliche Erinnerung an eine einst blühende Art.*

Oben Mitte: *Die Tsodilo-Hills-Felsmalereien unterscheiden sich von denen der meisten anderen Gebiete durch ihre Betonung von Tieren und geometrischen Motiven. Daher ragen diese tanzenden Figuren besonders heraus.*

Rechts: *Der „White Painting Shelter" zeigt Reiter, möglicherweise ein Wagenrad und einen Elefanten – vielleicht ein Hinweis auf frühen Elfenbeinhandel.*

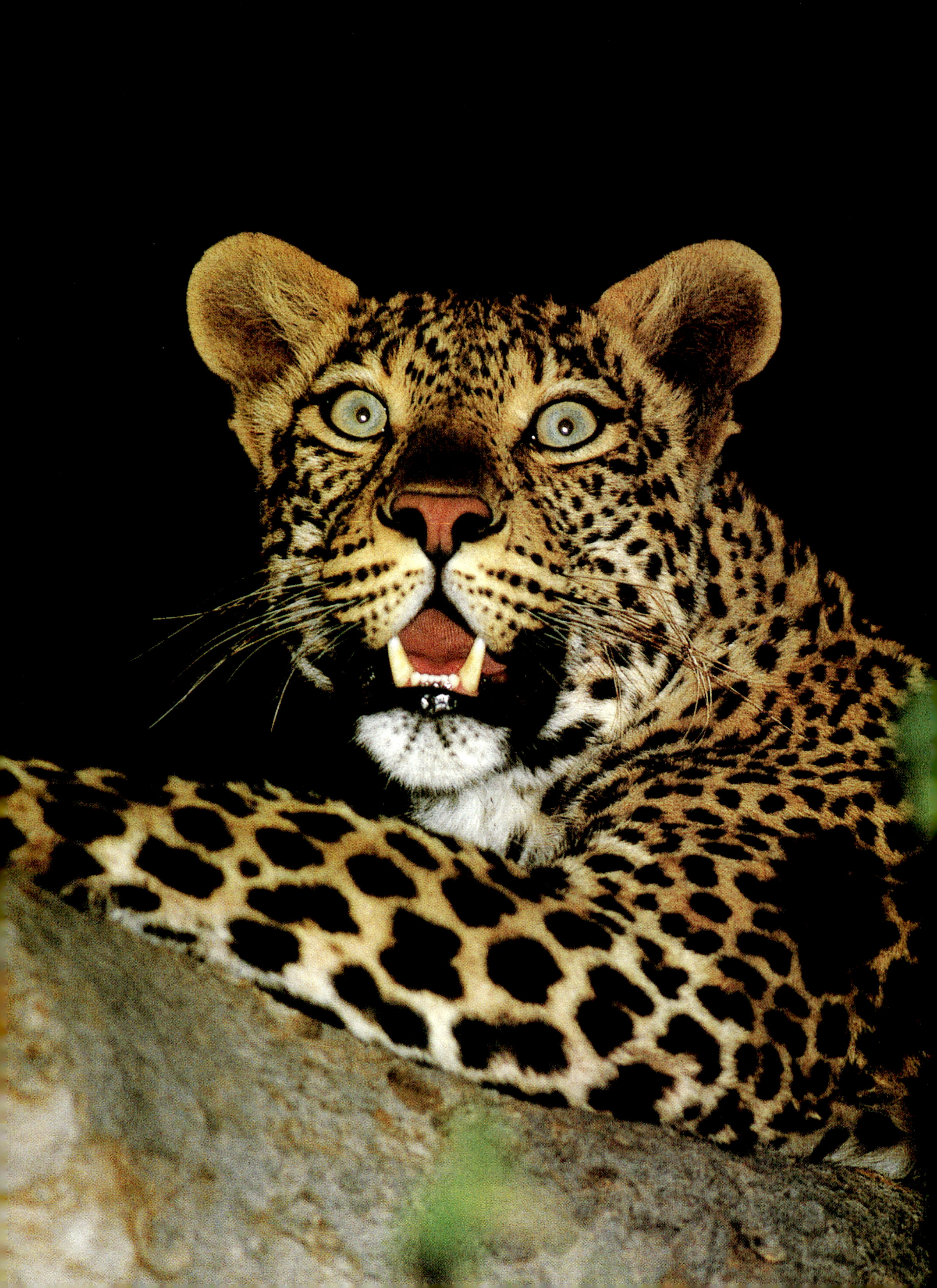

OSTBOTSWANA

Gegenüber: *Ein Leopard ruht sich aus, nachdem er seine Mahlzeit beendet hat.*
Oben: *Einsamer Elefantenbulle in der Tuli-Region.*

Die am dichtesten besiedelten und wirtschaftlich am weitesten entwickelten Gebiete von Botswana liegen im Osten, entlang der Bahnstrecke, die von Lobatse durch vergleichsweise wasserreiches und fruchtbares Land zur simbabwischen Grenze im Norden führt.

Hier findet man die meisten Städte, deren größte und möglicherweise reizvollste Gaborone ist, eine der kleineren, aber am schnellsten wachsenden Hauptstädte der südlichen Hemisphäre. Als Botswana vor drei Jahrzehnten seine Unabhängigkeit feierte, war Gaborone kaum mehr als ein großes Dorf von 6000 Einwohnern, obwohl es seit Jahren als Verwaltungszentrum einer der beiden Provinzen des Landes fungiert hatte. Inzwischen ist Gaborone eine ansehnliche, blühende kleine Metropole, die von einer angesehenen internationalen Wirtschaftszeitschrift zu den weltweiten „Städten der Zukunft" gezählt wurde – ein moderner Ort mit Gebäuden von bescheidener Eleganz, mit dreispurigen Durchfahrtsstraßen, günstig gelegen, um mit dem Platzbedarf des neuen Jahrtausends fertig zu werden.

Weiter nördlich an der Strecke liegen die kleineren Städte: Mahalapye, Palapye, Selebi-Phikwe und Francistown, das zweitgrößte und am stärksten industrialisierte Zentrum des Landes, das seinen Aufstieg seiner günstigen Lage an der wichtigsten Nord-Süd-Landverbindung verdankt. Der Komplex der östlichen Städte umfaßt auch mehrere „traditionelle Dörfer", die tatsächlich ausgewachsene Siedlungen sind, die als Hauptstädte der verschiedenen Batswana-Stämme dienten und dienen. Serowe mit seinen runden, strohgedeckten, von einem Hof umschlossenen Hütten und einer Bevölkerung von 50 000 Menschen ist die größte, vielleicht die malerischste. Sie ist Geburtsort von Sir Seretse Khama, dem ersten Präsidenten Botswanas.

Östlich der Bahnlinie liegt zwischen dem Shashe und dem Limpopo River ein keilförmiges Stück Landschaft von rauher Schönheit: der sogenannte Tuli-Block. Das hügelige Land ist ziemlich dicht bevölkert und wird intensiv bewirtschaftet, hat aber immer noch Raum für zwei oder drei der größten und einladendsten privaten Wildreservate des südlichen Afrika. Besonders zu nennen ist das Revier der luxuriösen Tuli Safari Lodge und das gleichermaßen anspruchsvolle wie für ihre Elefantenherden berühmte Mashatu-Wildreservat.

OSTBOTSWANA

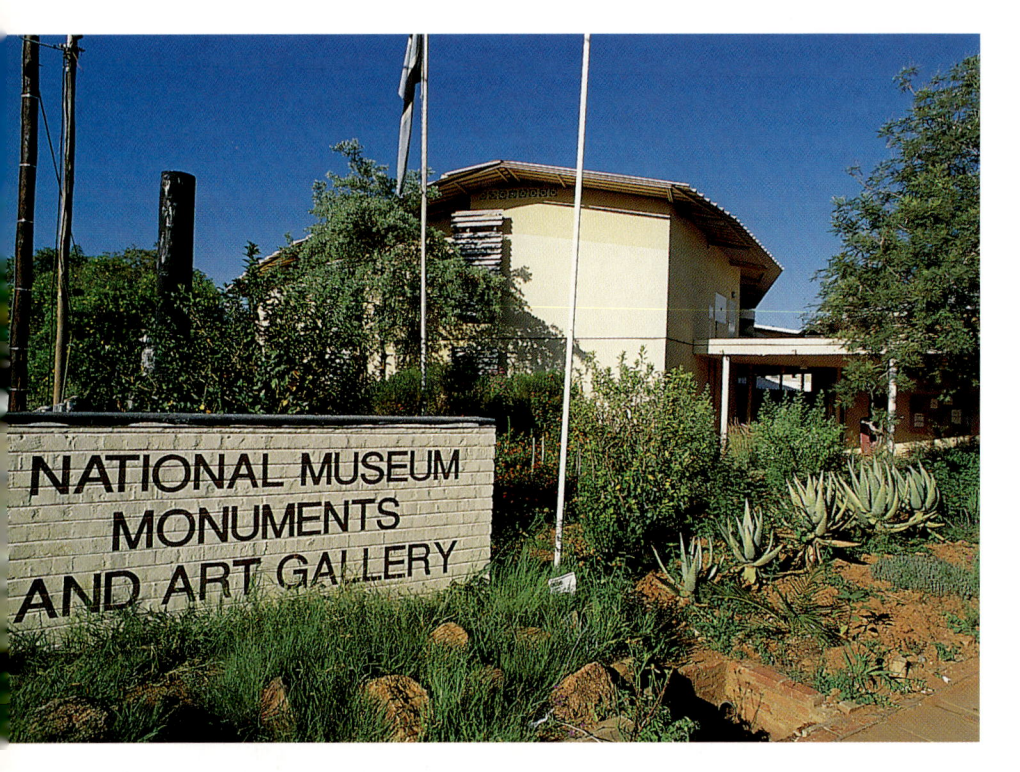

Links und links unten: *Das Nationalmuseum mit einer Gemäldegalerie in der Hauptstadt Gaborone beherbergt eindrucksvolle Ausstellungsstücke, die die Frühgeschichte, die Tierwelt sowie traditionelle und moderne Kunstformen des Landes dokumentieren.*

Oben und rechts: *Die Promenade in Gaborone im Herzen der schnell wachsenden Stadt ist ein geschäftiges Zentrum mit modernen Läden, Restaurants und einem renommierten Hotel. Aber es gibt auch Straßenhändler in großer Zahl, die so ziemlich alles anbieten – von importierter Billigware bis zu traditionellen, handgefertigten Schmuckstücken und Gebrauchsgegenständen – und damit zur Lebendigkeit und Farbigkeit des Ortes beitragen.*

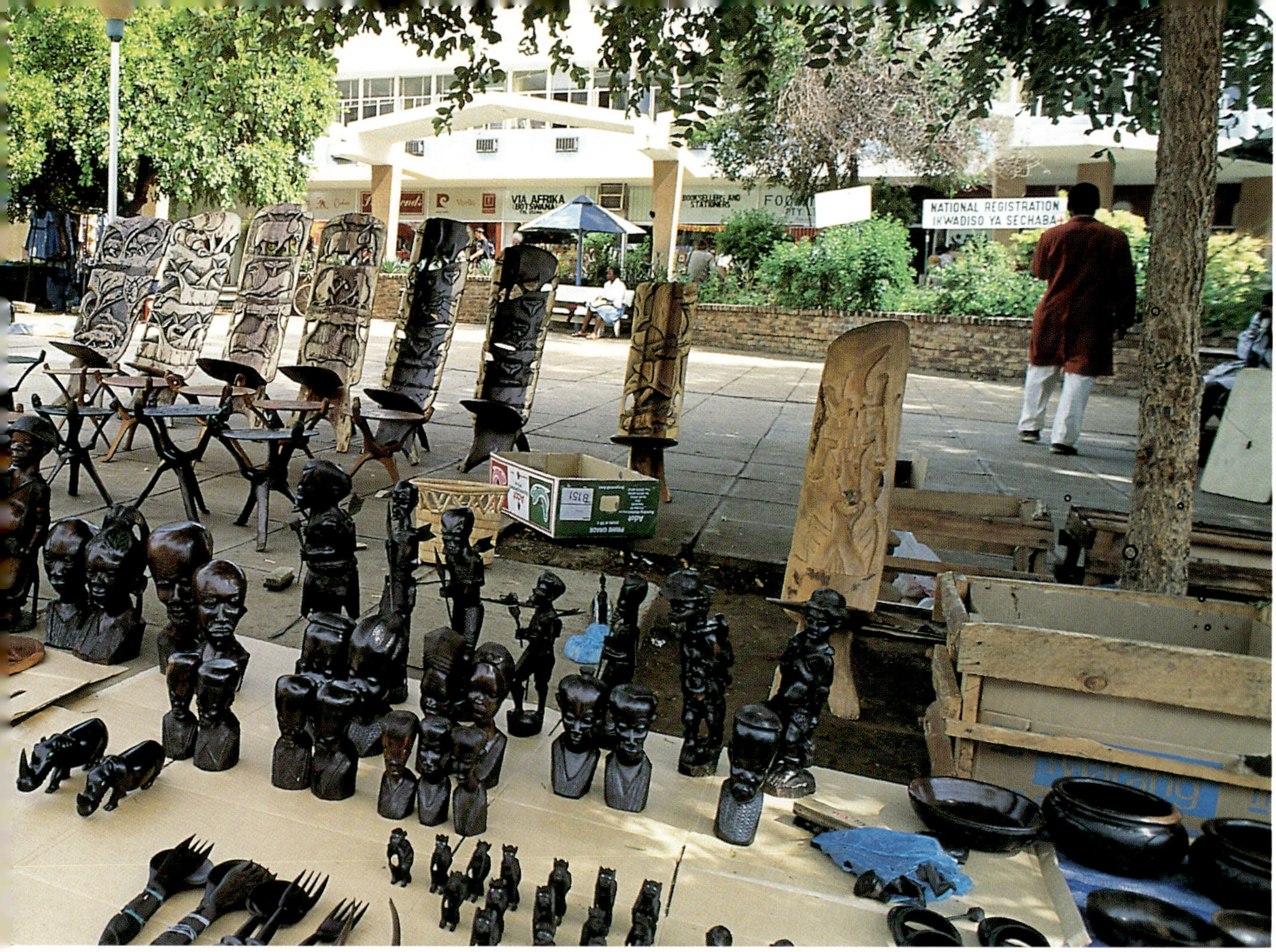
NATIONAL REGISTRATION
IKWADISO YA SECHABA
VIA AFRIKA

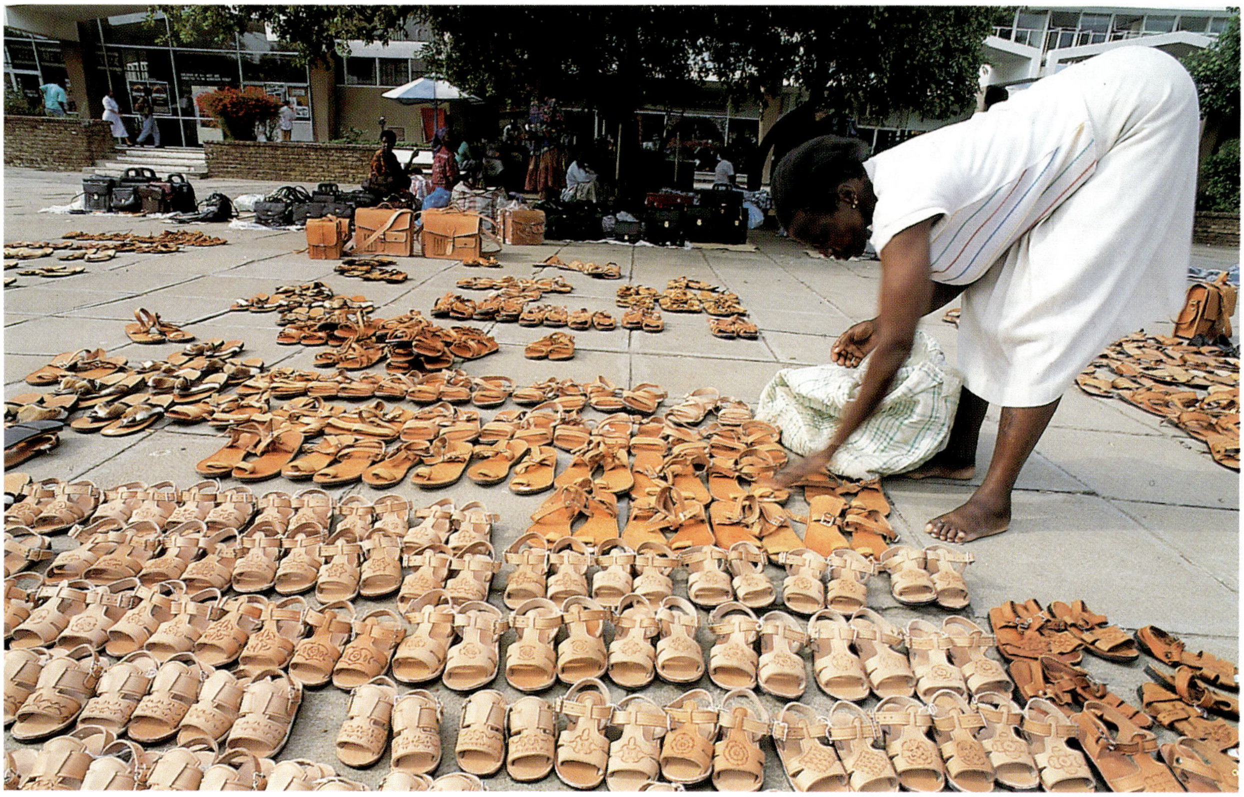

OSTBOTSWANA

162

Nur ein wenig abseits der Hauptstraße nördlich von Gaborone liegt das Dorf Odi, wo sich ein Gemeinschaftsprojekt zu einer blühenden Heimindustrie entwickelt hat. Hier werden Mohairbrücken und Wandbehänge gewebt. Besucher sind in den expandierenden Werkstätten willkommen und können jeden Schritt des Arbeitsprozesses beobachten, vom Waschen, Färben und Spinnen der Rohwolle bis zum Weben von einfachen wie auch komplizierten Mustern. Im Ausstellungsraum nebenan steht eine reiche Auswahl an eindrucksvollen Mustern zum Verkauf, die das afrikanische Stammesleben darstellen.

Ostbotswana

Links: Fliegende Händler breiten ihre buntgemischten Waren auf einem inoffiziellen Straßenmarkt in Francistown aus.

Unten: Obwohl das stark industrialisierte Francistown wenig an Touristenattraktionen zu bieten hat, ist es beliebte Zwischenstation für Reisende, die nach Maun und zu den Wildparks weiter im Norden des Landes unterwegs sind. Die Thapama Lodge am Stadtrand bietet allen erdenklichen Komfort.

Oben: *Abgesehen vom Okawango und dem Chobe-Linyanti-Komplex im Norden gibt es in Botswana keine ständig wasserführenden Flüsse. Der hier abgebildete unregelmäßig wasserführende Shashe ist typisch für die meisten.*

Rechts: *Wenn starker Regen fällt, muß Botswana das Beste daraus machen. Speicherbecken, wie hier der Shashe-Stausee bei Francistown, wurden überall im Ostteil des Landes gebaut, um das ablaufende Wasser einzufangen.*

OSTBOTSWANA

Oben: *Eine Straßen-Instandhaltungsmannschaft, die einen gefällten Baum hinter sich herzieht, um die ausgefahrene Kiesspur „einzuebnen", geht im östlichen Tuli Block ihrer Arbeit nach.*

Links: *Die Grabstätte der Familie Khama auf dem Thathaganyane-Hügel im Zentrum des Dorfes Serowe ist für die botswanische Bevölkerung ein heiliger Ort. Beim Aufstieg zum Gipfel bieten sich eindrucksvolle Ausblicke auf die umgebende Landschaft und das darunterliegende alte Dorf. Für Touristen ist es verboten, die Gräber ohne vorherige Genehmigung zu fotografieren.*

OSTBOTSWANA

Oben: *Das Khama III. Memorial Museum in Serowe zeigt Andenken an die Khama-Königsfamilie sowie weitere sehenswerte Ausstellungsstücke der Ngwato- und San-Kultur.*

Links: *Das Khama Rhino Sanctuary, rund 20 km außerhalb von Serowe, wurde als Zufluchtsort für die wenigen noch verbliebenen Nashörner des Landes gegründet. Gegenwärtig bietet es zwar nur einer kleinen Gruppe von Breitmaulnashörnern Schutz, doch die privaten Betreiber hoffen, auch Spitzmaulnashörner zu bekommen – mit dem Ziel, beide Arten schließlich wieder in der Wildnis heimisch zu machen.*

OSTBOTSWANA

OSTBOTSWANA

Gegenüber: *Die Elenantilope ist die größte Antilope Afrikas – die Bullen wiegen bis zu 750 kg –, aber trotz ihrer Größe und scheinbaren Plumpheit sind sie äußerst behende. Sie sind auch ausgezeichnete Springer, die einen 2 m hohen Zaun mit Leichtigkeit nehmen.*

Oben: *Der Ostteil Botswanas unterscheidet sich topographisch merklich vom Rest des Landes. Zerklüftete, felsige Hügel und eine eindrucksvolle Szenerie sind das Kennzeichen des Mashatu-Wildreservats und des Tuli-Lodge-Gebiets im nördlichen Tuli Block an der Grenze zu Südafrika und Simbabwe.*

Rechts: *Der winzige Klippspringer ist ein spezialisierter Felsbewohner, dessen Hufe besonders an ständiges Springen von Fels zu Fels angepaßt sind. Im Tuli Block weit verbreitet, ist er sonst in Botswana wegen des fehlenden geeigneten Lebensraums kaum anzutreffen.*

OSTBOTSWANA

Gegenüber und links: *Unter einem schattenspendenden breiten Nyalabeer- oder Mashatubaum bietet die Tuli Lodge einfache, aber bequeme Unterkunft inmitten felsiger Erhebungen in der Nähe des Limpopo-Ufers. Die Unterkunft ist bekannt für ihre imposanten, üppigen Gärten, die sich für besuchende Wildtiere – insbesondere Elefanten – als so reizvoll erwiesen, daß ein elektrischer Zaun installiert wurde. Zentrum des Camps ist die um einen riesigen Mashatubaum herumgebaute Baum-Bar.*

OSTBOTSWANA

Unten und ganz unten: *Mashatu, das größte Wildreservat im südlichen Afrika, gehört zur Mala-Mala/Rattray-Reserves-Gruppe und bietet in verschiedenen Teilen des Reservats sowohl Unterkunft im traditionellen Safarizelt* (unten) *als auch luxuriöse Bungalows und Suiten mit Klimaanlage* (ganz unten links).

Alle Unterkunftsarten bieten höchsten Standard hinsichtlich Komfort, Service und Küche. Die Mahlzeiten werden entweder in strohgedeckten Speisesälen mit Blick über von Flutlicht beleuchtete Wasserlöcher (ganz unten rechts) *oder in sogenannten* bomas, *palmengesäumten Einfriedungen im Freien, serviert.*

171

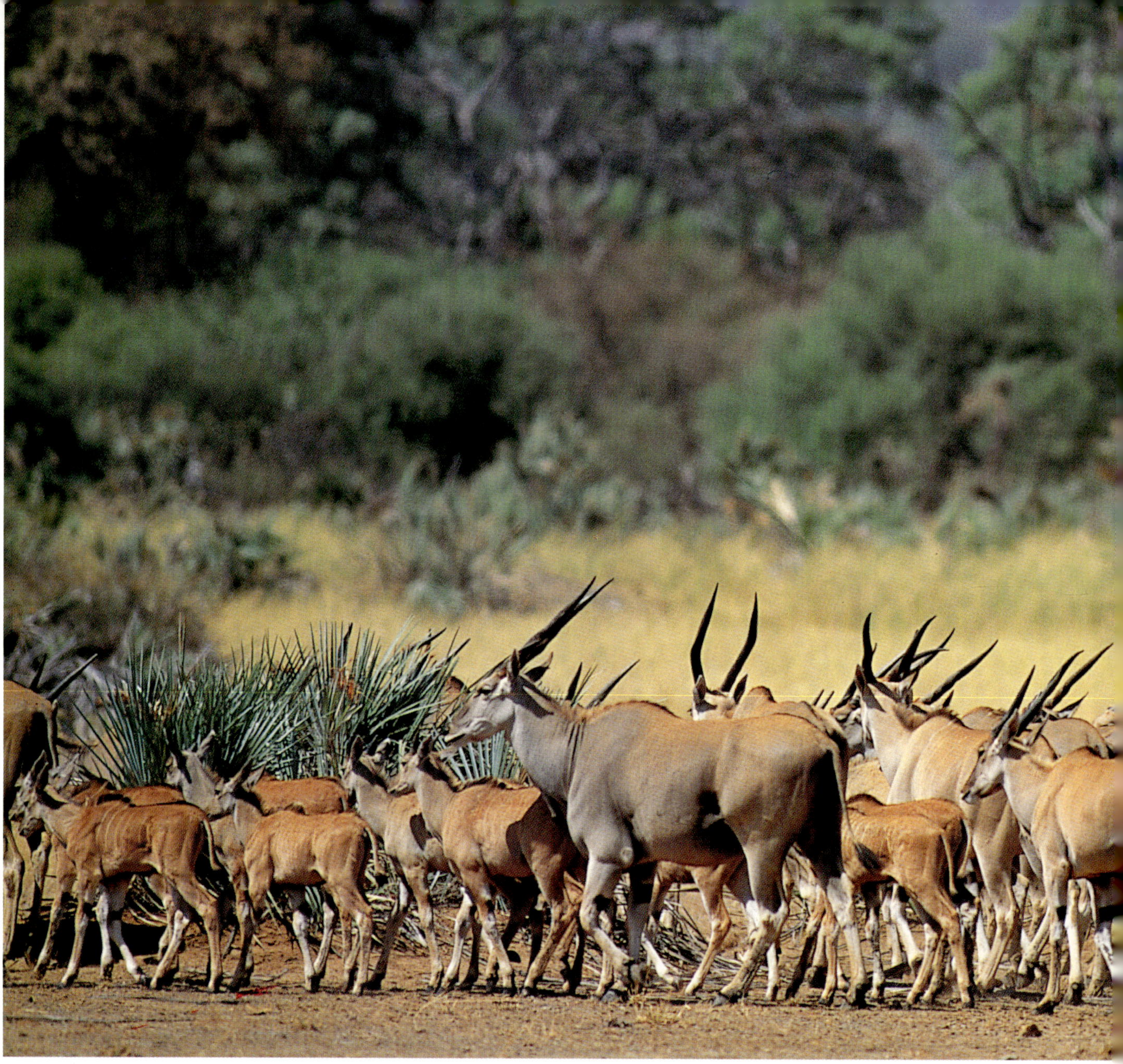

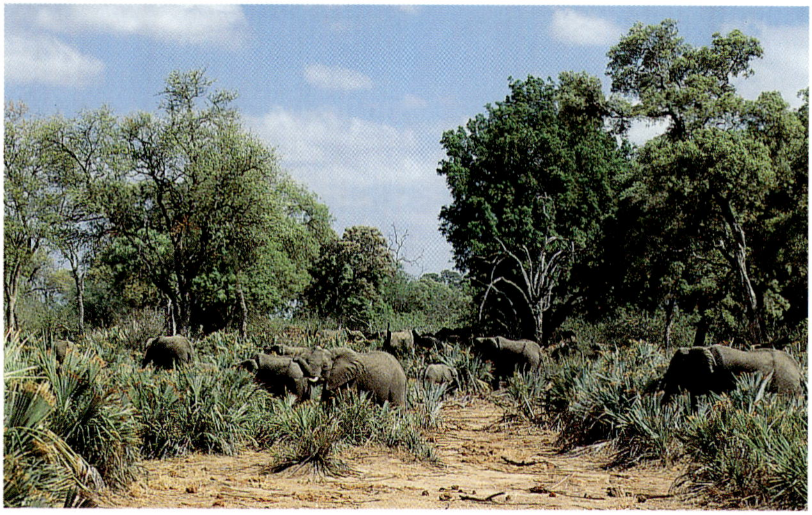

OSTBOTSWANA

Links: *Elenantilopen sind Herdentiere, die in Verbänden bis zu 100 Tieren auftreten; häufiger sieht man sie allerdings in Gruppen von 5 bis 20 Tieren.*

Gegenüber unten: *Das Mashatu-Wildreservat ist die Heimat der größten Elefantenpopulation der Welt in privater Obhut, die allerdings zu manchen Zeiten des Jahres in großer Zahl über die Staatsgrenze nach Simbabwe hinüberwechselt. Die auf 700 bis 900 Tiere geschätzte Population versammelt sich in großen Herden – Ansammlungen von mehreren hundert sind nicht selten.*

Unten: *Auffallende Felsformationen unterscheiden das Mashatu-Wildreservat landschaftlich von den meisten anderen Wildgebieten Botswanas.*

Folgende Seite: *Elefanten löschen an einem Wasserloch im Mashatu-Reservat ihren nächtlichen Durst und besprühen sich mit kühlendem Schlamm.*

Ostbotswana

REGISTER

Kursiv gedruckte Seitenzahlen verweisen auf eine Abbildung zu dem betreffenden Stichwort.

Affenbrotbaum (Baobab): 20, *127*, 129, *129*
 Siehe auch Baines' Baobabs
Afrikanischer Nationalkongreß (ANC): 27
Afrikanischer Scherenschnabel: 123, *123*
Air Botswana: 33, *33*
Akazie: 9, *10*, 42, 44, 103, *103*
Alte Steinmauern: *128*, 129
Angler: 65, *65*
Anglerparadies: *62*, 63
Apartheid-Regime: 27

Baines' Baobabs: 47, 132, *134-135*
Bärenpavian: 116, *116*
Baum-Bär: 170
Baumhörnchen: 72, *73*
Bergbau: 31
Bildungswesen: 29
Bilharzia-Saugwurm: 37
Bindenfischeule: 41, *41*, 58, *58*
Blutschnabelweber: 92, *92-93*, 123, *123*
Boro River: 51, 55, 70, 85
Boteti River: 46, 47
Botswana:
 Democratic Party, 27
 Eisenbahn, 33
 -Entwicklungsgesellschaft, 32
 Internationale Beziehungen, 29
 National Front, 27
 Power Corporation, 32
 Verteidigungsstreitkräfte, 29
Brasse: 63, *63*
Braunkehlreiher: 39, 42
Breitmaulnashorn: 44, 51, 167
Büffel: 36, 38, 40, 42, 43, 50, *102-103*, 103
 Siehe auch Kaffernbüffel
Burchell, William (Künstler und Schriftsteller): 21
Buschbock: 116, *116*
 Siehe auch Schirrantilope
Buschmänner:
 Siehe San (Volksstämme)

Camp:
 Chobe Chilwero, 37, *37*, 45, 114, *114*
 Crocodile, 41
 Delta, 44
 Jedibe Island: 41, 64
 Linyanti, 46, 115, *115*
 Lloyd's, 45, 115, *115*
 Mombo, 43, 63, *63*, 77
 Moremi, 43
 Oddballs, 43, 70
 Okavango, 43

 Okuti, 43
 Pom Pom, 70, *71*
 Selinda Bush, 43, *43*, 46, 113
 Shindi Island, 41, *41*
Caprivi-Zipfel: 7, 20
Chamäleon: 89, *89*
Chief's Island: 38, 85
Chobe Game Lodge: 34, *34*, 45, 115, *115*, 118, *118*
Chobe-Nationalpark: 7, 9, *9*, 10, 20, 44-45, 85
Chobe River: 8, 9, 20, 37, 103, 116, 119, 122, 124, *125*
Chobe Safari Lodge: 45
Cresta Mowana Safari Lodge: 45, *45*, 114, *114*

Deception Valley: 49, 141, 144, *144*
Diamantenindustrie: 18-19, 20, 31
Drotsky's Cabins: 40, *40*, 41, *62*, 63
Drotsky's Caves: 18

Elefant: 9, 35-36, 39, 42-44, 47-48, *80*, 81, 85, 87, *87*, 88, *88*, 90, *90*, 94, 95, 96, *96*, 97, *98-99*, 103, *103*, 104, *104*, 110, 111, *111*, 159, *172*, 173, *174*
Elefantensafari: 40, 74, *74*, 75
Elenantilope: *168*, 169, 173, *173*
Erdhörnchen: 139, *139*, 148, *148*
Erdmännchen: 151, *151*

Felsmalereien: 14, *14*, 18, 154, *154*, 156, *156*, 157, *157*
Fish Eagle Bar: 70, *71*
Fischerei: 31
Flamingo: 132, *132*
Flughuhn: 136, *136-137*
Flußpferd: 61, *61*, *112-113*, 113
Francistown: 9, 12, 16, *16*, 47, 159, 164, *164*, 165

Gabar-Habicht: 123, *123*
Gabelracke: 124, *124*
Gaborone: 11, 15-16, 20, 28, 29, *29*, *33*, 159, 160-163, *160-163*
Gaborone-Stausee: 16
Gaborone-Wildreservat: 16
Gadikwe-Lagune: 93
Gelbichneumon: 151, *151*
Gelbschnabel-Madenhacker: 104, *105*, 121
Gemsbok-Nationalpark: 50, 141
Getreideproduktion: 31
Ghanzi: 20, 49
Giraffe: 86, *86-87*, *126*, 139, *139*

 Glockenreiher: 39, *39*, 111, *111*
Gold: 16, 24
Goldmine: 16, 32
Gomoti River: 67
Graslandwildnis: 17
Gubatsaa-Hügel: 95, 103
Gweta: 20
 Safari Lodge, 48

Haneveld-Region: 30
Hausbau: 56, *56*
Hausboot: 113, *113*, 119, *119*
Helmperlhuhn: 107, *107*
Hyäne: 44, 46, 48-49, *106*, 107
Hyänenhund: 42, 44, 47, 49, 76, 77, *77*

Impala: 89, *89*, 101, *101*, 104, *105*, 107, *107*, 111, *111*

Jacana: 59, *59*
Jagd: 51
Jwaneng: 18-19, 31, *31*

Kaffernbüffel: 35, 43, 55, *55*, 96, *96*
Kalahari: 7, 8, 46, 50, 141-157, *142*
 -Löwe, *130*, 131
 -Salzpfannen, 131
 -Sandveld, 8, 53
 -Wüste, 8, 141
Kampfläufer: 92, *92*
Kanye: 19
Kapohreule: 153, *153*
Karminspinte: 59, *59*
Kasane: 20, 44, 45, 114
Katzenfisch: 63
Kazungula: 44
Ker & Downey Safaris: 70, 74
Kgotla: 11-12, *12*
Khama, Ruth: 26
Khama, Sir Seretse (Gründer des modernen Botswana): 11, 19, *19*, 26, 27, 159
 -Familiengrab, 19, 166, *166*
Khama III, (Häuptling): 25
 Memorial Museum, 167, *167*
Khutse-Wildreservat: 49, 141
Khwai River: 88, 90
Klaffschnabelstorch: 93
Klima: 9
Klippspringer: 169, *169*
Kohlebergbau: 31
Kolobeng-Ruinen: 16
Konferenz für die Entwicklung im südlichen Afrika: 29
Korbflechterei: 56, *56*
Kormoran: 93
Krokodil: 60, 61, 90, *90*
Krüger, Paul (Präsident): 25
Kubu Island: 46, *46*, *128-129*, 129
 Lodge, 45

 Kudu: 78, *78*, 107, *107*, 111, *111*
Kupfer-Nickel-Industrie: 31
Kuruman: 49
Kwando-Reservat: 50
Kwando River, 8, 127

Landwirtschaft: 30-31
Lattakoo: 22, *22*
Legopo: 10
 Siehe auch Wüstentrüffel
Leopard: 76, 77, *158*
Lethlakane, Dorf: 143, *143*
Lethlakeng: 49
Lichtenstein, Martin Heinrich (deutscher Arzt und Naturforscher): 21
Limpopo River: 7, 8, 159, 170
Litschi-Wasserbock: 39, 42, 44, 52, 53, *53*, 78, 119
Livingstone, David (Missionar und Forschungsreisender): 23, *23*
Lobatse: 18, 159
Lodges:
 Siehe gesonderte Einträge
Löffelhund: 148, *148*
Londoner Missionsgesellschaft: 21, 23
Löwe: 10, 36, 42, 44, 48-49, 69, *69*, 77, 78, *78-79*, 84, 100, 101, 107, *108-109*, *116-117*, 117, 118, *118*, 121, *121*, *138*, 139, *141*, *146*, 147, *147*, 148, *148-149*
 Siehe auch Kalahari-Löwe

Mababe-Senke: 8, 95
Mabuasehube-Wildreservat: 49, 141
Mackenzie, John (Verfechter afrikanischer Rechte): 24
Magweqqana-Verwerfung: 95
Mahalapye: 19, 159
Majale Lodge: 48
Makgadikgadi-Pans-Wildreservat: 47
Makarikari-Region: 46-48, 50,
Makololo-Reich: 22
Malaria: 37
Malope: 11
Mandela, Nelson: 27
Marabu: 93, *93*
Marula: 9
Marico River: 8
Mashatubaum: 170, *170*
Mashatu-Wildreservat: 48, *48*, 159, 169, *169*, 171, *171*, 173, *173*
Maskenweber: 152, *152*
Matsitama: 9
Maun: 14, 16-17, *17*, 40, 45, 47, 51, 70, 82, *82*, *83*, 85, 164
Mhalatswe River: 9

175

Register

Mineralien: 8–9
Ministerium für Wildtiere und Nationalparks: 50, 136
Missionare: 21–22
Mochudi: 19
Mogale: 11
Mohair-Brücken und -Wandteppiche: *162–163*, 163
Mohnsi: 9
Mohrenralle: 90, *90–91*
Mokolodi-Naturschutzgebiet: 16
Mokoro: 40, 57, *57*, 65, *65*, 70, *70*
Molepolele: 49
Mongongo (Mandelbaum): 9
Moore, Randall (Safari-Veranstalter): 74
Mopane: 9
-Waldland, 42
Mopipi: 32, *32*
Pan, 46
Morapule: 9
Moremi: 44
-Mopaneveld, 86
-Reservat, 7, 10, 41–44, 82,
Morukur (Laubbaum): 9
Mosetse River: 8
Motloutse River: 9
Mzilikazi: 23

Nashorn: 51
Siehe auch Breitmaul-, Spitzmaulnashorn
Nata: 20, 45, 47, 82
Lodge, 20, 47
River, 8, 12, 47, 48
Nationalmuseum und Kunstgalerie: *14*, 160, *160*
Nationalversammlung: 28
Naturschutz: 50–51
Naturschutzplan, nationaler: 50
Ngami-See: 8, 17–18
Ngoma: 45
Nimmersattstorch: 93, 122, *122*
Nosop River: 50
Ntwetwe Pan: 20, 47, 48, 127
Nxai Pan, 46, *131*, 132, *133*
Nxai-Pan-Nationalpark: 47
Nxamaseri Lodge: 41
Nyalabeerbaum: 170

Oberster Gerichtshof: 28
Odi: 16, *162–163*, 163
Okawango:
-Delta, 7, 8, 10, 37–41, 47, 50–51, 85, 127
Siehe auch Moremi-Reservat
-Pfannenstiel, 38, 40, 53, 86
-Reservat, 50
River, 7, 8, 37, 43, 50, 53, 86, *86*, 95, 127, 165
-Wildnissafari, 38, *38*, 63, *63*
Orapa: 20, *20*
Organisation für Afrikanische Einheit: 29

Palapye: 19, 159
Pantherschildkröte: 131, *131*

Pelikan: 93
Pestizide: 51
Pretorius, M. W. (Präsident des Oranje-Freistaats): 24
Puku-Antilope: 44, 119, *119*
Pump Pan: 96, 111

Rakops: 13, 143, *143*
Regen: 8
Regenwolken: *9*, 124, *124–125*
Regierung: 28
Rechtssprechung: 28
Reiher: 93
Reisedokumente, erforderliche: 37
Religion: 12
Rhodes, Cecil (Politiker): 20, 25, *25*
Riley's Garage: 83, *83*
Hotel, 41
Rote Kuhantilope: 152, *152*
Rotschnabel-Madenhacker: 121, *121*

Säbelantilope: 79, *79*, 131, 147, *147*
Sabota-Lerche: 151, *151*
Safari: 34–35
Sambesi: 8, 124, 127
Sand-River-Konvention: 24
Santantadibe River: 86, *86*
Santa-wani Safari Lodge: 43, 67
Sassaby-Antilope: 42, 44, 50, 72, *72–73*, 103, *103*
Sattelstorch: 67, *67*
Savanne: 9
Savute: 96, 101, 103, 111, 115
Flats, 9
-Kanal, 44, 45, 95, 96, 104, 107, 111, 113, 115
South Camp, 46
-Sumpf, 44, 95
Schabrackenschakal: 136, *137*, 148, *149*
Schilffrosch: 55, *55*
Schilfsammler: 57, *57*
Schirrantilope: 116, *116*
Schlangen: 14, 37
Schlangenhalsvogel: 39, 42, 93
Schreiseeadler: 36, 39–40, 42, 47, 58, *58*, 66–67, 67
Schuppentier: 81, *81*
Schwarzmilan: 107, *107*
Seerosen: 55, *55*
Sekonyela: 22
Selebi-Phikwe: 9, 19, 159
Selinda-Abflußkanal: 43, 111
Seretse Khama International Airport: 33
Seretse-Khama-Denkmal: 28, *28*
Serowe: 11, *11*, 19, 24, 26, 159, 166, 167
Setswana: 11
Shakawe: 40, 59, 63
Shashe River: 7–9, 48, 159, 165, *165*
Shashe-Stausee: 165, *165*
Shindi Island: 78

Shoshong: 19
Sicherheit: 29
Sitatunga: 39, *39*, 60–61, 61, 65
Lodge, 41
Sonnenuntergang: 144, *145*
-Kreuzfahrt, 64, *64*, 119, *119*
Sowa Pan: 8, 46, 47, 127
Spinnen: 37
Spitzmaulnashorn: 44, 51, 167
Springbock: 131, 136, *136–137*, 153, *153*
Springbohne:
Siehe Tamboti
St. Clair-Löwenpark: 16
Stellaland: 24
Stelzenläufer: 132, *132*
Straßenhändler: 160, *161*, 164, *164*
Straußeneier: 15, *150*, 151
Straußenzucht: 83, *83*
Sumpfland: 10
Swoboda, Lothar u. Mila (Camp-Betreiber): 41

Tamboti: 9
Taube: *136–137*, 137
Teemane-Diamantenzentrum: 24, *24*
Telekommunikation: 33
Temperatur: 9
Thmalakane River: 17
Thapama Lodge: 164, *164*
Thathaganyane Hill: 19, 166
The Crake: 64, *64–65*
Third-Bridge-Campingplatz: 43
Tierbeobachtung (im Hubschrauber): 35, *35*
Siehe auch Wildtierbeobachtung
Tigerfisch: 63
Tips für die Reise: 36–37
Tourismus: 50, 51
Tsamma-Melone: 10
Tsetse-Fliege: 50
Tshane: 49
Tsodillo Hills: 14, 15, 18, *18*, 154–157
Tswana-Stil: 19
Tuli-Block: 48–49, 159, 166, 169
Tuli-Enklave: 48
Tuli Safari Lodge: 49, 159, *169*, 170, *170*
Tüpfelhyäne: 48
Twee Rivieren: 50

Unabhängigkeit: 27

Vegetation: 9–10, 36, 40
Vellozia: 10
Victoria-Fälle: 8, 20, 46
Viehhaltung: 30, 50–51
Vogelbeobachtung: 39, 42, 44, 47, 48
Volksstämme:
Bakalanga, 11
Bakgalagadi, 11
Bakgatla, 11
Bakwena, 11
Bamalete, 11

Bangwaketse, 11, 19
Bangwato, 11, 19
Barolong, 11
Basarwa siehe San
Basubiya, 11, 14
Batlokwa, 11
Batswana, 10, 57, *57*
Bayei, 11, 14, 40–41
Hambukushu, 11, 14, 41
Herero, 13–14
Kalanga, 12–13
Kgalagadi, 14
Kwena, 23
Makololo, 22
Mbanderu, 13–14
Nama, 15
Ndebele, 23
Ngwato, 13
Nyai, 13
Ovahero, 11
San, 11, 14–15, 18, 21, *21*, 49, 141, 144
Sotho, 10–11
Tlhaping, 21, *21*
Tswana, 11–12, 22, 23, 25, 42, 51, 85
Voortrecker, 23
Zhu, 15

Wanderungen: 72, *72*
Warren, Sir Charles: 25
Warzenschwein: 107, *107*, 118, *118*
Wasserakazie: 144, *144*
Wasserbock: 88, *88*
Weißbartgnu: 49
Weißrücken-Nachtreiher: 93, *93*
Weißschwanzichneumon: *112*, 113
Wilderer: 51
Wildgurke: 10
Wildtierbeobachtung: 35–36, *36*, 37, 38, *38*
Wildtiere: 9, 34, 36, 38, 44, 46–47, 49
Wilmot, Lloyd (Leiter von Safari-Lagern): 44, *44*
Wirtschaft: 30–34
Wüstenluchs: 10
Wüstentrüffel: 10

Xaro Lodge: 41
Xaxaba Camp: 44, 70
Lagune, 70
Xaxanaxa Camp: 43
Campingplatz, 42, 93
Xhugama: 47
Xo Flats: 50

Zebra: 14, *14*, 36, 42, 44, 46, 48, 50, *100*, 101, 131
Zeckenfieber: 37
Zentral-Kalahari: 10, 136, 153
-Wildreservat, *8*, 20, 49, *49*, 51, 141, 144
Ziegenherde: *13*
Zwergblatthuhn: 122, *122*
Zwerghaubenfischer: 42, *42*